유대적 배경에서 본 복음서

이진희 지음

컨콜디아사

The Jewish Background of the Gospels

by Jin-Hee Lee

CONCORDIA PRESS Seoul, Korea

CONTENTS

CHAPTER 1 공생애 이전의 예수님

CHAPTER 2 공생애 초기의 예수님

CHAPTER 3 예수님의 가르침(1): 산상 설교

CHAPTER 4 예수님의 가르침(2)

CHAPTER 5 예수님의 비유

CHAPTER 6 예수님의 치유 이적들

CHAPTER 7 예수님의 수난과 죽음, 부활 그리고 승천

들어가는 말

예수님의 생애와 가르침의 종교적, 문화적 배경이 되고 있는 1세기 유대교에 대한 이해는 신약성서를 이해하는 데 중요한 열쇠가 된다. 1세기는 유대교에 있어서 새로운 종교의 출발점이라고 할 수 있는데, 이를 우리는 랍비 유대교(Rabblinic Judaism)라 부른다. 하나님의 말씀이 랍비들에 의해 끊임없이 재해석되고 가르쳐졌다. 예수님은 랍비 유대교에 익숙하셨으며, 예수님의 청중들도 마찬가지였다. 그들 가운데는 예수님을 랍비로 이해하는 사람들도 많이 있었다(복음서에서는 30회에 걸쳐 이같은 칭호가 예수님에게 붙여졌다).

학자들 간에는 랍비 유대교의 가르침이 예수님의 가르침보다 후대의 것으로서 고려할 가치가 없다고 결론짓는 이들도 있으나, 반드시 그런 것은 아니다. 미쉬나가 완성된 것이 200년경이며, 미쉬나를 포함하고 있는 탈무드가 완성된 것이 550년경이긴 하지만, 그러나 이러한 문헌들은 오랫동안 전승으로 내려오던 것을 편집한 것이기 때문에 예수님의 가르침보다 반드시 후대의 것이라고만 결론지을 수는 없을 것이다. 또한 이 문헌들은 전승으로 내려오던 가르침에 그 가르침의 권위를 부여하기 위하여 유명한 랍비들의 이름을 붙여서 마치 그들의 가르침인 것처럼 제시하였다.

따라서 예수님보다 후대에 활동한 랍비들의 가르침으로 알려진 것도 사실은 그보다 훨씬 이전부터 내려오던 가르침임을 기억해야 한다. 마치 구약성서가 오랫동안 전승으로 내려오다가 훨씬 후대에 편집된 것과 꼭 마찬가지이다. 한편 예수님의 가르침보다 후대의 가르침이라 할지라도 어떤 것은 예수님의 가르침을 이해하는 데 큰 도움을 주기도 한다.

이처럼 1세기 예수님 당시의 종교나 사상을 이해하는 것이 복음서 이해를 위해 필수적인 것임에도 불구하고 사실상 우리나라에는, 복음서의 배경이 되고 있는 1세기 유대 종교와 사상, 문화의 관점에서 복음서를 이해한 책은 거의 없다. 탈무드도 많이 알려지긴 했으나, 사실상 복음서의 배경으로서의 탈무드에 대한 책은 거의 없다. 우리나라에서는 탈무드가 삶의 지혜를 담고 있는 정도의 책으로만 알려진 감이 없지 않아 있다.

그러나 사실상 탈무드는 구약성서에 대한 유대인들의 해석이 담겨져 있으며 유대인들에게는 또 다른 하나의 성경이다. 이 탈무드는 복음서의 배경을 이루고 있으며, 예수님 당시의 유대교 이해를 위한 필수적인 문헌이다. 미쉬나와 탈무드 외에도 신약성서, 특별히 복음서 이해를 위해 또 다른 중요한 문헌이 있는데, 그것은 신구약 중간기 문헌이다. 여기에는 외경과 위경이 포함된다.

이러한 문헌들은 구약성서 시대와 신약성서 시대 사이에 기록된 것들로서, 신약성서의 직접적인 배경이 된다고 할 수 있을 것이다. 이 문헌들은 B.C. 300부터 A.D. 100년까지의 상황들을 반영해주고 있기 때문이다. 또한 20세기 최대의 발굴물이라고 할 수 있는 사해

사본도 매우 중요한 자료다. 아직도 연구 중에 있으며, 많은 부분이 공개되지 않은 상태에 있으나, 때로는 이 자료들이 복음서 이해에 결정적인 역할을 하기도 한다.

이러한 유대 문헌들뿐만 아니라 당시의 종교적 관습과 문화를 아는 것도 복음서 이해의 필수조건이다. 예수님은 1세기 유대인으로 태어나셨다. 그분은 당시의 사람들과 똑같은 유대적 유산을 이어받았으며, 당시의 믿음과 사상에 익숙해 있었다. 그는 1세기 팔레스타인이라고 하는 구체적인 시간과 공간 가운데서 활동하셨다. 그는 그들이 이해할 수 있는 언어로 1세기의 유대인들에게 말씀하셨다.

따라서 우리는 예수님의 생애와 가르침을 당시의 삶의 자리에서 이해해야 한다. 그렇게 할 때 예수님의 말씀이 좀 더 생생하게 우리에게 부딪쳐 올 수 있을 것이다. 그렇지 않을 때 복음서의 기록들은 먼 옛날 유대 땅이라고 하는 곳에서 일어났던 예수님에 관한 옛날 이야기처럼만 느껴질 것이다. 예수님이 활동하시고 말씀하신 그 상황을 우리가 많이 알면 알수록 우리는 그만큼 분명하게 예수님의 사역을 이해할 수 있게 될 것이다. 그리고 우리가 살고 있는 이 21세기의 문화적 종교적 배경에서 이해할 수 없는 많은 부분들을 이해할 수 있게 될 것이다.

이 책의 의도 가운데 하나가 바로 여기에 있다. 예수님의 생애와 가르침을 1세기의 유대적 배경에서 이해해 보자는 것이 이 책을 쓰게 된 동기이다. 필자는 이 책을 통해서 독자들이, 예수님의 말씀을 직접 듣고 있던 1세기 유대인 청중들 가운데 한 사람으로 끼어있는 자신의 모습을 발견하게 되기를 희망한다. 그리고 그들이 이해했던대로 예수님의 말씀과 가르침들을 이해할 수 있게 되기를 바란다.

CHAPTER 1

공생애 이전의 예수님

01 예수님의 탄생

예수님의 탄생(마 1:24-25; 눅 2:1-7)

예수님 탄생의 시기에 대하여 마태는 헤롯 왕 때라고 밝히고 있다. 헤롯은 율리우스 황제의 친구로서, B.C. 47년에 갈릴리의 통치자가 되었으며 유대의 왕이라는 칭호를 얻게 된 것은 B.C. 40년이었다. 그는 B.C. 4년에 죽었다. 그렇다면 예수님의 탄생시기는 B.C. 4년 이전이 되어야 한다.

누가는 예수님이 아우구스투스 황제가 칙령을 내려서 유대인들이 호적을 할 때 태어나셨다고 한다. 이 황제는 B.C. 63년에 태어나 A.D. 14년에 죽었다. 로마의 통치 하에서 인구 조사는 14년마다 이루어졌는데, 실제적인 기록(문서)이 남아 있는 가장 오래된 인구 조사는 A.D. 20년에 시행된 것이다. 이와 같은 인구 조사가 A.D. 20년 이전에도 있었다면 그것은 A.D. 6년에 시행되었을 것이다. 실제로 요셉푸스의 기록에 의하면 A.D. 6년에 유대 땅에 인구 조사가 있었다고 한다.[1)]

누가는 구레뇨가 시리아의 총독으로 있었을 때에 인구 조사를 실시했다고 한다. 구레뇨가 시리아의 총독으로 임명된 것은 A.D. 6년이었다. 그러나 이때는 예수님이 탄생한 때로 보기에는 너무 늦다. A.D. 6년보다 앞서서 인구 조사가 실시되었다면, 그것은 B.C. 8년이었을 것이다. 그러나 이때는 구레뇨가 시리아의 총독으로 있던 때가 아니었다. 구레뇨는 B.C. 10년부터 B.C. 4년까지 시리아 지역에서 직임을 맡고 있었는데, 누가는 여기에서 혼동을 일으켜 그 시기에 구레뇨가 총독으로 있었던 것으로 잘못 생각을 했던 것으로 보인다. 이처럼 마태와 누가는 예수님 탄생의 연대에 있어서 일치하지 않는다. 따라서 우리는 정확한 연대를 알 수가 없다. 다만 예수님이 B.C. 8년에서 B.C. 4년 사이에 태어나셨을 것이라고 추정할 수 있을 뿐이다.

요셉과 마리아는 호적을 하기 위하여 베들레헴으로 갔다(누가에 따르면, 그들은 아직까지 결혼하지 않은 상태였다. 마리아는 이 때 예수님을 낳았으므로 적어도 그들의 약혼 기간이 10달이 넘었음을 알 수 있다. 아마도 우리는 그들의 약혼 기간이 1년이 넘었다고 볼 수도 있을 것이다). 로마인들은 호적을 할 때 출생지에 가서 하도록 했다. 그래서 요셉과 마리아는 베들레헴으로 갔던 것이다. 이곳은 작은 마을로서 보아스와 이새와 다윗의 고향이기도 했다.

이 베들레헴이 다윗의 고향인 까닭에 미가 예언자는 언젠가는 이곳에서 "이스라엘을 다스릴 자가 나올 것"이라고 예언하였다(미 5:1). 누가는 베들레헴이 다윗의 고향인 까닭에 그곳을 "다윗의 동네"(다윗성)로 칭하고 있다. 그러나 본래 성서에서 다윗의 동네는 예루살렘을 일컬으나(삼하 5:7,9; 대상 11:5,7; 삼하 6:10,12,16; 왕하 9:28; 12:22), 베들레헴을 가리킬 때도 있다(삼상 20:6).

누가는 예수님이 "베들레헴"에서 태어나신 것에 대하여 별다른 의미를 부여하지 않은 반면, 마태복음에서는 미가의 예언을 인용하면서 메시야가 베들레헴에서 태어나게 되어 있음을 강조하고 있다. 일반적으로 알려진 대로 누가의 독자들이 이방인들이었다면, 그는 마태처럼 성서의 예언을 인용할 필요성을 느끼지 못했을 것이다. 사실상 누가복음에서는 예수님이 성서를 인용하신 것을 제외하고 누가 자신이 성서를 인용한 것은 거의 없다. 정결 예식이 율법이 규정한 것임을 설명하기 위해(눅 2:23-24), 그리고 세례자 요한의 사역이 예언의 성취임을 설명하기 위해 인용한 정도다(눅 3:4-5). 반면에 마태는 여러 차례에 걸쳐 성서의 예언들을 인용하면서 그러한 성서의 예언들이 이루어졌음을 설명하고 있다(마 1:22-23; 2:17-18; 8:17; 12:16이하; 13:14이하; 13:35; 21:4-5). 이러한 사실은 마태의 독자들이 유대인이었음을 잘 설명해주고 있다.

본래 예수님의 부모의 고향은 나사렛이다. 따라서 그는 그곳에서 나시도록 되어 있었다. 그러나 마리아는 호적을 하기 위해 베들레헴에 가야 했으며, 그곳에서 해산하였다. 이렇게 됨으로써 예언이 이루어지게 되었던 것이다. 만일 호적령이 내리지 않았더라면 예수님은 베들레헴에서 나지 않으셨을 것이다.

마리아와 요셉은 호적을 하기 위해 이곳 베들레헴에 왔다. 그러나 그곳에 있는 모든 여관들은 손님들로 가득 차 방이 없었다고 했다(눅 2:7). 그러나 베들레헴 같은 시골에 여관이 있었을까? 베들레헴에서 예루살렘은 아주 가까운 거리이다. 걸어서 가도 한 시간이면 충분하다. 그런데 이렇게 가까운 곳에 당시에 가장 큰 도시가 있었는데, 누가 베들레헴에서 머물겠는가? 예수님에 관한 영화 가운데 가장 고증을 철저하게 거쳐서 만든 영화가 〈위대한 탄생〉(The Nativity Story)이다. 이 영화에서는 베들레헴에 여관이 나오지 않을 뿐만 아니라 요셉이 마리아가 해산할 곳을 찾기 위해 이집 저집 문을 두드리는 것으로 나온다. 어떻게 된 것인가?

선한 사마리아인의 비유에서 사마리아인은 강도 만난 사람을 여관에 데리고 가서 치료해주는 것으로 나와 있다. 이 여관이 오늘날 우리가 말하는 여관이다. 그러나 예수님의 탄생 이야기에서 여관으로 번역된 단어(kataruma)는 선한 사마리아인의 비유에 나오는 여관(pandokeion)과 다른 단어이다. 그러면 kataruma는 어떤 곳을 뜻하는 것일까? 성경에 이 단어가 사용된 곳이 있다. 예수님이 최후의 만찬을 가지셨던 곳을 기억하는가? 그곳은 여관이 아니라 객실(guest-room)이었다(막 14:14, 눅 22:11). 바로 그 방을 표현할 때 이 단어가 사용되었다.

이 단어는 또한 윗방(upper room)을 뜻하기도 한다. 1세기의 베들레헴 사람들은 작은 동굴에서 많이 살았다. 여름에는 시원하고 겨울에는 따뜻했기 때문이다. 이런 동굴은 2층으로 이루어져 있었다. 아래층은 양과 염소 같은 짐승들을 위한 공간으로 사용했으며, 동굴 안쪽에 위치한 윗층에는 사람들이 살았다. 지금도 베들레헴 주변에 이런 주거 형태에서 살고 있는 팔레스타인들이 있다. 요셉이 이집 저집 문을 두드렸지만 호적하기 위해 온 친척들이 많이 있었기 때문에 방(윗방)을 구하지 못했다. 그러자 양과 염소들이 있는 곳에서 예수님을 해산하고 거기에 있던 구유에 아기 예수님을 눕혔던 것이다.

목자들이 예수님 탄생의 소식을 듣다(눅 2:8-20)

누가만이 천사들이 목자들에게 예수님 탄생의 소식을 알려주어 그들이 예수님을 경배하였다는 이야기를 기록하고 있다. 베들레헴의 양떼들은 잘 알려져 있었다. 미쉬나(Mishinah; 이에 대해서는 부록의 "복음서의 배경을 이루고 있는 유대 문헌"을 참조할 것)는 이곳에서 기른 양들은 일반

양들과는 다르다고 설명하고 있다. 이 미쉬나에 따르면 이곳에서 기른 양들은 성전에서 희생 제물로 바쳐지는 특별한 양들이었다고 한다(Shek. 7:4). 한밤중에도 목자들이 밖에서 양을 치고 있었다고 누가는 기록하고 있는데, 이는 미쉬나의 설명과도 일치된다.

베들레헴의 양들은 1년 내내 방목을 하였다. 한편 유월절 성전에 바칠 양들은 유월절 전 한달 동안은 밖에서 키우도록 규정되어 있었다. 미쉬나는 희생 제물로 바칠 양들이 아닌 보통 양들은 광야를 제외하고는 방목하지 못하도록 규정해 놓았다(BQ 7:7, 80a). 이러한 규정에 따르면 예수님이 태어나신 밤에 들에서 양을 치던 목자들은 바로 희생 제물로 드릴 양을 치는 사람들이었음이 분명하다. 베들레헴에서 키운 양들이 희생 제물을 위한 것이었다고 하면, 이 양들을 치는 목자들은 여느 목자들과는 다른 사람들이었을 것이다.[2] 그들은 하나님께 바칠 양들을 치는 사람이었으므로 성별된 사람들이어야 했다. 그들은 일반적으로 이야기하듯이 밤에도 양을 칠 수밖에 없는 가난한 사람들이었다기보다는 하나님께 드릴 양을 치는 성별된 목자들이었다.

목자들이 경배한 아기 예수는 잃어버린 양을 구원하기 위해 "선한 목자"로 오신 메시야이셨다. 성전에서 제물로 드릴 양을 키우던 목자들이 경배한 아기 예수는 세상 죄를 지고 자신을 희생 제물로 드리게 될 하나님의 어린 양이셨다. 예수께서 누워계셨던 곳은 말구유가 아니라 양들에게 먹이를 주는 구유였다. 베들레헴에서는 말이나 소를 키우지 않았다. 그곳에서는 모두 양을 키웠다. 다윗도 그곳에서 양을 키우지 않았는가? 아기 예수님은 성화에서 보듯 외양간에서 나신 것이 아니라 양 우리에서 나셨다. 목자로 오셨기 때문에 양들이 있는 곳에서 태어나셨던 것이다.

02 예수님이 할례를 받고 하나님께 드려지다 (눅 2:21-38)

예수님은 모든 유대인 남자가 그랬듯이 할례를 받았다. 성서에서 최초로 할례를 받은 사람은 아브라함과 이스마엘로서 아브라함은 아흔아홉에, 이스마엘은 열세 살 때 동시에 할례를 받았다(창 17:21). 난지 8일 만에 할례를 받기 시작한 것은 이삭 때부터였다(창 21:4). 할례는 유대인들이 가장 중요시하는 율법으로서, 하나님과의 언약의 표식이다. 할례를 받음으로써 하나님의 언약 백성의 관계에 들어가게 되는 것으로 여겼다. 바울이 유대인을 할례자, 이방인을 무할례자로 부를 정도로 할례는 유대인의 상징이기도 했다(갈 2:9; 엡 2:11).

초대교회 당시에 유대인 기독교도들은 이방인들이 기독교인이 되기 위해서는 할례를 받아야 된다고 주장했다(행 15:1). 이는 단순히 할례를 받아야 한다는 것을 의미하는 것이 아니라 모든 율법을 준수해야 한다는 것을 의미하는 것이었다. 유대인들에게 있어서 할례는 율법의 핵심이었으며, 할례는 곧 율법을 상징하는 것이었기 때문이다.

할례는 다른 어떤 율법보다도 우선하는 것이었다. 유대인들은 남자는 누구나 난 지 8일만에 할례를 받아야 했다. 그 날이 안식일이라도 받도록 했다. 이는 할례 법이 안식일 법에 우선하는 것임을 의미한다. 할례를 행하기 위해서는 칼을 옮겨야 하며 칼을 가지고 노동을 해야 한다. 이렇게 하는 것은 랍비들이 정한 안식일 법규를 범하는 것이 된다. 그러나 랍비들은 할례를 위해서는 안식일 법규를 어겨도 되도록 규정했다(미쉬나 Shab. 19:1-4).

탈무드에 따르면, 할례를 행할 때 아버지가 먼저 하나님을 찬양하는 기도를 드린다. "당신의 계명으로서 우리들을 성결하게 하시고 이 아이에게 할례를 행하게 함으로 이 아이를 우리의 조상 아브라함의 언약 속으로 들어가게 하심을 찬양하나이다." 그러면 거기에 모여 있던 사람들은 이렇게 화답한다. "이 아이가 언약 속으로 들어간 것같이 이 아이로 하여금 토라(하나님의 말씀)를 연구하게 하시고 '후파'(결혼식을 하기 위해 만든 닫집)속으로 들어갈 수 있게 하시고 선행을 행하게 하옵소서"(탈무드 Shab. 137b).

요셉은 아기에게 할례를 행하고 나서 그 이름을 예수(더 정확히 말하자면 예슈아)로 지어주었을 것이다. 사가랴도 그의 아들에게 할례를 행하고 나서 요한이라는 이름을 지어주었다. 이는 율법에 따른 것은 아니었다. 성서의 관습은 아이를 낳았을 때 바로 이름을 지어주는 것이었다(창 21:3; 25:26). 1세기 문헌에서는 할례 시에 이름을 지어주는 관습이 있었음을 보여주는 증거를 찾아볼 수 없으나, 몇 세기 후에는 이것이 관례가 되었다.

한편 마리아는 정결 예식을 행하였다. 율법은 아기를 낳은 여인을 부정하게 여겼다(레 12:2-8). 그래서 아들을 낳은 산모는 정결하게 되기 위하여 33일 동안 집안에 머물러 있어야 했다. 그런 다음에야 성전에 올라갈 수 있었다. 딸을 낳은 경우는 이러한 기간이 배로

늘어난다. 정결 예식의 기간이 끝나면 1년 된 양을 바치든지 아니면 가난한 사람은 어린 산비둘기 한 쌍이나 집비둘기 두 마리를 희생 제물로 드려야 했다. 마리아는 이런 규정에 따라 예수님을 낳은 지 33일이 지난 다음에는 성전에 올라가 희생제물을 바쳤다.

누가에 따르면 요셉과 마리아는 예수님을 속량하기 위해 성전에 올라가 제물을 바쳤다고 한다. 율법에 의하면 어떤 것이든지 간에 태를 열고 나온 첫 것은 하나님 앞에 바치도록 되어 있다. 그러나 첫 아이와 부정한 짐승은 속전으로 대신하도록 하였다. 속전은 아무 데서나 내도 괜찮았다(민 3:47-48; 18:15-16). 이 점에 있어서도 누가는 실수를 했다. 그는 산비둘기 한 쌍이나 어린 집비둘기 두 마리를 첫 아이를 속량하기 위하여 바쳐야 한다고 했다. 그러나 이는 정결 예식을 마친 산모가 드리는 희생 제물이지 맏이를 속량하기 위하여 바치는 제물은 아니다.

성전에서 요셉과 마리아는 시므온이라는 사람을 만났는데 누가는 그를 "의롭고 경건하며 이스라엘이 받을 위로를 기다리는 사람"이라고 소개를 하고 있다. 이스라엘이 받을 위로를 기다리는 것은 하나님의 약속을 기다리는 사람이었다는 뜻이다. "위로"는 메시야적인 소망을 가리키는 것으로서 유대 문헌(특별히 이사야와 예레미야의 탈굼)에 매우 자주 나오는 표현이다.

시므온은 예수님을 품에 안고 하나님을 찬양하였다. 그의 찬양은 이사야의 예언을 잘 반영하고 있다. "내 눈이 주의 구원을 보았습니다(참조, 사 40:5). 주께서 이것을 모든 백성 앞에 마련하셨으니(사 40:5) 이것은 이방 사람에게 계시하는 빛이요(사 42:6; 49:6), 주의 백성 이스라엘에게는 영광입니다(사 46:13)."

아기 예수님의 부모는 성전에서 안나라는 여예언자도 만났다.

안나라는 이름은 "한나"의 헬라적 표기이다. 제2성전 기간 동안에는 지파의 구분이 없었으나 누가는 이 예언자가 아셀 지파 바누엘의 딸이었다고 소개한다. 바누엘은 성서에서 인명과 지명으로 모두 쓰였다(대상 4:4; 창 32:32; 삿 8:8). 결혼한 지 7년 만에 과부가 되었던 이 예언자는 84세가 되기까지(개역 성서에서는 "과부된 지 84년."—두 가지 번역이 다 가능하다) 성전을 떠나지 않고 금식과 기도로 하나님을 섬겨왔다. 이는 성전에서 그가 거주하였다는 것을 의미하는 것은 아니다. 누구도 그렇게 할 수는 없었다. 비록 성전 안에 대제사장을 위한 방이 있긴 했지만 그도 그 안에 계속 머물러 있을 수는 없었다. 매일 성전에서 희생 제사가 드려지는 동안 사람들은 밖에서 기도하였는데(참조, 눅 1:10), 이 예언자는 이 기도에 항상 참여했던 것으로 보인다.

03 동방 박사의 방문 (마 2:1-12)

아기 예수님을 경배하기 위해 동방으로부터 온 사람들을 성서는 *magos*라고 부르고 있는데, 이 명칭은 본래 페르시아의 제사장들을 일컫는 칭호였다. 이들은 왕에게 조언을 하며 왕을 가르치는 이들이었으며, 철학과 자연과학, 의학에 능했던 사람들이었다. 그들은 꿈을 해석하기도 했으며, 후에 이 칭호는 마술사(magician)를 일컫는 칭호가 되었다. 이들을 우리는 보통 "박사"라고 부르고 있으나, 새번역 성서에서는 난하주에서 "점성가들"로 옮길 수 있다고 밝히고 있다.

전통적으로 아기 예수님을 경배하기 위해 온 사람들은 세 사람으로 알려져 있으나 확실하지는 않다. 성서는 이들의 수에 대하여 언급하지 않고 있다. 다만 그들이 세 명이었을 것이라고 추정하는 것은 성서에서 그들이 가져온 예물을 세 가지로 제시하고 있기 때문이다. 어거스틴이나 크리소스톰 같은 이들은 그들이 열두 명이었을 것이라고 말하기도 한다.

이들이 온 것으로 알려진 동방은 어디를 가리키는 것인지 확실하지 않다. 당시에 페르시아와 메대의 성직자들이 동방에 여기 저기 많이 흩어져 살고 있었다. 아마도 디아스포라(세계 여러 곳에 흩어져 사는 유대인)가 많이 살고 있는 지역에 있던 이들은 유대인들을 통해서 메시야에 대한 기대를 알고 있었을 것이다.[3)]

천문학과 점성술에 능했던 그들은 이상한 별이 나타나자 이것을 유대인들의 기대와 연관시켰을지도 모른다. 그들은 이상한 별이 떠오르는 것을 보고("동방에서 그의 별을 보고"라는 번역보다는 "그의 별이 떠오르는 것을 보고"로 번역하는 것이 더 적절하다고 학자들은 지적한다)[4)] 그것이 예사스런 일이 아님을 알았다. 고대 세계에서는 점성술이 발달했으며, 대부분이 점성술을 믿었다. 한 사람의 운명은 그가 어느 별 아래에서 태어났느냐에 따라 결정된다고 고대인들은 생각했다. 이는 유대인들도 마찬가지였다(탈무드 Shab. 156a; Josephus, War 6.5.3). 동방 박사들은 떠오르는 별을 보고 메시야가 나타나셨음을 알았다.

어떤 위대한 인물이 태어날 때 어떤 특별한 별이 나타났다고 하는 전설이 고대 세계에 많이 있었다. 예를 들면, 알렉산더 대제가 태어날 때 밝은 별자리가 나타났으며, 이를 통해 그가 모든 동방 국가를 정복할 것임을 알았다고 한다. 유대 문헌에도 이런 이야기들을 발견할 수 있다. 아브라함이 태어났을 때 한 별이 동방에서 나타나 하늘의 네 모퉁이의 네 별을 삼켰다. 이를 보고 현자(박사)가 니므롯에게 말했다. "이 시간에 한 아들이 데라에게 태어났는데, 그로부터 한 나라가 생길 것이다." 이삭이 태어났을 때 하나님께서는 해의 빛을 보통 때보다 48배나 밝게 했다(PR. 42). 모세가 태어났을 때 그가 태어난 집이 빛으로 가득 차 있었다(탈무드 Sota. 12a; 출애굽기 랍바 1:25; 미드라쉬 잠언 14:1).

한편 별은 메시야를 상징하기도 했다. "한 별이 야곱에게서 나올 것이다. 한 홀이 이스라엘에게서 일어설 것이다"(민 24:17). 유대인들은 이 별을, 로마에 대해 반란을 주도한 코크바(Simeon bar Kokhba)에 적용시켰다(예루살렘 탈무드 Ta'an 4:9, 68d; 예레미야 애가 랍바 2:2). 그는 유대인들에 의해 메시야로 여겨졌었던 인물이었으나, 그의 반란 사건은 실패로 끝나고 말았다(132년).

동방 박사들은 예루살렘에 이르자 별 생각 없이 헤롯 궁전을 찾아갔다. 그곳에서 메시야가 태어났을 것이라고 기대해서가 아니라 메시야가 어디에서 태어났는지 알아보기 위해서 궁전을 찾아갔던 것으로 보인다.[5] 헤롯은 잔악하기로 이름난 왕으로서, B.C. 47년에 갈릴리의 통치자가 되었으며 유대의 왕이 된 것은 B.C. 40년이었다. 그는 B.C. 4년에 죽었는데, 예수님의 탄생은 그가 죽기 얼마 전이었다. 그는 특히 자신의 통치를 위협하는 어떠한 것도 용납하지 않았다.

동방 박사들로부터 "유대인의 왕"이 태어났다는 징조가 나타났다는 이야기를 들은 헤롯은 그들의 이야기를 진지하게 받아들였다. 그리고 그 아이를 죽일 음모를 꾸몄다. 이처럼 당시에는 점성술을 상당히 신뢰했었다.

이러한 동방 박사들의 방문 소식에 당황한 것은 헤롯뿐만이 아니었다. 온 예루살렘 사람이 다 두려워했다. 새로운 왕의 탄생 소식은 예루살렘 사람들에게 희망적인 것이라 볼 수 있다. 그들은 새 시대의 도래와 그들의 해방, 자유를 그에게 기대할 수도 있었을 것이다. 그러나 그들은 오히려 두려워하였다. 메시야의 도래와 더불어 큰 재앙이 있을 것이라고 하는 메시야 사상 때문이었을까? 아니다. 그들이 두려워한 이유는 다른 데 있었다. 만일 새로운 왕이 실제로 태어났다고 하면 포악한 헤롯이 어떤 일을 행할지 넉넉히 상상할 수 있었기 때문이다. 유대인들이 우려한대로 헤롯은 얼마 후에 베들레헴에 있는 두 살 아래의 사내아이들을 다 죽였다.

동방박사들의 방문을 받은 헤롯은 즉시로 대제사장들과 모든 학식있는 랍비들을 불러 모았다. 그들에게 헤롯은 메시야의 탄생지에 대해 물었다. 이에 그들은 성경의 예언을 인용하면서 입을 모아 베들레헴에서 태어날 것이라고 대답했다. "너 유대 땅에 있는 베들레헴아, 너는 유대 통치자들 가운데서 가장 작지 않다. 네게서 통치자가 나올 것이니 그가 내 백성 이스라엘을 먹일 것이다(또는 다스릴 것이다)." 이 인용은 미가서 5:2과 사무엘하 5:2의 마지막 부분들을 혼합한 것이다.

신약성서의 많은 부분에서 이런 식으로 구약성서를 인용하고 있는데, 이것은 당시의 관습이었다. 그 당시에는 성경을 문자적으로 인용하지 않고 대강의 뜻만 전달될 수 있도록 인용하면 되었다. 그리고 어떤 주장이 성서적임을 증명하기 위해서 서로 다른 성경 구절들을 가져다가 꿰맞추기도 하였다. 유대인들은 일반적으로 베들레헴에서 메시야가 나올 것이라고 믿고 있었다. 탈무드에서도 베들레헴을 메시야의 탄생지로 말하고 있다(예루살렘 탈무드 Ber. 2:4).

동방 박사들이 가져온 예물들은 그들이 살던 지방의 특산물일 것이라고 생각해왔다. 그러나 그들이 왔다고 믿어지는 페르시아(지금의 이란)에서는 유향이나 몰약이 나지 않았다. 이 유향과 몰약은 미디안(지금의 사우디아라비아)에서 많이 났다고 한다. 그렇다고 할 때 동방박사들은 당시 나바티안의 수도이자 대상들의 집결지였던 페트라(요르단 남부에 위치)에서 이 예물들을 구입했을 것으로 보인다.

04 예수님의 가족이 이집트로 피신하다 (마 2:13-15)

요셉이 가족을 데리고 이집트로 피신했을 때에 그곳에는 많은 유대인들이 살고 있었다. 이집트 북쪽에 있던 큰 도시 알렉산드리아(Alexandria)에는 삼분의 일 이상이 유대인이었다. 이 도시의 당시 인구는 백만을 넘었다. 남쪽에 위치한 엘레판틴(Elephantine)에도 많은 유대인들이 살고 있었다. 아마도 예수님의 부모는 알렉산드리아로 피난갔었을 것이다. 엘레판틴은 상당히 먼 곳에 있었기 때문이다.

마태에 따르면 예수님의 가족이 이집트로 피난간 것은 호세아 예언의 성취였다. "내가 이집트에서 내 아들을 불러냈다"(호 11:1). 그러나 이 말씀은 예언이 아니었다. 이는 과거에 이스라엘이 이집트에서 구출된 것에 대한 언급이다. 마태는 "아들"을 예수 그리스도로 보았으나, 본래는 어떤 개인을 가리키는 것이 아니라 하나님의 백성인 이스라엘을 의미하는 것이었다. 이렇게 볼 때 마태는 호세아서의 구절을 잘못 이해하고 인용한 것이 된다. 그러나 사실은 그렇지 않다. 우리는 여기에서 예수님 당시의 랍비들이 어떻게 성서를 인용하고 해석하였는지를 알아 볼 필요가 있다.

첫째는 오늘날 성서학자들이 이야기하는 문법적이며 역사적인 주석 방법이다. 본문이 본래 의도하는 것이 무엇이었는가를 찾아내는 해석 방법으로서 이를 프샷(P'shat)이라고 부른다. 프샷은 "단순"을 의미한다. 즉 이 해석 방법은 본문의 단순한 의미를 찾아내는 것이다. 이 방법에 의하면, 위의 호세아의 구절은 하나님께서 그 백성들을 이집트에서 구출해 주셨다는 것을 의미한다.

두 번째는 다라쉬(Darash) 또는 미드라쉬(Midrash)라고 부르는 것으로서, "찾는다"는 뜻이다. 어떤 한 구절을 다른 구절들과 연관시켜서 창조적으로 해석하는 방법이다. 이 해석은 대부분 알레고리적으로 또는 교훈적으로 성서를 해석한다. 이는 성경을 현대 학자들처럼 학문적으로 컨텍스트로부터 의미를 찾아내는 것(이를 주석[exegesis]이라 부른다)이 아니라 자신의 사상이나 주장을 본문 속으로 집어넣어 성서를 해석하는 방법이다(이를 eisegesis라 부른다). 즉 텍스트나 컨텍스트와는 관계없이 자신의 관점에서 성서를 해석하는 것이다.

이러한 방법이 현대인들에게는 비학문적이고 비합리적인 것으로 여겨지지만, 예수님 당시에는 가장 널리 받아들여진 성서해석 방법 가운데 하나였다. 그들은 이러한 해석 방법이 잘못된 것이라고 결코 생각하지 않았다. 바울은 많은 곳에서 자신의 사상을 뒷받침하기 위하여 본문의 본래 의미와는 관계없이 구약을 인용하고 있다. 그 대표적인 예로 갈라디아서 3장을 들 수 있을 것이다.

또 다른 하나의 해석 방법은 레메즈(Remez)라고 부르는데, 이는 "암시"라는 뜻이다. 이 방법은 본문의 평이한 의미의 배후에 있는 보다 깊은 의미를 발견하는 해석법으로서, 본문의 힌트를 통해 그렇게 하는 것이다. 호세아 11:1에 대한 마태의 해석 방법은 바로 여기에 속한다. 마태는 앞에서 아들을 메시야로 표현하였다. 그리고 그는 호세아서에 나오는 아들을 "아들"(예수 그리스도)로 본 것이다. 호세아서에서 아들은 이스라엘을 의미하는데 마태는 이 아들을 예수로 봄으로써 메시야와 이스라엘을 연결시켰던 것이다. 즉 예수님을 이스라엘 백성과 동일시했던 것이다.

학자에 따라서는 마태가 미드라쉬의 방법으로 호세아서를 해석한 것으로 보기도 한다. 다시 말하면 마태는 메시야인 예수님을 호세아의 본문 속으로 집어넣어서 읽었다는 것이다. 그렇게 함으로써 마태는 호세아서의 본문이 예수님을 지적하고 있는 것으로 만들었던 것이다.

05 헤롯이 어린 아이들을 죽이다 (마 2:16-18)

헤롯은 수많은 사람들을 학살한 것으로 유명하다. 그는 산헤드린을 멸절시키고 법정에서 일하는 사람들을 300명이나 죽였으며, 후에는 그의 아내와 어머니, 세 아들까지 죽였다. 그는 죽는 순간까지 심술을 부렸다. 자신의 죽음을 사람들이 기뻐하지 못하도록 임종즈음에 이스라엘의 이름 있는 사람들을 다 소집하였다. 그리고는 여동생에게 자신의 죽음과 동시에 그들을 다 죽이라고 명했다. 그러나 살로메와 그 남편은 헤롯이 죽자 사람들을 다 놓아주었다. 결국 헤롯의 마지막 계획은 실패로 끝나게 되고 말았던 것이다.

이렇게 난폭한 헤롯이 장차 유대의 왕이 될 아이가 태어났다고 하는 소식을 듣고는 가만히 있을 리가 없었다. 그는 예수님을 죽이려는 계략이 실패로 돌아가자 베들레헴에 사는 두 살 아래의 남자 아이들을 다 죽였다. 아마 이 때 희생당한 아이들은 베들레헴이 작은 마을이었음을 고려할 때 20여명 남짓했을 것으로 보인다. 이들은 어떤 의미에서는 예수님 때문에 희생을 당한 최초의 순교자들이라 할 수 있을 것이다.

어린 아이 학살에 대한 성서의 기록은 이집트에서의 히브리인들의 노예 생활 시대로 거슬러 올라간다. 이집트의 파라오(바로)는 히브리인들이 번성하는 것에 위협을 느끼고 히브리인이 사내아이를 낳으면 곧장 다 죽이도록 하였다. 헤롯도 동방 박사들로부터 "유대인의 왕"이 태어났다는 소식을 전해 듣고는 그를 처치하기 위해 베들레헴의 어린 아이들을 학살했다. 모세가 극적으로 살아남을 수 있었던 것처럼 예수님도 극적으로 살아남을 수가 있었다. 여기에서 마태는 예수님을 새로운 모세로 제시하고 있는 것처럼 보인다. 한편 이러한 헤롯의 학살이 있기 전 유대인들은 또 다른 유아 학살을 경험했다. B.C. 167년 안티오쿠스가 할례받은 많은 유아들을 학살한 적이 있었다(마카비 상 1:60-61; 마카비 하 8:4).

마태는 다시 한 번 이 사건을 예언의 성취라고 해석하고 있다. "라마에서 소리가 들려왔다. 울부짖으며 크게 애곡하는 소리다. 라헬이 자식들을 잃고 우는데, 자식들이 없어졌으므로, 위로를 받으려 하지 않았다"(렘 31:15). 마태는 이 구절을 라헬이 헤롯에 의해 희생당한 어린 아이들 때문에 우는 것으로 해석하였다. 그러나 본래는 포로로 끌려가는 사람들이 라헬이 묻혀 있는 라마를 지나가게 되었을 때 죽은 라헬마저도 그들이 포로로 끌려가는 것을 보고 슬피 운다는 표현이다. 라헬은 포로로 끌려가는 불쌍한 예루살렘 사람들을 보고 우는 것이지 헤롯에 의해 희생당한 아이들 때문에 우는 것은 아니다. 그러나 마태는 그렇게 해석하고 있다.

06 갈릴리 나사렛에서 자라시다 (눅 2:39-40)

유대인들에게는 "부자가 되려면 북쪽으로 가고, 현자가 되려면 남쪽으로 가라"는 말이 있었다. 남쪽 유대 지방은 예루살렘을 끼고 있는 곳으로서 오랜 종교 전통을 가지고 있었으며, 유대교의 중심지였다. 반면에 예수님이 그의 생애 대부분을 지내시고 공생애 활동의 중심지가 되었던 곳은 북쪽 갈릴리 지방으로서 다른 나라와 접하고 있는 곳이라 외국과의 무역도 성행하였고 상업이 발달하였으며 또한 이웃 나라의 문물이나 문화도 쉽게 접촉할 수 있었다.

갈릴리에서는 옥수수와 올리브, 포도가 많이 났다. 기후나 토양도 과일이나 농작물이 자라기에 좋았다. 갈릴리 호수를 끼고 있었으므로 어업도 발달했다. 요셉푸스에 따르면, 갈릴리에는 240개의 마을이 있었다고 한다. 생활비도 남쪽 유대보다 1/5정도밖에 들지 않았다고 한다.[6]

그러나 이들은 남쪽 유대 사람들과 비교할 때 상대적으로 학문이나 종교에 대한 관심이 적었다. 갈릴리 사람들은 단순하면서도 공격적인 사람들이었으며 비교적 유대 사람들보다 부유한 편이었다고 한다. 일반적으로 남쪽 유대인들은 전통과 종교, 언어와 관련하여 북쪽 갈릴리 지방 사람들을 무시하는 경향이 있었다. 이는 랍비들도 마찬가지였다. "이 무식한 갈릴리 사람아!"라는 표현은 흔하게 사용되는 말이었다.

갈릴리 사람들은 말이나 억양에 있어서도 유대 사람들과 달랐다. 예수님이 심문을 당하실 때 그곳에 있던 하녀는 베드로의 말소리를 듣고서 그가 갈릴리 사람이라는 것을 알아챘다(마 26:73). 남쪽 유대인들이 갈릴리 사람들을 무시한 이유 가운데 하나는 바로 이들이 사용한 언어에 있었다. 예수님도 다른 갈릴리 사람들과 마찬가지로 갈릴리 아람어를 사용하셨다. 이는 "달리다굼"(talitha kum, 일어나라), "마모나"(mamona, 맘몬), "에바다"(ephphatha, 열려라)같은 용어에서도 드러난다.

갈릴리의 환경이 예수님에게 미친 영향 가운데 하나를 우리는 예수님의 비유 가운데서 발견할 수 있다. 예수님의 대부분의 비유는 그 배경이 농촌으로 되어 있다. 포도원 품꾼의 비유, 어리석은 부자의 비유, 겨자씨의 비유, 알곡과 가라지의 비유, 밭에 감추인 보화의 비유, 포도나무와 가지의 비유, 씨 뿌리는 자의 비유 등이 그 대표적인 예이다. 그분에게 가장 아름다운 것은 들에 피어 있는 꽃이었다. 예수님의 비유나 가르침 가운데서 도시를 배경으로 하고 있는 것이 거의 없음도 그가 자라나신 환경을 잘 반영해주고 있다. 이처럼 작은 시골에서 자라신 예수님에게는 예루살렘 같은 곳은 낯선 곳이기만 했을 것이다.

07 소년 시절의 예수님 (눅 2:41-52)

복음서는 어린 시절의 예수님에 대해서 거의 언급하지 않고 있다. 다만 열두 살 되기 전의 예수님에 대해서 "아기는 자라며 튼튼해지고, 지혜로 가득 찼고, 하나님의 은총을 받고 있었다"라고만 말해주고 있다. 예수님 당시의 일반적인 유대인 자녀들이 어떻게 자랐는가를 살펴보는 것은 예수님의 어린 시절을 이해하는 데 도움이 될 것이다.

예수님이 그러셨던 것처럼 남자 아이들은 할례를 받는다. 이 할례는 하나님에게로의 성별을 의미한다. 할례를 통해서 그는 선조들과 맺으신 하나님의 언약 속으로 들어가게 된다. 자라면서 그들은 안식일과 각종 명절들—신년축제와 속죄일, 유월절, 장막절, 부림절, 맥추절 등—을 통해서 역사와 신앙 교육을 받게 된다. 지혜로운 어머니는 디모데의 어머니처럼 항상 아이들 앞에 토라가 있게 한다(참조, 딤후 3:15; 1:5). 가능한 한 일찍부터 아이들에게 하나님의 말씀을 가르쳐 그것이 아이들의 영혼 깊이 새겨지도록 했다. 아주 어렸을 때 어머니는 아이에게 토라를 말해주지만 아버지에게는 아이에게 토라를 가르칠 의무가 주어져 있다(탈무드 kidd. 29a). 아버지는 자신이 직접 호렙산에서 하나님께로부터 율법을 받은 사람처럼 생각하고 자녀에게 율법을 가르쳐야 한다(탈무드 Sanh. 99b). 아이로 하여금 토라에 대한 지식에 있어서 성장하게 하지 못하면 그는 아버지로서 실패한 사람이다(탈무드 Sot. 22a).

아이들이 말을 배울 때 먼저 의식이나 기도문 등에 나와 있는 성경 구절들을 가르쳤다. 그 다음에는 기도문이나 현인들의 가르침을 배우게 했을 것이다. 그들이 맨 처음 배우는 시편들은 할렐(시 113-118편)이나 순례자의 시편들이었다.

다행히도 우리는 단편적이기는 하지만 소년 시절의 예수님의 모습을 살펴볼 수 있는 하나의 에피소드를 갖고 있다. 이 일은 예수님이 부모와 함께 유월절을 지키기 위해서 예루살렘에 올라갔을 때 생긴 일이다. 누가는 예수님의 부모가 해마다 유월절이 되면 관습을 따라 예루살렘에 올라갔음을 말해주고 있다.

유대인 남자들은 유월절과 칠칠절, 초막절에 의무적으로 예루살렘에 올라가서 명절을 지키도록 되어 있었다(출 23:17; 34:23 이하; 신 16:16). 예수님도 공생애 기간에 한 번도 빠지지 않고 유월절을 지키기 위해 예루살렘에 올라가셨다(요 2:13; 7:10; 12:12. 요한은 예수님이 수전절 행사에 참여하기 위하여 예루살렘에 올라가신 일도 기록하고 있다[요 10:22]).

예수님이 부모와 예루살렘에 올라간 것이 열두 살 때였다고 한다. 학자들 중에는 예수님이 열두 살 때 유월절을 지키기 위해 예루살렘에 간 것은 그의 의무 때문이었다고 주장하는 사람도 있다. 그러나 그것은 근거 없는 주장이다. 당시의 유대인 남자는 열세 살 전까지는 율법의 규정에 얽매이지 않았다. 열세 살이 되면 그는 "계명의 아들"(a son of the Commandment) 또는 "토라의 아들"로서 계명을 준수해야 했다(미쉬나 Nid. 5:6; 미쉬나 Avot 5:21; 창세기 랍바 63:14; 미쉬나 Hag. 1:1). 그러나 어머니의 특별한 돌봄이 필요 없는 아이는 열세 살이 되기 전에도 율법을 준수할 의무가 주어질 수 있었다(T. Hag. 1:2). 예수님은 이 경우에 해당한 것으로 보인다.

CHAPTER 2 공생애 초기의 예수님

01 세례자 요한 (마 3:1-12; 막 1:1-8; 눅 3:1-20)

복음서 기자들은 세례자 요한을 메시야의 선구자로서 제시하고 있다. 복음서 기자들 가운데 누가가 세례자 요한에 대하여 가장 자세하게 설명하고 있다. 그의 기록에 따르면 천사가 사가랴에게 나타나 요한의 출생에 대해 예고할 때 이렇게 말했다.

> 그는 또한 엘리야의 심령과 능력을 가지고 주의 선구자로 먼저 와서, 부모의 마음을 자녀에게로 돌아오게 하고… 백성으로 하여금 주님을 맞이할 준비를 갖추게 할 것이다(눅 1:17).

이는 세례자 요한이 말라기 예언의 성취자임을 말하는 것이다.

> 주의 크고 두려운 날이 이르기 전에 내가 너희에게 엘리야 예언자를 보내겠다. 그가 아버지의 마음을 자녀에게로 돌이키고, 자녀의 마음을 아버지에게로 돌이킬 것이다. 돌이키지 않으면 내가 가서 땅에 저주를 내리겠다(말 4:5-6).

누가는 세례자 요한을, 메시야의 선구자로 오리라고 기대되었던 엘리야로 보았던 것이다.

이는 마가도 마찬가지다. 그도 말라기의 예언을 인용하고 있다.

보아라. 내가 내 심부름꾼을 너보다 먼저 보낸다. 그가 네 길을 닦을 것이다(말 3:1).

여기에서 "심부름꾼"은 엘리야를 지칭한다. 예수님도 세례자 요한을 메시야의 선구자로, 엘리야의 역할을 맡은 예언자로 인정하셨고(마 11:1 이하; 눅 7:18 이하), 세례자 요한도 자신을 그렇게 여기고 있었다.

말라기가 예언한대로 유대인들은 메시야가 오기 전에 엘리야가 와서 모든 것을 준비할 것이라고 믿었다. 유대인들은 모든 예언자들 가운데 엘리야를 가장 위대한 예언자로 존경한다. 예수님도 그보다 더 위대한 예언자가 없음을 인정하셨다(마 11:9).

유대인들은 엘리야가, 메시야가 오시기 하루 전(Er. 43b), 또는 사흘 전(Yalkut 43b; Shab. 33a)에 나타날 것이라고 믿었다. 이는 그의 등장은 곧 메시야의 도래가 임박했음을 보여주는 표징이라는 것을 의미한다. 메시야가 오시기 사흘 전에 그는 첫날은 산에 올라가 이스라엘의 황폐함을 탄식할 것이고, 세상 모든 사람들이 그의 소리를 듣게 될 것이다. 그는 이렇게 외칠 것이다. "온 땅에 '평화'가 임한다. 온 땅에 '평화'가 임한다." 둘째 날은 이렇게 외칠 것이다. "'선'이 세상에 임한다. '선'이 세상에 임한다." 셋째 날도 마찬가지로 이렇게 외칠 것이다. "'구원'이 세상에 임한다. '구원'이 세상에 임한다"(Yal 2:53c).

유대인들은 유월절 의식을 행할 때, 저녁 만찬 시에 식탁에 엘리야를 위해 빈 의자 하나를 마련해 놓고, 엘리야의 잔에 포도주를 가득 부어놓는다. 그리고 문을 조금 열어놓는다. 엘리야가 오기를 기다리는 것이다. 이렇게 유대인들은 아직도 메시야가 오기를 고대하면서 엘리야를 기다리고 있다.

세례자 요한은 죄를 용서받게 하는 "회개의 세례"를 선포하였다. 마태는 그의 메시지를 한마디로 이렇게 요약한다. "회개하여라. 하늘 나라가 가까이 왔다." 새로운 시대(하나님의 나라)가 도래하였으므로 거기에 들어가기 위해서는 회개와 선행을 통하여 죄를 제거해야 한다. 그러므로 회개하고 "회개에 합당한 열매"를 맺어야 한다고 세례자 요한은 외쳤다.

이러한 메시지는 전형적인 랍비들의 가르침이었다. 랍비들은 죄의 용서를 받는 데 있어서 회개가 얼마나 중요한 것인지를 인식하고 있었다. 랍비 시므온은 아무리 악한 사람이라고 할지라도 마지막 죽기 전에 회개하기만 하면 하나님께서 그를 받아주실 것이라고 가르쳤다(T. Qid. 1:14). 랍비 엘리에제르(Eliezer)는 "죽기 전 하루 동안 회개하라"고 가르쳤다. 이 말은 언제 죽을지 아무도 알 수 없으므로 항상 회개하고 있어야 한다는 가르침이었다. 유대인들은 이방인이라고 하더라도 회개하면 용서받을 수 있다고 믿었다.

회개는 죄를 지은 것에 대한 참회와 더불어 다시는 죄를 범하지 않겠다는 마음의 결단이 있어야 한다. 그러나 이것만으로는 참된 회개라고 할 수 없다. 진정한 회개는 행동이 바뀌어야 한다. 삶이 바뀌어야 한다. 하나님께서 니느웨 성을 멸하지 않으신 것은 그들이 재 위에 앉아서 금식하는 것을 보셨기 때문이 아니라 "그들이 저마다 자기가 가던 나쁜 길에서 돌이키는 것"을 보셨기 때문이다(욘 3:10). 세례자 요한의 용어로 표현하자면 하나님께서 "회개의 열매"를 보시고 그들을 용서하셨던 것이다. 세례자 요한은 회개에 합당한 열매를 맺지 못하고 있는 사람들을 향해서 심판을 선언하고 있다.

"회개"에 해당하는 히브리어는 "돌아오다"는 의미를 갖고 있는 *shuvu*이다. 구약성서적인 의미에 있어서 회개는 하나님 앞에 돌아오는 것, 또는 하나님과 맺은 계약에로 돌아오는 것이다. 예수님의 비유 가운데서 탕자의 비유는 이 단어의 의미를 생생하게 보여주고 있다. 아버지와의 관계를 단절하고 아버지 집을 떠나 "먼 나라"로 갔던 탕자가 "제 정신이 돌아와" 다시 아버지 집을 향해서 돌아오는 것이 바로 회개의 본래 의미였다. 회개는 한마디로 방향을 바꾸는 것이다. 하나님에게로의 방향 전환이 회개의 본래적인 의미이다. 예언자들의 핵심적인 메시지는 하나님에게로 돌아오라는 것이다. 하나님에게로 돌아와 돌이켜 바르게 살면 하나님께서 용서하실 것이라는 것이 그들의 메시지였다.

> 이스라엘아, 주 너희 하나님께로 돌아오너라… 주께로 돌아와서 이렇게 아뢰어라. '우리가 지은 모든 죄를 용서하여 주십시오(호 14:1-2).

하나님께서는 그들이 돌아오도록 하기 위하여 여러 가지 징벌을 내리셨다. 그럼에도 불구하고 그들은 돌아오지 않았다(암 4:4-11). 그리하여 하나님께서 마지막으로 "이스라엘아, 너는 너의 하나님을 만날 준비를 하여라"고 말씀하셨다(암 4:12). 이는 심판에 대한 경고의 말씀이다. 회개하지 않는 자에게 하나님께서는 마지막 심판을 내리실 것이라는 것이다. 예언자들은 이처럼 항상 회개하지 않는 자들에게 심판을 선언하였다. 요한도 이러한 예언자들과 마찬가지로 여호와의 날을 심판의 날로 선포하였다.

회개와 용서의 관계를 가장 잘 말해주는 구약성서 구절들 가운데 하나는 이사야 55:7이다.

> 악한 자는 그 길을 버리고, 불의한 자는 그 생각을 버리고 주께 돌아오너라. 주께서 그에게 긍휼을 베푸실 것이다. 우리의 하나님

께로 돌아오너라. 주께서 너그럽게 용서하여 주실 것이다.

이러한 선포는 사도들에게서 발견된다.

회개하십시오. 그리고 여러분은 각각 예수 그리스도의 이름으로 세례를 받고 죄의 용서함을 받으십시오(행 2:38, 참조, 3:19).

세례자 요한도 같은 메시지를 증거했다.

회개하여라. 하늘나라가 가까이 왔다.

이러한 세례자 요한의 회개의 메시지를 듣고 많은 유대인들이 그에게 나아와 죄를 고백하면서 "회개의 세례"를 받았다. 율법은 제의적으로 부정한 사람은 희생 제사를 드리기 전에 먼저 물에 잠그는 의식을 행해야 한다고 규정하고 있다. 그러나 사람들이 요한에게 나아와 받은 것은 그런 것이 아니었다. 그들이 받은 것은 "회개의 세례"였다. "회개의 세례"라는 용어는 구약성서뿐만 아니라 랍비 문헌에서도 발견되지 않는 특별한 용어이다.

유대인들은 세례를 받지 않았다. 그러면 세례는 누가 받는 것이었는가? 이방인이 유대교로 개종하기 위해서는 세 가지를 행해야 했다. 그것은 할례와 세례, 그리고 희생 제물을 바치는 일이었다.

유대인들은 난지 8일만에 할례를 받는다. 그리고 그들은 하나님 앞에 희생 제사를 드린다. 그러나 이방인이 유대교인이 되기 위해서는 한 가지를 더 해야 되는데, 그것이 바로 세례였다. 유대인들은 이방인들을 부정하게 여겼다. 그러므로 그들이 유대교로 들어오려면 부정한 것을 씻는 의식인 세례를 받도록 했던 것이다(탈무드 Pes. 41a; PR 14 [66a]). 반면 유대인들은 하나님의 백성으로서 성별된 백성이며 이미 할례를 받았기 때문에 세례를 받을 필요가 없다고 생각했다.

그러나 그러한 유대인들이 세례자 요한에게 나아와 죄를 고백하며 "회개의 세례"를 받았다. 물론 이 세례는 예수님의 이름으로 행하는 기독교의 세례와는 다른 것이었다.

세례자 요한은 그에게 세례를 받기 위해 나온 사람들에게 "회개에 알맞은 열매" 또는 "좋은 열매"를 맺으라고 했다(참조, 행 26:20). 탈무드는 회개의 열매가 없는 사람에 대하여 이런 비유를 하고 있다. 죄를 짓고 그 죄를 고백했으면서도 그 죄의 길에서 떠나지 않는 자는 그의 손에 부정한 뱀을 갖고 있는 사람과 같다. 그는 온 세상의 물이 다 모여 있는 곳에 그 자신을 담가도 그의 세례는 아무런 소용이 없다. 손에 들고 있는 부정한 그 짐승을 먼저 집어던져야 한다. 그런 다음에는, 아주 적은 물로 받는다고 해도 그 세례는 즉각적으로 유효하다(탈무드 Tann. 16a).

세례자 요한은 이미 하나님의 도끼가 나무뿌리에 놓였다고 했다. 이는 이미 하나님의 심판이 시작되었음을 의미한다. 이사야는 앗시리아의 공격에 대한 하나님의 보응을 이런 식으로 표현하였다(사 10:33-34). 예수님은 좋은 열매를 맺지 못하는 나무마다 찍히어 불에 던져질 것이라고 하셨다(마 7:19). 랍비들도 하나님께서는 나무의 뿌리를 보고 심판하지 않으시고 열매를 보고 심판하신다고 가르쳤다(창세기 랍바 16:3; 30:6).

이러한 세례자 요한의 심판의 경고에 대하여 무리들과 세리들, 그리고 군인들이 어떻게 해야 하나님의 심판을 모면할 수 있는가를 물었다. 이에 대해 요한은 있는 사람들은 가난한 사람을 도와주고, 세리는 부당하게 세금을 착취하지 말고, 군인은 남의 것을 강탈하지 말라고 했다. 요한은 믿음이나 금욕적인 생활을 요구하지 않았다. 그는 유대인들이 전통적으로 그래왔듯이 선행을 행해야 한다고 가르쳤던 것이다.

요한은 하나님의 심판을 추수에 비유하고 있다. 추수 때가 되면 농부는 키를 가지고 알곡과 가라지를 갈라서 가라지는 불에 태웠다. 요한은 하나님께서도 그런 식으로 심판하실 것이라고 선포했다. 많은 유대 문헌들이 하나님의 심판을 추수에 비유하고(제4에스드라서 4:30-32. 참조, 렘 51:33; 욜 3:12-14), 악인을 가라지에 비유했다(사 17:13; 렘 13:24; 15:7 등).

02 세례를 받으시다 (마 3:13-17; 막 1:9-11; 눅 3:21-22)

예수님도 다른 유대인들처럼 세례를 받으셨다. 세례가 죄씻음을 받기 위한 회개의 상징이라고 할 때, 예수님이 세례를 받으셨다고 하는 것은 이해하기 어려운 일이다. 예수님은 죄가 없으시기 때문에 구원을 위한 회개의 세례를 받으실 이유가 없지 않은가? 그래서 세례자 요한도 이렇게 말씀드렸다. "내가 선생님께 세례를 받아야 할 터인데, 선생님께서 내게 오셨습니까?" 그러나 예수님은 "모든 의를 이루기 위해" 그렇게 하셨다. 예수님은 결코 회개의 세례를 받으신 것이 아니다. 바클레이는 예수님이 세례를 받으신 것은 자신을 다른 일반적인 모든 사람들과 동일시하셨기 때문이라고 한다.[1)]

복음서 기자들은 예수님이 세례를 받으신 사건 그 자체보다 세례 받으실 때에 일어난 사건에 대한 강조를 통해 예수님의 메시야성을 증거하고 있다. 예수님이 세례를 받고 올라오실 때에(누가는 "기도하실 때에"를 첨가하고 있다) 하늘이 열리고 하나님의 영이 비둘기처럼 그 위에 임했다. 에스겔(겔 1:1)과 스데반(행 7:56)도 하늘이 열리는 장면을 체험했다. 하늘이 열리고 하나님의 영이 비둘기처럼 예수님에게 임했다.

유대인들은 비둘기를 성령의 상징으로 이해하였다.

창세기 1:2에 나오는 하나님의 영이 수면 위에 운행하였다는 말씀을 랍비들은 마치 비둘기가 어린 새끼 위를 맴도는 것 같이 하나님의 영이 그렇게 수면 위를 운행하였다고 해석한다(탈무드 Hag. 15a). 또 다른 곳에서는 독수리가 그 보금자리 위를 돌듯이 그렇게 하나님의 영이 수면 위를 운행하였다고 해석하기도 한다(T. Hag. 2:5).

한편, 하늘에서는 이런 하나님의 음성이 들려왔다. "이는 내 사랑하는 아들이다. 내가 그를 좋아한다." 같은 음성이 변화산상에 있던 제자들에게도 들려졌다(마 17:5과 평행 구절들). 이 음성은 예수님에 대한 하나님의 인증이었다. "사랑하는"(beloved)이란 표현은 메시야와 관련되어 자주 사용된 표현이다(엡 1:6; Ascen. Isa. 1:4; 전도서 랍바 9:7). "내가 그를 좋아한다"는 말씀은 시편 2:7과 이사야 42:1의 결합으로 보인다. 이를 "내가 그로 인하여 영광을 받을 것이다"로 해석하기도 한다(Klausner).[2)]

랍비 문헌은 하늘의 음성을 들은 많은 사람들에 대하여 기록하고 있는데, 그 대표적인 사람은 랍비 힐렐이다. 한번은 힐렐이 제자들과 함께 길을 걷고 있는데 이런 음성이 그들에게 들려왔다. "여기에 성령을 받기에 합당한 사람이 하나 있다. 그러나 그의 세대들은 그것을 받을 자격이 없다." 그러자 모든 사람들이 힐렐을 바라보았다(T. Sot 13:3). 랍비들은 제2성전 기간 동안에는 성령의 역사가 그쳤다고 믿고 있었다. 그런데 하나님의 음성이 들려왔던 것이다. 이는 곧 힐렐에 대한 하나님의 인증이었다. 이 힐렐은 랍비의 아버지라 불리고 있으며, 가장 권위있는 랍비였다.

03 예수님이 시험 받으시다 (마 4:1-11; 막 1:12-13; 눅 4:1-13)

예수님은 공생애를 시작하시기 전에 먼저 "성령"에 이끌리어 광야로 나가 사십일 동안 금식하시며 사탄에게 시험받으셨다. 이 시험을 이기신 후에 비로소 공생애에 들어가셨다. 광야에서의 사십일 동안의 기도와 시험은 공생애를 시작하기 위한 최종적인 준비 기간이었던 것이다.

예수님의 사역의 초점은 하나님의 나라(Kingdom of God [Heaven])였다. 그는 하나님의 나라를 선포하셨다. 그리고 하나님의 나라가 임하였음을 치유 이적을 통해 나타내 보이셨다. 특별히 귀신의 세력을 쫓아냄(축사[逐邪]를 통한 치유)을 통해 하나님의 나라를 드러내 보이셨다. 하나님의 나라 또는 하늘나라(유대인들은 '하나님'이라는 명칭을 사용하지 않았다. 그 대신 그들은 '하늘'이라는 용어를 사용하였다. 이는 하나님의 이름을 신성시하여 부르지 않은 데서 비롯된 것이다. 따라서 하나님의 나라와 하늘나라는 같은 개념이다)의 본래의 뜻은 "하나님이 다스리신다"이다. 하나님이 왕으로서 다스리는 나라가 하나님의 나라 또는 하늘나라이다.

예수님은 이 땅의 왕인 사탄의 세력을 내어 쫓고 하나님이 다스리시는 하나님의 나라를 이루기 위해 오셨다. 그의 선포는 하나님의 나라에 관한 것이었다. 그의 이적도 하나님의 나라를 현시하시기 위함이었다. 그는 십자가 위에서 사탄과 최종적인 싸움을 벌이셨다. 그리고 부활을 통해 사탄은 패배를 당하게 되었다. 그러나 예수님이 사탄에 대해 완전한 승리를 거두신 것은 아니다. 궁극적인 승리는 예수님이 다시 오실 때 이루어지게 될 것이다. 즉 하나님의 나라는 예수님을 통해서 이 땅에 임하였으나 완전한 하나님의 나라는 아직 임하지 않았다("already but not yet"). 하나님의 나라가 완전히 이루어질 때까지 사탄은 제한적으로 활동한다.

이처럼 예수님의 사역은 사탄의 세력과의 싸움이었다. 예수님이 이 땅에 오심으로부터 시작해서 사탄은 패배하기 시작했다. 광야에서의 대결에서 사탄은 패배를 당하고 "잠시 동안" 예수님에게서 떠나갔다(눅 4:13). 이 광야에서의 시험은 사탄과의 이러한 대결을 위한, 그리고 사탄의 세력의 축출을 위한 최종적인 준비였다. 이렇게 하여 예수님의 하나님 나라 사역은 본격적으로 시작되고 예수님은 많은 사람들에게서 사탄을 내어 쫓으셨다. 그렇게 하심으로 예수님은 하나님의 나라가 이미 이 땅에 임하였음을 보여주셨다.

유대인들 사이에 전해 내려오는 이야기에 따르면 성서의 위대한 인물들도 유혹 또는 시험을 받은 다음에야 하나님에게 쓰임을 받았다고 한다. 그 대표적인 예가 아브라함이었다. 그는 열 가지 시험을 받고 이겼다고 한다(미쉬나 Avot 5:4). 아브라함이 아들 이삭을 바칠 때 사탄들이 시기하여 그렇게 하지 못하도록 방해하려고 유혹하였으나 성공하지 못했다고 한다(희년서 17장; 탈무드 Sanh. 89b; 창세기 랍바 32, 56).

랍비들에 따르면, 다윗은 하나님을 "아브라함의 하나님, 이삭의 하나님, 야곱의 하나님"으로 부르면서 "다윗의 하나님"이라고 부르지 않는 것에 대해 하나님에게 물었다고 한다. 그러자 하나님께서는 그들은 시험을 받고 다 이겼으나 다윗은 시험을 받지 않았기 때문이라고 대답하셨다. 그러자 다윗이 하나님께 자신을 시험해보시라고 말씀드렸다(참조, 시 26:2). 하나님은 밧세바를 통해 그를 시험하셨으나, 다윗은 이 시험을 통과하지 못했다고 한다.

사탄은 하나님의 말씀으로 예수님을 유혹하였다. 예수님도 사탄의 유혹에 대해 하나님의 말씀으로 물리치셨다. 랍비들은 하나님께서 율법을 주신 이유는 두 가지가 있다고 보았다. 하나는 그 율법을 지키는 자들에게 율법을 지킴으로 공로를 쌓게 하여 상급을 주시기 위함이고(미쉬나 Mak. 3:16), 또 하나는 율법을 통해 사람들을 연단하고 훈련시킴으로써 그들을 강하게 하여 모든 시험을 이길 수 있도록 하기 위해 율법이 주어졌다는 것이다. 예수님도 말씀으로 시험을 이기셨다.

예수님은 사탄에게서 기적을 통해 하나님의 아들임을 증명해보일 것을 요구받았지만, 그렇게 하지 않으셨다. 예수님은 한 번도 자신이 하나님의 아들임을 증명하기 위한 수단으로 기적을 행하신 적이 없다. 예수님이 기적을 행하신 것은 그가 하나님의 아들이었기 때문이었지 하나님의 아들임을 증명해보이기 위해서가 아니었다.

사탄은 예수님에게 그가 하나님의 아들임을 증명할 수 있도록 성전 꼭대기에서 뛰어내릴 것을 요구하였다. 그러나 예수님은 "주 너의 하나님을 시험하지 말라"는 말씀으로 거부하셨다. 랍비 얀니(Yanni)는, 하나님께서 기적을 행하실 것이라고 말하면서 위험한 곳에 의도적으로 서 있는 사람에게 하나님은 기적을 행하지 않으실 것이라고 가르쳤다(탈무드 Shab. 32a; 탈무드 Ta'an. 20a). 한편 랍비들의 전통에 의하면, 메시야가 오실 때 그 메시야가 성전 꼭대기에 올라가서 온 이스라엘을 향해 구원의 때가 가까웠음을 외칠 것이라고 한다(PR 36). 그러나 예수님은 자신이 메시야임을 성전 꼭대기에서 증명해 보이는 것을 거부하셨다.

예수님은 사십일을 금식하셨는데, 모세와 엘리야도 그랬다. 예수님은 광야에서 사십일 간 기도하셨다. 모세는 그의 생애의 중반에 금식하였고, 엘리야는 마지막에 금식하였다. 그러나 예수님은 공생애 시작에 앞서 금식하셨다. 모세나 엘리야는 금식하는 동안 악마의 공격을 받지 않았으나, 예수님은 악마의 공격을 받으셨다. 모세는 사십일 금식 후에 실패하였다(하나님께서 주신 율법판을 부숴버림으로). 또 엘리야는 사십일 금식 전에 실패하였다. 그러나 예수님은 사십일 간 금식하시면서 공격을 받으셨으나 끝까지 승리하셨다.

04 예수님의 복음 선포의 시작 (마 4:12-17; 막 1:14-15)

예수님은 갈릴리에서부터 복음을 선포하기 시작하셨으며, 갈릴리를 사역의 중심지로 삼으셨다. 마태에 의하면 예수님의 첫 외침은 "회개하여라, 하늘나라가 가까이 왔다"(마 4:17)는 것이었다. 이는 예수님의 메시지의 요약으로 보인다. 이러한 선포는 세례자 요한의 것과 꼭 같다(마 3:2). 세례자 요한은 회개의 메시지를 증거했다. 그는 회개시키기 위해 회개의 세례를 베풀었다(마 3:11; 행 13:24). 많은 사람들이 죄를 고백하며 그에게 와서 이 세례를 받았다. 그는 사람들에게 세례에 합당한 열매를 맺을 것을 요구하였다. 한편 그는 이 회개를 종말과 연관해서 선포했다.

> 이미 도끼가 나무뿌리에 놓였다. 좋은 열매를 맺지 못하는 나무마다 다 찍혀 불에 던지우게 될 것이다(마 3:10).
> 회개하여라. 하늘나라가 가까이 왔다(마 3:2).

본래 회개를 의미하는 히브리어는 없었다. 예언자들은 "돌아오라"(히브리어 shuvu)는 단어를 회개의 의미로 사용하였다. 하나님에게로 마음을 돌이키고 하나님과의 계약(언약)에로 돌아가 그것에 충실하게 살아가는 것을 회개로 보았던 것이다.

한편 노아의 홍수, 바벨탑 사건, 소돔과 고모라의 멸망 이야기에는 회개에 관한 언급들이 나와 있지 않다. 사람들이 회개했다든가 아니면 그들에게 회개하라는 말씀이 주어졌다는 이야기가 없다. 마찬가지로 이스라엘 민족이 광야에서 하나님 앞에 반역하며 불평하며 원망하는 죄를 범하였을 때에도 그들에게 회개하라는 요구가 주어지지 않았다. 모세가 하나님 앞에 그들의 죄를 용서해달라는 기도를 드릴 때에도, 그들의 회개에 근거해서가 아니라 하나님의 자비하심(그들의 조상들과 맺은 하나님의 언약)에 근거하여 하나님 앞에 용서를 구하였다.

그러나 후대에 예언자들은 모두가 다 이스라엘 백성에게 회개를 촉구하였다. 예언자들이 그들에게 요구한 회개는 죄의 길에서 떠나는 것과 다시는 죄를 범하지 않겠다는 내적인 결단을 포함하는 것이며, 이러한 회개는 흔히 금식이나 기도와 같은 외적인 행위가 동반되었다. 랍비들은 회개와 관련하여 행동의 변화를 강조하였다. 때로 하나님은 회개하는 것을 보시고 죄를 용서하시기는 하지만, 그 죄에 대한 징벌은 그대로 내리시거나(삼하 12:7-17; 24:10-17), 아합의 경우처럼 그 징벌을 연기하기도 하신다(왕상 21:27-29).

물론 예수님도 이러한 회개를 외치셨다. 그러나 예수님은 세례자 요한처럼 회개에 초점을 두지는 않으셨다. 예수님이 회개에 대해서 증거하신 것은 그렇게 많지 않다(마 11:21-24; 12:38-42; 눅 13:1-5). 특별히 회개와 하늘나라의 임재를 연관시켜서 말씀하신 경우는 극히 드물다.

예수님은 세례자 요한과는 다른 차원에서 회개를 요구하셨다.

세례자 요한은 하늘나라와 관련해서 세례를 요구했다. 즉 구원과 관련해서 인간 편에서의 책임에 대해서 강조했지만, 예수님은 하나님께서 베푸시는 용서에 대해 강조하셨다. 구원은 무엇보다도 하나님 편에서의 제공이지 인간 편에서의 획득이 아니라는 것이다. 일반적으로 유대교는 회개하면 하나님이 용서해 주실 것이라고 말한다. 그러나 예수님은 하나님이 이미 용서하셨으니 회개하고 바르게 살아가라고 말씀하신다. 전자의 경우에 있어서 회개는 용서의 전제 조건이다. 이 경우에 용서는 무조건적인 것이 아니다. 그러나 예수님은 하나님의 무조건적인 사랑과 용서를 외치셨다. 이처럼 예수님이 이른바 아직 회개하지 않은 "죄인들"과 세리들을 무조건 받아주시고 그들에게 하늘나라를 열어주신 것에 대해 바리새인들과 서기관들, 사두개인들은 불만이 있었다(제4장의 "의인이 아니라 죄인을 부르러 오시다"를 참조하라).

유대교는 죄의 용서를 받는 데 있어서 회개의 중요성을 강조한다. 이방인들도 회개를 하면 구원에 이를 수 있다. 랍비 엘리에제르(Eliezer b. Hyrcanus)는 죽기 전에 하루 동안 회개하라고 하는 유명한 말을 했다(미쉬나 Avot 2:10). 랍비 시므온은 에스겔 33:12-14을 근거로 해서 평생 동안 아무리 악한 일만 하고 산 사람이라도 마지막에 회개하면 하나님께서 그를 받아주실 것이라고 가르쳤다(T. Qidd. 1:14). 랍비 요슈아(Joshua b. Levi)는 "회개는 모든 것을 다 이루지만 기도는 반밖에 이루지 못 한다"고 말함으로 회개의 효력에 대해서 강조했다.

CHAPTER 3 예수님의 가르침(1): 산상 설교

01 행복한 사람 (마 5:3-12; 눅 6:20-23)

이른바 팔복은 마태복음에서는 산상설교(산상보훈)의 서막 역할을 하고 있다. 마태는 총 아홉 가지 복을 언급하고 있으나 누가는 네 가지만을 언급하고 있다. 한편 누가복음에서는 마태복음에서와는 달리 복 있는 사람과 화있는 사람들이 대조적으로 나오고 있다(눅 6:20-26). 마태는 이것이 산 위에서 주어진 것이라고 밝히고 있으나, 누가는 예수님이 산에서 내려 오셔서 가르치신 것으로 말한다. 마태는 체계적으로 제시하고 있으나, 누가에서는 간단하게 기록하고 있음도 대조적이다. 마태는 제자들과 군중들에게 주신 것으로 되어 있으나, 누가에서는 제자들에게 직접 주신 것으로 되어 있다.

마태복음의 팔복은 종말론적인 색채가 가미되어 있으나, 누가는 단순한 형태로 제시하고 있다. 누가는 청중들의 실제적인 문제들과 그들의 일상생활에서 경험하는 것들에 대해 언급하고 있으나, ("지금"이라는 말을 강조하고 있다. 참조, 눅 6:21, 25), 마태는 이를 영적인 형태로 제시하고 있다. 예를 들면, 누가는 가난한 사람들이 행복한 사람이라고 하는 반면, 마태는 영적으로 가난한 사람들이 행복한 사람이라고 한다. 마태는 보다 신학적이며 체계적으로 그리고 종말론적으로 팔복을 제시하고 있다.

"복있다"는 단어는 헬라어 *makarioi*의 번역으로서 이에 해당하는 히브리어는 *ashre*이다. 대부분의 성경에서 이를 "복있다"로 번역하고 있으나, 성서학자들은 "행복하다"로 번역하는 것이 더 낫다고 한다.[1)]공동번역 성서와 New American Bible은 "행복하다"로 옮겼다.

*ashre*로 시작한 말씀들은 시편과 지혜문학서에 많이 나온다. 이런 말씀들은 교훈을 주기 위한 것이었다. 예를 들면 시편 1:1("복 있는 사람은 악인의 꾀를 따르지 아니하며")은 악인의 꾀를 좇지 않는 것은 잘하는 일이라고 칭찬하는 것이기도 하다. 따라서 우리는 이 구절을 "악인의 길을 좇지 않는 사람들이여, 축하합니다"로 옮길 수 있다. 이는 팔복의 말씀들에 대해서도 마찬가지이다.[2)]

우리는 여기에서 "복있다"는 의미를 오해해서는 안 된다. "가난한 사람은 복있다"고 할 때, 그들은 복을 받을 사람이라는 의미가 아니라 그들은 행복한 사람들이다라는 선언임을 기억해야 한다. 영어로 blessed는 "은총을 입은", "행복한"의 의미를 갖고 있다. 여기에는 복을 받는다는 개념이 없다. 이 단어가 구약성서에 44번 나타나는데 그 중에 시편에서 26번 나타난다. 이 팔복의 말씀처럼 "복있는"으로 시작하는 구절도 30개나 된다(시 1:1; 41:1, 106:3; 112:5; 119:1 등). 따라서 팔복은 시편의 말씀들을 연상하게 만든다.

"마음이 가난한 사람은 복이 있다. 하늘나라가 그들의 것이다."

마태복음에서와는 달리, 누가복음에서는 영혼이 가난한 사람이 아니라 물질적으로 가난하게 살아가는 사람들이 행복한 사람이라고 말한다. 누가는 가난한 자, 소외된 자, 이방인들에 대해 많은 관심을 갖고 있는데, 누가의 이 본문도 이를 잘 반영해주고 있다.

"마음이 가난한"이라는 표현은 구약에서도 발견되지 않고 랍비 문헌에서도 나타나지 않는다.[3)]

그러면 "가난한" 사람은 누구를 말하는가? 구약에서 가난한 사람들은 여러 가지 단어로 표현되는데, 가장 대표적인 것은 *ani*와 *anav*이다. *ani*는 사회적으로, 경제적으로 가난한 사람들을 의미하며 종교적인 의미도 내포하고 있다. 이들은 가난한 사람들로서 누군가에게 의지하며 살아갈 수밖에 없는 계층이다. 그러나 이 단어는 가진 것이 없다는 사실보다 그들의 상태, 즉 힘이 없음과 의존적인 관계를 강조하는 표현이다.[4)] 이러한 그들의 상태 및 관계가 그들로 하여금 자신들의 필요를 충족시키기 위하여 하나님을 의존하게 만들었다. 이런 의미에서 이 단어는 종교적인 함축성을 포함하고 있다고 할 수 있다.

후대에 속하는 구약성서들에서는 *anav*형태를 많이 사용하고 있다. 이것은 *ani*와 비슷한 의미로 사용되었지만 *ani*보다 종교적인 요소를 더 강조하고 있다. 즉 가난한 사람들과 하나님의 관계를 강조하는 용어로 사용되었다. 한편 랍비 문헌에서는 이 두 단어를 분명하게 구분하여 사용하고 있다. *ani*는 가난한 사람들을, *anav*는 겸손이라는 덕목을 의미한다.[5)]

"마음이 가난한 자"들을 스스로 부를 포기한 사람들이라고 보기도 한다. 예수님 당시에는 엣세네 종파 사람들이 바로 그런 사람들이었다.[6)] 그러나 마태가 그들을 두고서 한 말은 아니었을 것임에 분명하다.

"마음이 가난한" 상태를 겸손에 비교할 수 있을 것이다. 겸손한 사람들은 사회적으로 가난한 사람들과 같은 부류에 속한다. 낮은 계층에 속한 자들은 겸손할 수밖에 없는 사람들이다. 새번역에서는 난하주에서 "가난한 사람"은 "겸손한 사람"으로도 옮길 수 있다고 밝히고 있다.

가난한 사람이 행복한 사람이라는 말씀은 이사야 61:1의 말씀을 배경으로 하고 있는 것으로 보인다. 여기에서 "가난한" 사람은 히브리어로 위에서 언급한 바 있는 *anavim*(anav의 복수)을 가리키는데, 탈굼(Targum)에서는 영적으로 고통을 당하는(afflicted in spirit) 사람으로 옮겼다.

유대교에 있어서 가난은 덕목이 아니다. 가난한 사람을 행복한 사람으로 여기지도 않았다.[7] 예수님이 가난한 사람이 행복하다고 하신 것은 가난 자체가 복된 것이기 때문이 아니다. 그들이 행복한 것은, 그들이 하늘나라를 소유할 것이기 때문이다. 랍비들은 가난이 하나님을 의지하게 하고 회개하게 만들기 때문에 유익하다고 가르쳤다. 그러나 가난 그 자체가 바람직한 것은 결코 아니라고 했다.

이상에서 살펴본 대로 가난은 물질적인 측면만이 아니고 영적인 측면과도 깊은 연관이 있다. 가난한 사람들은 하나님을 의지한다. 그들은 겸손한 사람들이다. 그들은 하나님의 나라를 받아들인다(예수님의 사역에 있어서 사회적으로 그리고 종교적으로 소외된 사람들이 하늘나라를 받아들였음을 기억하라!). 그리고 그들에게는 하늘나라가 기다리고 있다. 그러므로 가난한 사람들은 행복한 사람들이다. 이렇게 볼 때 마태의 "마음이 가난한 사람"이나 누가의 "가난한 사람"은 같은 부류의 사람들이라 할 수 있을 것이다.

가난한 사람들은 "하늘나라"(Kingdom of Heaven)를 차지하게 될 것이라고 했다. 누가는 "하나님의 나라"(Kingdom of God)라는 용어를 사용하고 있으나 둘 다 같은 의미이다. 히브리인들은 하나님의 이름을 신성시하여 그 이름을 감히 일컫지 않았다. 하나님이라는 칭호 대신 그들은 "하늘", "자비로우신 분", "어디나 계시는 분", "능력", "거룩하신 분", "그분을 찬양할지라"와 같은 용어를 사용하였다. 그래서 유대인들을 염두에 두고 마태는 "하나님의 나라" 대신에 "하늘나라"라는 용어를 사용했던 것이다.

하늘나라 또는 하나님의 나라는 하나님이 다스리시는 나라라는 의미로, 어떤 영역이나 지역이 아니라 하나님의 주권을 강조하는 것이다. 히브리인들에게 있어서 하나님은 기본적으로 왕으로 이해되었다. 그들은 이 왕 되신 하나님의 지배를 받고 살아가는 하나님의 백성이었다. 하늘나라의 종말론적인 성격을 잘 나타내주는 곳은 스가랴 14:9이다. "주께서 온 세상의 왕이 되실 것이다. 그 날이 오면, 사람들은 오직 주 한 분만을 섬기고, 오직 그분의 이름으로만 간구할 것이다."

> 그 때에는 하나님이 한 분이심을 온 세상이 인정하게 될 것이며 그의 나라는 영원할 것이다(Mek. Exodus 17:14).
> 그 때에는 그의 나라가 온 피조물에게 나타날 것이다(Assum. M. 10:1).

예수님은 이 하나님의 나라가 이미 이 땅에 임하였다고 선포하셨다. 그리고 그 증거로서 많은 이적을 행하셨다. 특별히 귀신 내어쫓음을 통해 하나님의 나라를 현시하셨다. 예수님의 사역은 한마디로 하나님 나라의 사역이었다고 할 수 있다. 그분의 모든 사역은 이 하나님의 나라에 빛에서만 바르게 이해되어질 수 있다. 예수님은 이 하나님 나라가 가난한 사람들에게도 열려져 있음을 팔복의 말씀 가운데서 선포하셨다.

"슬퍼하는 사람은 복이 있다. 그들이 위로를 받을 것이다."

누가복음에서는 "너희 지금 슬피 우는 사람은 복이 있다. 너희가 웃게 될 것이다"로 되어 있다. 누가의 본문은 시편 126:5-6을 반영하고 있는 것으로 보인다. "눈물을 흘리며 씨를 뿌리는 사람은 기쁨으로 거둔다. 울며 씨를 뿌리러 나가는 사람은 정녕, 기쁨으로 단을 가지고 돌아온다."

마태복음의 본문은 이사야 61:2을 반영하고 있는 것으로 보인다. "주의 은혜의 해와 우리 하나님의 보복의 날을 선언하고, 모든 슬퍼하는 사람들을 위로하게 하셨다." 이사야서에서 이 구절은 메시야의 사명과 연관되어 있다. 메시야의 사명은 가난한 사람들에게 기쁜 소식을 전해 주는 것이며(우리는 위에서 팔복 가운데 첫 번째의 행복한 사람이 이사야 61:1과 연관되어 있음을 살펴보았다) 슬퍼하는 사람들을 위로하는 것이다. 랍비들은 메시야를 "위로자"로 이해하였다(탈무드 Sanh. 98b; 예루살렘 탈무드 Ber. 2:4, 5a). 예수님은 이사야 61:2의 말씀을 그저 단순하게 반복하지 않으셨다. 슬퍼하는 자들을 행복한 사람들이라고 선포하셨다. 그리고 그들은 이 예언의 성취자이신 메시야 곧 예수님을 통해 위로를 받는다.

"온유한 사람은 복이 있다. 그들이 땅을 차지할 것이다."

똑같은 말씀이 시편 37:11에 나오고 있다. 이 시편의 말씀을 개역 성서에서는 "온유한 자"가 땅을 차지할 것이라고 번역하였으나, 새번역 성서에서는 "겸손한 자"가, 그리고 공동번역 성서에서는 "보잘것없는 사람"이 이 땅을 차지할 것이라고 번역되었다. 이처럼 "온유한 자", "겸손한 자", "보잘것없는 사람"으로 다르게 옮겨진 히브리어는 *anavim*으로, 위에서 설명한 바 있는 *anav*에서 온 말이다. 구약성서에서 이 단어는 *ani*와 혼동되어 사용되고 있으며, 후대의 구약성서에서는 *anav*가 더 많이 사용되었다. 둘 다 가난한 계층의 사람들을 가리키나, *anav*는 종교적인 성격을 더 강하게 갖고 있다고 할 수 있다. 그래서 때로는 "겸손한 자"로도 번역된다. 다시 말해, 팔복 가운데 나오는 온유한 자와 가난한 자는 크게 다르지 않다.

"의에 주리고 목마른 사람은 복이 있다. 그들이 배부를 것이다."

누가복음에는 단순하게 지금 육체적으로 주린 사람이 복이 있다고 되어 있다. 성서에서 가난한 사람은 굶주린 사람을 가리킨다(사 32:6,7; 58:7,10: 시 107:36,41; 욥 24:4,10). "지금" (이 세상에서) 배고픈 사람들은 메시야 시대에 하늘 잔치 자리에서 배부르게 될 것이므로 행복한 사람들이다.

이와 반대로 누가복음 6:24에서는 지금 배부른 사람은 화가 있다고 선포하고 있다. 배부른 사람이란 부유한 자들을 가리킨다(눅 12:16-21; 16:19-31; 14:15-24. 참조, 14:12-14). 이 행복한 사람(배고픈 사람)과 불행한 사람(배부른 사람)에 대한 말씀은, 가난한 사람들은 이 복음을 받아들인 반면 부유한 자들은 그렇게 하지 않았음을 반영하는 말씀이다.

"자비한 사람은 복이 있다. 그들이 자비함을 입을 것이다."

이 말씀과, 이어서 나오는 두 구절에 대해 누가는 언급하지 않고 있다. "자비한 사람"과 "마음이 깨끗한 사람", 그리고 "평화를 이루는 사람"은 상급을 받을만한 사람들이다. 그러나 앞에서 언급한 사람들은 그렇지 않다. 그들은 사회적으로 불행한 사람들에 속한다. 누가는 이러한 사람들에 대해서만 언급하고 있다.

구약성서에서는 자비는 거의 항상 하나님과 관련해서만 나오고 있다. 자비를 베푸는 사람에 대해서는 잠언에서만 4회 나오고 있다(11:17; 19:11; 20:6; 28:22). 성서에서 자비는 잘못을 용서하는 것(출 34:6-7; 사 55:7; 마 18:32-34)과 필요한 사람에게 선을 베푸는 것(시 86:15-16; 사 30:18; 겔 39:25; 막 10:47)을 의미한다. 자비한 사람이 하나님의 자비를 입게 될 것이라는 말씀은 죄를 지은 형제에게 자비를 베풀어 그를 용서해주면, 그가 하나님 앞에서 심판을 받을 때 하나님의 자비를 입어 용서를 받게 될 것이라는 의미이다. 랍비 문헌에서도 자비를 베푸는 사람이 하나님의 자비를 입는다는 가르침들을 많이 발견할 수 있다(Sifre Deut. 36; 탈무드 Shab. 151b; T. BQ 9:30; 탈무드 Bez. 32b).

"마음이 깨끗한 사람은 복이 있다. 그들이 하나님을 볼 것이다."

"마음이 깨끗한"이라는 용어는 시편 24:4에서 유래된 것으로 보인다. 이 시편은 성소에 들어갈 수 있는 자의 자격들에 대해 언급하고 있는데, 그것들 가운데 하나가 마음이 깨끗한 것이다. 마음이 깨끗한 것은 도덕적인 순결이나 생각의 순수함만을 의미하는 것이 아니다. 이것은 하나님 앞에 완전한 순종과 헌신, 신실한 태도를 갖는 것을 의미한다.[8] 이러한 사람들은 하나님을 볼 것이다. 이 약속은 하나님은 볼 수 없는 분이라는 생각과 정면으로 대치되는 것처럼 보인다(출 33:20; 19:21). 그러나 하나님을 볼 수 없다는 것은 하나님의 초월성과 인간의 제한성을 표현하는 것이고, 하나님을 볼 수 있다는 것은 하나님의 자기-계시를 표현하는 것이다.[9]

구약에서도 "하나님의 얼굴을 보기를" 소망했다(시 17:15; 63:2; 욥 19:26. 참조, 사 38:11). 아브라함과 모세 그리고 이사야가 하나님을 뵈었다

(창 10장; 신 34:10; 사 6:1, 5). 이 팔복에 관한 예수님의 말씀에서 하나님을 볼 것이라는 것은 심판을 받을 때 하나님 앞에 서게 될 것이라는, 즉 하나님에 의해 받아들여질 것이라는 의미이다. 시편 기자는 마음이 깨끗한 사람은 주의 성소에 들어갈 수 있다고 했으나 예수님은 그들이 하나님을 보게 될 것이라고, 다시 말해서 하나님 앞에 서게 될 것이라고 하셨다.[10]

"평화를 이루는 사람은 복이 있다. 그들이 하나님의 자녀라고 불릴 것이다."

"평화를 이루는 사람"이라는 표현은 성서 전체에서 이곳에서만 나타난다. 그러나 "평화를 만들다"는 동사는 몇 군데 나온다(잠 10:10; 골 1:20; 엡 2:15; 약 3:18). 히브리어로 평화(샬롬)라고 하는 것은 전쟁이나 분쟁이 없는 상태만을 의미하지 않는다. 이 단어는 광범위한 뜻을 내포하고 있다. 모든 것이 온전한 것, 문제가 없는 것, 완전한 것, 조화를 이루는 것, 건강한 것, 부족함이 없는 완전한 상태를 의미한다. 이 용어는 또한 기쁨, 화해, 공동체, 조화, 의로움, 진리, 상통 등을 의미한다. 이사야와 스가랴는 메시야가 이런 샬롬을 온 땅에 가져올 것이라고 했다(사 9:5-6; 슥 9:9-10).

평화를 이루는 사람들은 "하나님의 자녀"라고 불릴 것이라고 했는데, "하나님의 자녀"라고 하는 표현보다 하나님과의 밀접한 관계를 더 잘 나타내는 표현은 없을 것이다.

랍비의 아버지라 불리는 힐렐(Hillel)은 평화를 만드는 자들을 "아론의 제자들"(disciples of Aaron)이라고 불렀다.

평화를 사랑하고 평화를 추구하며 동료를 사랑하고 그들로 하여금 토라 가까운 곳으로 이끄는 아론의 제자들이 되라(미쉬나 Avot

1:12).

랍비들은 하나님을 "평화"(Peace)라고 부르고, 평화를 이루는 사람들을 "평화(즉 하나님)의 자녀들"이라고 불렀다(슬라브 에녹서 52:11-13).

"의를 위하여 박해를 받은 사람은 복이 있다. 하늘나라가 그들의 것이다."

"의"는 마태가 즐겨 사용한 전문 용어이다. 복음서 가운데서는 누가복음에서만 한 번 사용되었을 뿐(1:75), 마태복음을 제외한 다른 곳에서는 사용되지 않았다. 마태복음 5:6에서는 의에 주리고 목마른 자가 복이 있다고 했으나 여기에서는 의를 위하여 핍박을 받은 자가 복이 있다고 한다. 초대 기독교인들은 로마나 유대인에 의해 여러 가지 이유로 핍박을 받았다. 그러나 "의"를 위하여 핍박을 받지는 않았다. 따라서 이 의를 "의로운 분"으로 해석하기도 한다("의"는 히브리어로 zedeq이고 "의로운 자"는 zadiq이다. 모음만 다를 뿐 같은 어원을 갖고 있다).[11] 즉 의로운 분이신 예수님을 위하여―예수님이나 그의 가르침을 따르는 것 때문에―핍박을 받는 자가 복이 있다는 의미로 해석하는 것이다.

예수님은 핍박을 받는 자가 아니라 이미 핍박을 받은 자가 복이 있다고 하셨다. 우리는 여기에서 예수님을 따르는 사람들이 이미 핍박을 경험하고 있었음을 발견할 수 있다. 이들은 "마음이 가난한 사람들"(5:3)처럼 하늘나라를 차지하게 될 것이다.

"너희가 나 때문에 모욕을 당하고 박해를 받고 터무니없는 말로 온갖 비난을 받으면 너희에게 복이 있다."

누가복음에는 이렇게 되어 있다. "사람들이 너희를 미워하고,

인자 때문에 너희를 배척하고, 욕하고, 누명을 씌울 때에 너희는 복이 있다." 이 말씀은 유대인들에 의해 기독교인들이 핍박을 받는 것을 언급하는 것이다. 이러한 핍박은 여러 가지로 묘사되어 있다. 모욕, 박해(배척 즉 회당에서의 출교. 참조, 마 23:34), 비난(욕), 미워함, 누명을 씌움(즉 악한 보고로 인한 회당에서 징계를 받게 됨). 여기에서는 박해를 유대 공동체에 의해 새로운 기독교인들이 배척당하는 것으로 말하고 있다.

기독교인들에 대한 유대인들의 박해는 사도행전에 잘 나와 있다. 대표적인 예로 스데반의 순교와 사울의 박해를 들 수 있을 것이다. 예루살렘에 살고 있던 유대 기독교인들이 다 핍박을 피해 피난을 갔던 사실도 이를 잘 말해준다. 그러면 이처럼 유대인들이 예수님을 따르는 자들을 핍박하는 이유는 무엇인가? 거기에는 여러 가지 이유가 있는데, 가장 중요한 이유는 중요한 이슈들에 있어서 신학적으로 입장을 달리했기 때문이다.[12)]

먼저, 유대인들은 예수님을 따르는 자들과 예수님이 누구인가 하는 것에 대해 입장을 달리했다. 초대 기독교인들은 예수님을 인간이면서 동시에 하나님으로 보았다. 예수님은 자신을 하나님의 아들로 보았고, 그를 따르는 자들도 그렇게 고백했다. 그를 오시기로 되어 있던 메시야로 믿었다. 그러나 예수님을 믿지 않는 유대인들에게 예수님은 결코 그런 존재가 아니었다.

그런가 하면, 유대 기독교인들은 예수님을 성전으로 보았고, 희생 제물로 보았다. 유월절에 먹는 누룩 없는 떡은 예수님의 몸을 상징하는 것으로 보았으며, 유월절 희생양을 예수님의 죽음으로 해석하였다. 예수님은 자신이 안식일의 주인이라고 말씀하셨다. 다시 말해 초대 기독교인들은 율법과 성전, 안식일, 희생제물 등을 기독론적으로 해석했다. 그러나 다른 유대인들은 이를 용납할 수가 없었던 것이다.

예수님은 이른바 "죄인들"과 세리들, 그리고 사마리아 사람들과 같은 사회적으로, 종교적으로 소외 당한 계층의 사람들에 대해 특별한 관심을 가지시고 그들과 어울리셨다. 그렇게 하심으로 후에 이방인 선교의 길을 닦아 놓으셨다. 그러나 이러한 예수님의 선교 방법은 유대인들의 눈에 거슬릴 수밖에 없었다.

또한 예수님은 유대인들이 기대하던 메시야상과는 전혀 다른 분이셨다. 유대인들은 왕 같은 메시야가 나타나 그들을 정치적으로 해방시켜주고 이스라엘을 회복시켜줄 것을 기대하고 있었다(참조, 눅 24:21; 행 1:6). 그러나 예수님은 그러한 그들의 기대를 충족시켜주지 않으셨고 그럼에도 불구하고 그는 자신이 메시야라고 주장하셨다. 그러므로 유대인들에게 예수님은 결코 메시야일 수가 없었던 것이다.

마지막으로 예수님을 메시야로 믿게 만든 가장 결정적인 사건은 그의 부활이었다. 그러나 유대인들은 예수님의 부활을 믿지 않았다. 이러한 여러 가지 이유들로 인해 기독교를 이단시하고 핍박하였다.

초대교회 당시에 유대인들은 예수님을 따르는 사람들을 "나사렛당" 또는 "도"를 따르는 사람들이라고 불렀다(행 18:25, 26; 19:9, 23; 22:4). 예수님을 따르는 유대인들이 처음부터 교회를 세워 따로 모인 것은 아니다. 그들은 유대인들과 함께 안식일에 회당에서 모였다. 그리고 안식일이 파한 다음에 따로 남아서 모임을 가졌던 것으로 보인다. 예수님을 따르는 유대인들이 따로 주일에 교회에 모여서 예배를 드린 것은, 다시 말해 교회와 회당이 갈라지게 된 것은 2세기 중반 경이었다.[13] 이때까지, 예수님을 따르는 사람들은 유대교의 한 이단으로 여겨졌으며, 그들은 유대인들과 갈등 관계 속에서 핍박을 받으며 지냈다.

바울이 죽었을 때쯤 해서 젤롯당원(열심당원)들이 유대에서 점점 영향력을 확보해 나갔으며, 로마에 대한 반란을 꾀하고 있었다. 66년 제사장 엘리에제르는 황제를 위해 성전에 매일 제물을 바치는 것을 더 이상 하지 못하도록 했다. 이렇게 하여 전쟁이 시작되었다. 젤롯당원들이 맹활약을 했다. 그러다가 70년, 여러 달 동안의 치열한 전쟁 끝에 예루살렘은 무너지고 성전은 짓밟히게 되었다. 수만 명이 칼에 맞아 죽었고 수많은 사람들이 굶주려 죽었다. 오늘날 로마에 있는 티투스의 아치(arch)가 이를 잘 말해주고 있다. 예루살렘이 무너지고 3년 동안 로마는 유대의 모든 성읍들을 정복하였다. 그러나 마지막까지 남은 성이 그 유명한 맛사다였다. 이 최후의 전투에서 맛사다를 지키던 유대인 열심당원 967명은 로마의 칼에 죽기보다 자결하는 길을 택했다. 이렇게 해서 73년 4월에 제1차 반란사건은 끝났다.

이러한 반란 기간 동안에 예루살렘의 유대 기독교인들은 베레아에 있는 벨라(Pella)로 피하였다. 국가적인 위기에서 유대 기독교인들이 나라를 구하기 위해 동족을 지원하고 함께 싸우지 않고 도망간 것으로 인해 기독교인들에 대한 유대인들의 반감은 더욱 고조되었다. 또한 예루살렘으로부터 피신하여 벨라에 머무르는 동안 기독교인들은 유대교와의 관계가 느슨하게 되었다. 더욱이 유대 기독교인들은 예루살렘이 패망한 것을 유대인들이 예수님을 거부한 것에 대한 하나님의 심판이라고 보았다. 이렇게 하여 유대인들과 유대 기독교인들은 점점 멀어지게 되었다. 데이비스(Davis)가 지적한대로 "70년까지 초대 교회는 유대교의 딸이었다. 그러나 그 후에 교회는 자신들의 보금자리를 떠났다."[14] 그러나 아직 완전히 결별한 것은 아니었다.

이렇게 제1차 반란 사건을 통하여 예루살렘이 무너진 후에 유대인들은 큰 충격을 받았다. 그들의 종교적인 중심지였던 성전이 없어졌기 때문이었다. 이에 랍비들은 야브네(Yabneh)를 중심으로 새로운 유대교를 발전시켜 나가기 시작했다. 그들은 유대교를 모든 적대자들로부터 보호하고 보존하는 데 힘썼다. 이 사이에 기독교는 더 많은 이방인들을 받아들이게 되었다. 그리고 많은 교회에서 이방인들이 교회의 지도자들이 되었다.

그러나 보다 더 중요한 변화가 일어났다. 그것은 기독교인들이 안식일에 예배를 드리지 않고 주일로 그 날을 옮긴 것이다. 유대인들은 안식일을 율법의 핵심으로 인식하고 있었다. 이러한 안식일을 준수하지 않는다는 것은 곧 율법과 유대교에 대한 거절로 받아들여졌다. 안디옥의 주교였던 이그나티우스에 의하면 이러한 변화가 115년경에 이루어졌다고 한다.[15] 120년경에 기록된 교회의 교본인 디다케(Didache)도 기독교인들에게 주일에 모일 것을 지시하고 있다.

로마에 대한 제2차 반란 사건은 바 코크바(Bar Kokhba)의 주도하에 132년에 일어났다. 이 전쟁에서 유대인들은 50만 이상이 희생을 당했으며, 거의 모든 성읍들이 폐허가 되었다. 그러나 1차 반란 사건 때와 마찬가지로 기독교인들은 여기에 참여하지 않았다. 이제 교회와 유대인들의 사이가 결정적으로 갈라지게 되었는데, 이는 반란을 주도한 바 코크바를 유대인들이 메시야로 인정했기 때문이다. 이렇게 하여 점점 유대교와 기독교의 골은 깊어만 가게 되었다.

역사 기록에 의하면 400년경까지도 유대 기독교인들이 회당에 참석하였다고 한다. 그러나 유대교와 기독교는 이 두 차례에 걸친 로마에 대한 반란 사건을 통하여 이미 갈라지게 되었다고 보아야 할 것이다. 처음에는 예수님을 따르는 유대인들은 자신들을 유대교의 한 종파로 여기고 회당에 참석하였다. 그러나 여러 가지 이유로 이들과 유대인들은 갈등 관계를 가질 수밖에 없었고, 예수님을 따르는 사람들은 핍박을 받을 수밖에 없었다. 때로는 회당에서 출교를 당하기도 했고 때로는 죽임을 당하기도 했다. 그러나 초기에 일어난 이러한 박해의 사건들은 대부분 군중들에 의해 일어난 것이지 유대교의 공식적인 입장을 반영해주는 것은 아니었다.[16)]

그러나 1, 2차 반란 사건을 통하여 유대교인들과 유대 기독교인들은 점점 멀어지게 되었다. 그리고 마침내 기독교인들은 따로 주일에 예배를 드리기 시작함으로 기독교는 그 보금자리를 떠나게 되었다. 이것은 유대교와 기독교가 갈라지게 하는 데 중요한 역할을 했다. 4세기가 넘어서면서부터 기독교인들은 점점 우세하기 시작했고 자신들을 새로운 이스라엘로, 영적인 이스라엘로, 그리고 이스라엘을 대신하는 자들로 여겼다. 그들은 유대교인들에 대해 우월감을 가졌다. 그리고 마침내는 교회의 역사가 초대교회의 역사와는 정반대의 방향으로 흘러가기 시작했다. 교회의 역사는 기독교가 유대인들에 대해 얼마나 적대감(anti-Semitism)을 갖고 핍박을 했는지 잘 보여주고 있다. 교회가 유대인들에 대해 가한 박해는 유대인들이 초대교회에 핍박한 것과는 비교도 할 수 없는 것이었다.

02 소금의 비유 (마 5:13; 막 9:49-50; 눅 14:34-35)

소금에 대한 비유를 복음서 기자들은 각기 다른 형태로 제시하고 있다.

> 너희는 세상의 소금이다. 소금이 짠 맛을 잃으면 무엇으로 짠 맛을 내겠느냐? 그러면 아무데도 쓸 데가 없으므로 바깥에 내버리니, 사람들이 짓밟을 뿐이니라(마 5:13).
> 모든 사람이 다 소금에 절이듯 불에 절여질 것이다. 소금은 좋은 것이다. 그러나 소금이 짠 맛을 잃으면, 너희는 무엇으로 그 짠 맛을 내겠느냐? 너희는 너희 가운데 소금을 지니고, 서로 화목하게 지내라(막 9:49-50).
> 소금은 좋은 것이다. 그러나 소금이 짠 맛을 잃으면, 무엇으로 짠 맛을 나게 하겠느냐? 그것은 땅에도 거름에도 쓸 데가 없어서, 밖에 내버린다. 들을 귀 있는 사람은 들어라(눅 14:34-35).

마태복음은 제자들에게 세상의 소금이 되어야 함을 강조하고 있다. 그러나 마가복음은 소금을 화목을 상징하는 것으로 제시하면서, 화목한 삶을 강조하고 있다. 누가복음에는 마태복음처럼 세상의 소금이 되어야 한다는 교훈이 없다. 그러나 세 본문이 다같이 "소금이 그 맛을 잃으면 무엇으로 다시 그 맛을 회복할 수 있느냐"는 질문을 포함하고 있는 것으로 보아, 이 비유의 핵심은 맛을 잃은 소금에 대한 경고인 것으로 보인다.

마태의 본문에 의하면 예수님은 제자들에게 세상의 소금이 되어야 한다고 말씀하심으로 그들의 존재 의미와 사명을 가르치신 것으로 되어 있다. "너희는 세상의 소금이다"는 말은 당시에 널리 알려져 있던, 격언 비슷한 것이었다. 제자들은 소금과 같이 이 세상에 없어서는 안 되는 사람들이다. 그들은 세상에 꼭 필요한 사람들이다. 그들에게는 이 세상을 부패하지 않도록 해야 할 의무가 있다. 이 사명을 감당하지 못할 때 그들의 존재 의미는 사라지고 만다. 그들은 맛 잃은 소금처럼 쓸모없는 존재들이 되고 말 것이다.

예수님은 "소금이 만일 그 맛을 잃으면 어떻게 다시 짠 맛을 낼 수 있겠는가?"하는 질문을 던지셨다. 이것은 수사학적인 표현이다. 소금은 맛을 잃을 수가 없다. 소금은 녹아야 맛을 내며, 다 녹게 되어야 맛을 잃어버리게 된다. 다 녹은 다음에는 맛을 내지 못할 뿐만 아니라 소금 자체도 존재하지 않는다. 맛을 잃은 소금이란 있을 수 없다. 소금이 소금으로 남아 있는 이상 소금은 그 짠 맛을 잃을 수가 없다.

랍비 요슈아(Joshua)도 사람들에게 "소금이 짠 맛을 잃으면 어떻게 다시 짜게 할 수 있습니까?"라는 질문을 받았다. 그 때 이 랍비는 맛 잃은 소금을 짜게 하는 것은 노새가 노새를 낳는 것과 같다고 답했다(탈무드 Bech. 8b). 노새가 노새를 낳을 수 없는 것처럼 맛 잃은 소금의 맛을 다시 짜게 한다는 것은 불가능한 일이라는 것이다.

03 빛의 비유 (마 5:14-16; 막 4:21; 눅 8:16, 11:33)

"너희는 세상의 빛이다"라는 선언은 마태복음에만 나오고 있다. 이 말씀의 배경은 이사야 49:6로 거슬러 올라간다. "내가 너를 뭇 민족의 빛으로 삼았다." 레위의 유언서에도 비슷한 말이 나온다. "너는 이스라엘의 빛이다"(14:3).

예수님은 제자들을 보고 세상의 빛이라고 말씀하셨으나, 랍비들은 이스라엘을 빛이라고 부르기도 했다(아가서 랍바 1:3, 출애굽기 랍바 36:2). 또한 개인적으로 세상의 빛이라고 불린 사람들도 있는데, 아담과 랍비 요하난(Johanan b. Zakkai)이 그들 가운데 속한다(예루살렘 탈무드 Shab. 2:5b; 탈무드 Ber. 28b).

빛의 역할은 어두운 곳을 밝히 비추는 것이다. 빛을 비추기 위해서는 등불을 등경 위에 올려놓아야지 그릇으로 덮거나(눅 8:16) 됫박 아래나 침상 밑에(마 5:15; 막 4:21) 놓아서는 안 된다. 등경 위에 올려놓아야 집안이 환하며(마 5:15) 집에 들어오는 사람이 그 빛을 볼 수 있다(눅 11:33). 집 안이 환하다는 마태의 표현은 유대인 공동체를 염두에 둔 것으로 보이며, 들어오는 사람이 빛을 볼 수 있게 등경 위에 등불을

올려놓아야 한다는 누가의 표현은 이방인을 염두에 둔 것으로 보인다.17)

그러면 등불을 등경 위에 올려놓아야 한다는 비유는 무엇을 뜻하는 것인가? 이에 대한 대답은 바로 이어서 나온다. "이와 같이, 너희 빛을 사람에게 비추어서, 그들이 너희의 착한 행실을 보고 하늘에 계신 너의 아버지께 영광을 돌리게 하여라." 빛을 비춘다는 것은 곧 선한 행실을 의미한다. 마태가 사용하고 있는 "선한 행실"은 신약성서 전체 가운데서 여기에만 나온다. 예수님은 사람들이 우리의 선한 행실을 보고 우리를 칭찬하는 것이 아니라 하나님께 영광을 돌릴 것이라고 하셨다.

이와 같은 사상은 신구약 중간기 문헌과 랍비 문헌에 많이 나온다.

> 하나님께서 이방인 가운데서 너희로 인하여 영광을 받으실 것이다. 그러나 선을 행하지 않는 사람으로 인하여 하나님께서는 욕을 받으실 것이다(납달리 유언서 8:4).

랍비 시므온(Simeon b. Eleazar)도 이스라엘 민족이 하나님의 뜻을 행할 때에 하나님의 이름은 온 세상에서 높임을 받을 것이지만, 그렇게 하지 않을 때 하나님의 이름은 온 세상에서 더럽혀질 것이라고 가르쳤다.

04 율법을 완성하러 오시다 (마 5:17-19)

"내가 율법이나 예언자들의 말을 폐하러 온 줄로 생각하지 말아라. 폐하러 온 것이 아니라 완성하러 왔다."

예수님은 율법을 "완전케 하려고" 오셨다. 여기에서 "완전케 하다"는 헬라어로 *plerosai*로서, "채우다, 충족시키다"(to full)의 의미를 갖고 있다. 그러나 많은 번역자들이 "성취하다"(fullfill)라는 말로 번역을 하고 있는데, 여기에는 신학적인 의도가 숨어 있다. 이들의 신학적인 주장은, 예수님이 율법을 완전히 복종하시고 성취하셨으므로, 그를 따르는 우리들은 더 이상 율법에 얽매일 필요가 없게 되었다는 것이다. 따라서 율법은 기독교인들에게 효력을 상실하게 되었다는 것이다.

이러한 주장은 논리적으로도 맞지 않으며, 예수님의 주장과도 정반대되는 것이다. 예수님은 율법을 폐하러 오신 것이 아니라 "완전케 하기" 위해 오셨다. 예수님은 율법과 선지자들의 말씀의 뜻(의도)을 완전히 드러내기 위해 오셨다. 그렇게 하심으로 우리는 율법을 어떻게 순종해야 하는지 알 수 있게 된 것이다. 유대인들은 메시야가 오시면, 그가 토라의 애매한 부분들의 뜻을 분명히 설명해줄 것이라고 기대하고 있었다. 우리는 이어지는 말씀들을 통해서 예수님이 어떻게 율법의 참 뜻을 드러내주시고 있는지를 잘 발견할 수 있다(마 5:21-48).

사실상, 이 말씀을 예수님이 율법을 성취하셨으므로 기독교인들에게는 율법이 더 이상 효력이 없게 되었음을 보여주고 있는 구절이라고 해석하는 데는 로마서 10:4의 영향이 크다. 바울은 "그리스도는 모든 믿는 자에게 의를 이루기 위하여 율법의 마침이 되시니라"고 선언한다. 여기에서 "마침(end)"으로 번역된 헬라어는 *telos*로서, "종료, 폐지" 또는 "목표, 목적, 완성"을 의미한다.

어떤 번역을 택해야 하는가에 대해서 학자들은 끊임없이 논쟁하고 있다. 그 논쟁의 근원은 사실상 바울에게서 비롯된다. 바울 자신이 율법에 대한 분명한, 일관된 견해를 갖고 있지 않기 때문이다. 그에게 있어서 율법은 대부분 부정적 의미로도 사용되고 있지만 긍정적인 의미로도 사용된다. 우리는 바울의 율법에 대한 주요 관점을 "율법이 아니라 믿음만으로"라는 것으로 정의내리는 경향이 있다. 그러나 그것이 바울의 율법에 대한 사상의 전부가 아니라는 점을 인식해야 한다. 바울은 본래 율법학자였다. 율법 중심의 사람이었다. 그는 모든 것을 율법의 관점에서 이해하였다. 율법 중심적인 인생관과 세계관을 가지고 있었다. 그러나 회심한 다음에는 율법이 아니라 그리스도가 그의 삶의 중심을 이루게 되었다. 그리스도 중심적인 사고와 세계관을 갖게 된 것이다. 그의 사고 체계가 바뀌게 된 것이다.[18] 율법 중심적인 신학에서 그리스도 중심적인(Christo-centric) 신학으로 바뀌게 된 것이다.

그는 그리스도에 대한 믿음이 구원을 가져다준다고 믿게 되었다. 그렇다면, 율법은 무엇이란 말인가? 이것이 바울이 씨름했던 문제이다. 그는 율법을 주신 분은 하나님이시며, 하나님이 그렇게 하신 데는 분명히 계획이 있으셨을 것이라고 생각했다. 그렇다면 율법은 어떤 것인가? 바울은 율법은 선한 것이며(롬 7:12, 16) 거룩하며, 의로우며(롬 7:12), 신령하다(롬 7:14)고 말한다. 율법은 하나님이 주신 것이기 때문에, 그것은 선하며, 거기에는 하나님의 뜻이 담겨져 있으며, 율법을 하나님이 주신 데에는 하나님의 목적이 있다고 믿었다.

그는 구원은 율법을 행함으로써가 아니라 오직 그리스도를 믿음을 통해서만 얻을 수 있음을 강조한다. 그러면서도 그는 율법도 역시 의를 제공해준다고 말한다(롬 9:13; 10:5). 본래 하나님께서는 율법을 통해 생명을 주시려고 계획하셨으나, 죄가 율법으로 하여금 범죄하게 하는 수단으로 삼고 말았다고 지적한다. 갈라디아서에서 바울은 구원에 있어서 율법의 기능은 죄를 깨닫게 해주는 데 있다고 말한다. 율법은 구원에 있어서 부정적인 역할만을 하게 되었다는 것이다.

바울이 율법에 대해 부정적으로 언급하고 믿음과 상치되는 것으로 강조하고 있는 곳은 그가 율법을 구원과의 관련성에서 언급할 때뿐이다. 바울에게 있어서는 율법은 좋다, 나쁘다라는 흑백 논리(black or white thinking)로 말할 수 있는 것이 아니었다.[19] 그는 율법을 "black-and-white thinking"으로 보았다. 율법이 구원을 가져다주지 못한다고 해서 그것을 차선으로 보아야 할 이유가 없다고 보았다. 그에게 있어서 율법은 율법으로서의 가치가 있고, 믿음은 믿음으로서의 가치가 있는 것이었다.

바울은 결코 율법에 대한 순종을 믿음과 반대되는 것으로 보지 않았다. 동시에 그는 믿음이 율법을 대신할 수 있는 것으로 보지도 않았다. 바울은 구원을 말할 때는 언제나 믿음만이 구원한다고 주장했으며, 기독교인의 삶을 말할 때는 언제나 율법을 따라 순종하며 살아야 한다고 주장했다(롬 7:22). 율법이 구원할 수 없다고 해서 율법을 평가절하하거나 무익하다고 말하지 않았다. 그것은 여전히 하나님의 선하시며 온전하신 뜻이 담겨져 있는 거룩하며 신령한 하나님의 법이며 가르침이었다. 믿음으로 구원받은 사람들이 어떻게 살아가야 하는가를 보여주는 것이 율법의 가장 중요한 역할이었다. 우리는 믿음과 율법의 순종이 상반 관계가 아니라 상호보완의 관계에 있음을 기억해야 한다. 바울은 말한다.

> 그러면 우리가 믿음으로 율법을 폐합니까? 그럴 수 없습니다. 도리어 율법을 굳게 세웁니다(롬 3:31).

> "천지가 없어지기 전에는 율법은 일점일획도 없어지지 않고 다 이루어질 것이다."

율법의 영원성을 하늘과 땅에 비유하시고 있다. 유대인들도 흔히 율법의 영원성을 하늘과 땅에 비유하곤 했다.

> 율법은 해와 달, 그리고 모든 천체와 우주가 존재하는 한 계속 존재할 것이다.[20)]
> 모든 것은 다 끝이 있다. 하늘도 땅도 마찬가지다. 그러나 예외적으로 끝이 없는 것이 하나 있는데, 그것은 율법이다(창세기 랍바 10:1).

이 율법은 일점일획도 변하지 않을 것이다. "일점일획"으로 번역된 헬라어는 이요타 (ι)로서 히브리어 알파벳의 요드(׳)의 번역이다. 예수님이 율법 가운데 요드 하나도 바뀌지 않을 것이라고 말씀한 것은 이 요드가 히브리 알파벳 중에서 가장 작은 글자였기 때문일 것이다. 랍비들도 이와 비슷한 가르침들을 많이 가르쳤다.

> 한 글자도 율법에서 지워져서는 안 된다(출애굽기 랍바 6:1).

랍비 알렉산더는 이렇게 말했다.

> 온 세상 사람들이 율법에서 가장 작은 글자인 요드를 지우기 위해 다 모여든다고 해도 그들은 성공하지 못할 것이다(아가서 랍바 5:11; 레위기 랍바 19).

만일 한 사람이라도 율법에서 한 글자만 지워버려도 세상은 그것 때문에 멸망하고 말 것이라고 가르치기도 했다(레위기 랍바 19:1).

히브리어는 획 하나 차이로 그 의미가 완전히 달라진다. 예를 들면 "라바"(רבה)는 "많아지다"는 뜻이고, "다바"(דבה)는 "흐르다"는 뜻이다. 이 두 글자의 차이는 ר와 ד의 차이이다. 즉 획 하나 차이이다.

율법은 왕에게 말이나 아내, 금이나 은을 많이 갖지 못하도록 규정하고 있는데(신 17:16-17), 그 이유는 그런 것들로 인해 마음을 빼앗기지 않게 하기 위함이다. 그러나 솔로몬은 그런 것들을 많이 가져도 마음을 빼앗기지 않을 자신이 있다고 말하였다. 즉 그는 "많게 하지" 말라는 율법을 어겼던 것이다. 그러자 많게 하다는 의미를 지닌 히브리어 야르베(ירבה) 가운데 있는 요드(י)가 하나님에게로 올라가서 이러한 사실을 알려드렸다. "하나님께서 율법을 한 글자도 바꾸지 못하도록 명령하지 않으셨습니까? 그런데 솔로몬이 한 글자를 빼버렸습니다. 누가 압니까? 오늘 한 글자를 빼버린 그가 내일은 또 다른 글자를 빼버리고, 그렇게 하다가 모든 율법을 다 없애버릴지 모릅니다." 그러자 하나님께서는 솔로몬과 같이 율법 가운데서 한 글자라도 빼버리는 사람은 다 죽게 되지만 하나님의 말씀은 결코 없어지지 않을 것이라고 말씀하셨다고 한다(레위기 랍바 6:1).

> "이 계명 가운데 가장 작은 것 하나라도 폐지하고 사람들을 그렇게 가르치는 사람은, 하늘나라에서 가장 작은 사람이라고 일컬음을 받을 것이요. 또 누구든지 이 계명을 지키며 가르치는 사람은, 하늘나라에서 큰 사람이라고 일컬음을 받을 것이다."

유대 전승은 율법을 613개로 분류하고 있는데, 유대인들은 계명에도 등급이 있는 것으로 여겼다. 계명 중에도 더 중요한 계명이 있고 덜 중요한 계명이 있는 것으로 생각했던 것이다. 예수님도 여기에서 "가장 작은 계명"에 대하여 언급하시고 있다. 또 다른 곳에서는 "너희는 박하와 회향과 근채의 십일조는 드리면서, 정의와 신의와 자비와 같은 율법의 더 중요한 요소들은 버렸다"고 율법학자들과 바리새파 사람들을 책망하셨다(마 23:23). 그런가 하면 하나님을 사랑하고 이웃을 사랑하는 것이 "가장 큰 계명"이라고 가르치시기도 하였다(마 22:34-40).

랍비 유다(Judah the Prince)는 "가벼운 계명에 대해서도 무거운 계명에 대해서 조심하는 것처럼 조심하라"(미쉬나 Avot 2:1)고 가르쳤다. 랍비 벤 아자이(Ben Azai)는, 가벼운 계명을 행하기에 재빠르고 범죄로부터는 날쌔게 도망하라고 가르쳤다(미쉬나 Abot 4:2).

250년경의 랍비 압바(Abba bar Kahana)는 가장 가벼운 계명은, 어미새가 그 새끼나 알을 품고 있는 것을 만나거든 그 어미새와 새끼를 아울러 취하지 말라고 하는 계명이고(신 22:6), 가장 무거운 계명은 부모를 공경하라는 계명(출 20:12)이라고 가르쳤다. 그러나 그는, 이 계명들은 그것을 지키는 자들에게 똑같은 보상이 주어진다고 가르쳤다. 예수님은 이렇게 가르치셨다.

> 너희는 박하와 회향과 근채의 십일조는 드리면서, 정의와 자비와 신의와 같은 율법의 더 중요한 요소들은 버렸다. 그런 것들도 반드시 했어야 하지만 이것들도 소홀히 하지 말았어야 했다(마 23:23).

여기에서 "율법의 더 중요한 요소"는 문자적으로 "무거운 계명"을 가리킨다. 예수님은 십일조를 드리는 것을 상대적으로 가벼운 계명으로, 의와 인과 신을 지키는 것을 무거운 계명으로 여기셨다(마 23:23).

예수님은 지극히 작은 계명(가벼운 계명)이라도 소홀히 여겨서는 안 됨을 보상과 연관해서 말씀하셨다. 지극히 작은 계명이라도 소홀히 여기는 자는 천국에서 작은 자가 될 것이라고 하셨다(마 5:19). 이는 랍비들의 가르침과 일치한다. 그들은 하나님께서 율법을 주신 것은 그것을 지키는 자들에게 상급을 주시기 위함이라고 가르쳤다. 그들은 가벼운 계명이나 무거운 계명이나 다 그에 따른 상급(보상)이 있다고 보았다(미쉬나 Avot 2:1; 4:2; 예루살렘 탈무드 Kidd. 1:61b).

한편, 작은 계명을 어기면 결과적으로 큰 계명까지 어기게 되며, 하나의 범죄는 또 다른 범죄로 이끈다.

> 작은 계명(minor commandment)을 범하면 결국은 큰 계명(major commandment)까지 어기게 된다(Sifre Deut. 186-187).
> 이웃을 공공연하게 부끄럽게 하는 자는 그의 피를 흘리게 한 자와 다름이 없다(탈무드 BM 58b).

예수님도 형제를 향하여 욕하는 자마다 살인한 자이며, 음욕을 품는 자마다 간음한 자라고 하셨다(마 5:21 이하). 요한 1서 3:15도 형제를 미워하는 자마다 살인하는 자라고 지적하고 있다. 작은 계명을 어김으로써 어떻게 큰 계명을 어기게 되는지를 잘 보여주고 있다. 그러기에 랍비들이나 예수님은 무거운 계명만큼이나 가벼운 계명도 열심히 지켜야 한다고 가르쳤던 것이다.

한편, 랍비들은 모든 계명이 다 똑같은 가치가 있으므로 다 똑같이 지켜야 한다고 생각했다. 그들이 무거운 계명과 가벼운 계명을 구분한 것은 그 계명들의 가치를 가지고 그렇게 한 것이 아니라 그 계명을 어겼을 때 어떤 형벌이 주어지는가를 가지고 구분을 했던 것이다. 즉 중한 형벌이 가해지는 무거운 계명으로, 가벼운 형벌이 주어지는 계명은 가벼운 계명으로 이해하였던 것이다.[21)]

> "옛 사람들에게 말한 바 살인치 말라 누구든지 살인하면 심판을 받게 되리라 하였다는 것을 네가 들었으나 나는 너희에게 이르노니 형제에게 노하는 자마다 심판을 받게 되고 형제를 대하여 라가라 하는 자는 공회에 잡히고 미련한 놈이라 하는 자는 지옥 불에 들어가게 되리라.
> 또 간음치 말라 하였다는 것을 너희가 들었으나 나는 너희에게 이르노니 여자를 보고 음욕을 품는 자마다 마음에 이미 간음하였느니라.
> 누구든지 아내를 버리거든 이혼 증서를 줄 것이라 하였으나 나는 너희에게 이르노니 누구든지 음행한 연고 없이 아내를 버리면 이는 저로 간음하게 함이요,
> 헛맹세를 하지 말고 네 맹세한 것을 주께 지키라 하였다는 것을 너희가 들었으나 나는 너희에게 이르노니 도무지 맹세하지 말지니,
> 눈은 눈으로, 이는 이로 갚으라 하였다는 것을 너희가 들었으나 나는 너희에게 이르노니 악한 자를 대적치 말라.
> 네 이웃을 사랑하고 네 원수를 미워하라 하였다는 것을 너희가 들었으나 나는 너희에게 이르노니 너희 원수를 사랑하라."

위의 말씀들을 보면, 살인과 간음, 이혼, 맹세, 그리고 보복에 대한 율법을 예로 들면서 "구약에서는, 모세는, 또는 너희 조상들이나 너희 전통은, 너희 선생들은 이러 이러하게 가르쳤으나, 그러나 나는

너희에게 이러 이러하게 이른다"고 되어 있다.

칼 바르트는 "그러나 나는 너희에게 말한다"는 표현은 예수님의 권위의 유일성을 잘 보여주고 있는 것이라고 했으며, 아이크홀쯔(George Eichholz)는 랍비들이 결코 사용한 적이 없는 표현이라고 지적했다.[22]

랍비들은 가르칠 때, 자신의 권위에 호소하지 않고 언제나 다른 랍비들을 인용하여 가르쳤다. 그들은 결코 예수님처럼 "그러나 나는 너희에게 말한다"는 식으로 가르치지 않았다. 그들의 가르침은 전통에 근거하는 것이었다. 사실 예수님의 가르침 가운데 상당 부분이 랍비들의 가르침 속에서 발견된다. 그러나 예수님은 한 번도 랍비들처럼 자신의 가르침을 옹호하기 위하여 다른 랍비를 인용하지 않았다. 또한 랍비들처럼 토론식으로 말씀을 하신 적도 없다.

예수님은 스스로의 권위에 근거해서 가르치셨다. 그리하여, 그의 말씀과 가르침을 듣고 사람들이 놀랐는데 이는 "예수님이 그들의 율법학자들과는 달리, 권위 있게 가르치셨기 때문이다"(마 7:28. 참조, 요 7:46). 예수님이 "그러나 나는 너희에게 이르노니"라고 말씀하셨을 때, 랍비들의 가르침 방식에 익숙해있던 청중들은 당황하고 놀랄 수밖에 없었을 것이다.

마태복음 5:21-48에서는 여섯 차례에 걸쳐 "너희가 …들었다. 그러나 나는 너희에게 말한다(but I say to you)"는 표현이 나온다. 우리는 이것을 흔히 반제(antithesis)라고 부른다. 지금까지의 가르침과는 반대되는 가르침이라는 의미이다. 그러나 이러한 반제들은 사실 그 의미에 있어서 직접적인 반대의 성격을 갖고 있지 않다. 살인하지 말라는 것과 성을 내지 말라는 것은 반대가 아니다. 간음하지 말라는 것과 음욕도 품지 말라는 것도 반대가 아니다. 거짓 맹세를 하지 말라는 것과 어떤 맹세도 하지 말라는 것도 마찬가지다. 아내에게서 "수치스런 일"을 발견하면 이혼하라는 계명과 간음한 연고 외에는 이혼하지 말라는 가르침도 반대가 아니다.

예수님은 결코 모세의 계명을 부정하거나 반대하지 않으셨다. 오히려 반대로 더 철저한 계명 준수를 요구하고 계신다. "그러나"라는 역접 접속사가 사용되었다고 해서 이를 반제라고 부를 수는 없는 것이다. 오히려 이 경우에는 라피데가 제안했듯이 반제(反題)라기 보다는 "초제(超題, superthesis)"라고 부르는 것이 합당할 것이다.[23] 모세의 계명과 예수님의 계명은 대조를 이루는 반제가 아니라, 예수님의 계명은 모세의 계명을 더 심화하고 강화하는 계명이다. 여기에서 예수님은 모세의 계명의 본래적인 의도를 분명하게 드러내주시고 있는 것이다.

예수님은 모세의 계명이 잘못되었음을 주장하거나 그 계명의 무 가치성을 주장함으로 율법의 폐기를 꾀하거나 새로운 계명을 만들려고 하신 것이 아니다(사실상, 예수님이 새로 주신 계명은 하나도 없다). 예수님은 오히려 모세의 계명(또는 유대인들의 계명)을 더욱 굳게 하며, 계명의 그 본래 의도를 드러내주셨다. "내가 율법이나 예언자들의 말을 폐하러 온 줄로 생각하지 말아라. 폐하러 온 것이 아니라 완성하러 왔다"는 사실을 예수님은 위의 가르침들을 통하여 잘 증명하셨다.

05 살인과 성냄 (마 5:21-22)

"옛 사람들에게 이르기를 '살인하지 말아라. 누구든지 살인하는 사람은 재판을 받을 것이다' 한 것을 너희가 들었다. 그러나 나는 너희에게 말한다. 형제에게 성내는 사람은 누구나 심판을 받는다. 자기 형제에 대하여 라가라 하는 사람은 누구든지 의회에 불려 갈 것이요, 자기 형제를 바보라고 하는 사람은 누구든지 지옥불 속에 던짐을 받을 것이다."

예수님은 "인격적인 살해"도 살인이나 다를 바 없다고 가르치신다. 어떤 사람에 대한 모독은 곧 그 사람의 존엄성을 짓밟는 것이다. 그것은 사람을 사람으로 대하지 않거나 열등한 존재로 대하는 행위이다.

이와 같은 가르침은 랍비들에게도 쉽게 발견할 수 있다. 랍비 엘리에제르(Eliezer)는 이렇게 가르친다.

누구든지 이웃을 미워하는 사람은[즉, 악의 있는 행동을 하면], 그는 피를 흘린 사람들 가운데 한 사람으로 여겨져야 한다(Derech Erez Rabba11).

탈무드는 이웃을 부끄럽게 하는 것과 살인하는 것의 밀접성을 더 분명하게 보여준다.

> 누구든지 동료의 얼굴을 많은 사람들 앞에서 창백하게 만들면, 그는 그 동료의 피를 흘리게 한 것이나 마찬가지이다(탈무드 BM 58b).

예수님은 이웃을 모욕하는 자마다 지옥에 던져질 것을 경고하셨다. 랍비들도 간음을 한 사람과 이웃을 부끄럽게 하며 악한 별명으로 조롱한 자들은 지옥에서 다시 올라오지 못할 것이라고 가르쳤다(탈무드 BM 58b). 예수님도 이웃을 향하여 "바보"라고 부른 자들도 지옥을 면치 못할 것이라고 경고하셨다. 랍비 요하난(Johanan)도 이렇게 가르쳤다.

> 많은 사람들 앞에서 동료의 얼굴을 창백하게 하기보다는 타오르는 용광로 속으로 뛰어 들어가는 것이 더 낫다(탈무드 BM 59a).

한편, 랍비들은 사람을 살인하거나 모욕하는 것은 곧 하나님에 대한 살인과 모욕 행위라고 생각했다. 왜냐하면, 인간은 곧 하나님의 형상이기 때문이다. 랍비 나단(Nathan)은 이렇게 가르쳤다.

> 누구든지 이웃을 미워하는 자는 [즉, 이웃에게 불의한 일을 행하는 자는] 하나님을 세상으로부터 뽑아내 버리는 자이다"ARN 30).

랍비 벤 아짜이(Ben Azzai)도 이렇게 가르쳤다.

> 너희는 '내가 모독을 당했으니 나도 마찬가지로 내 이웃을 모독하겠다'고 말하지 말라. 네가 그런 식으로 행한다면, 너는 곧 하나님을 모독하는 것임을 알라. 이는 그 사람 안에 하나님의 형상이 있기 때문이다(창세기 랍바 24:7).

06 화해 (마 5:23-26)

"그러므로 네가 제단에 제물을 드리려고 하다가, 네 형제가 네게 어떤 원한을 품고 있다는 생각이 나거든, 너는 그 제물을 제단 앞에 놓아두고 먼저 가서 네 형제와 화해하여라. 그런 다음에 돌아와서 제물을 드려라"(마 5:23-24).

하나님과의 관계는 인간과 인간 사이의 관계와 밀접한 관련성이 있음을 강조하고 있다. 하나님과 화해하기 위하여 또는 죄의 용서를 받기 위해 제단에 희생제물을 드리려는 사람은 먼저 이웃과 화해해야만 한다. 그렇지 않고는 하나님께 제물을 드리기 위해 나아올 수 없다. 이웃과 화해한 사람만이 하나님과도 화해를 할 수 있으며, 이웃과 바른 관계를 가진 사람만이 하나님과도 바른 관계를 가질 수 있다.

이웃을 용서한 사람만이 하나님 앞에 나아와 용서를 구할 수 있다(마 6:14-15). 하나님은 인애를 제사보다 더 원하신다(호 6:6). 화해가 제사보다 더 귀한 것이다. 이웃에게 해를 끼치거나 잘못한 일이 있으면, 먼저 그 사람에게 용서를 받고 그 다음에 하나님 앞에 제물을 드려야 한다. 하나님 앞에 제물을 드리는 것이 중요한 것이긴 하지만, 그에 못지않게 중요한 것이 이웃과의 화해라고 하는 것은 예언자들의 가르침이기도 하다(호 6:6).

유대인들은 10월경이면 성서력에 따라 새해가 시작된다. 이때에 그들은 열흘 동안 신년 축제(Rosh Hashana)를 갖는다. 이 축제 기간에 유대인들은 기도와 구제(선행), 금식에 힘쓴다. 마태복음 6:1-18에 나오는 구제와 기도 그리고 금식에 대한 가르침의 배경은 바로 여기에 있다. 신년 축제의 마지막 날은 모든 유대인들이 의무적으로 금식한다. 이 날이 바로 "속죄일"이다. 이 때 유대인들은 모든 죄를 다 용서받게 된다. 이 속죄에 죄를 용서함 받기 위해 신년 축제 기간에 기도와 구제와 금식에 힘쓰는 것이다.

그러나 이 속죄일에 모든 죄를 다 용서받는 것은 아니다. 이때는 하나님과의 관계 속에서 범한 죄만을 용서받게 된다. 사람과 사람 사이에서 행해진 잘못들은 잘못한 사람이 먼저 상대방에게 찾아가서 용서를 구하고 그로부터 용서를 받기 전에는 사해지지 않는다고 랍비들은 가르쳤다(미쉬나 Yom. 8:9). 그래서 유대인들은 신년 축제 기간에 이웃을 찾아다니며 용서를 구하고 구제를 베풀고 기도한다.

유대인들에게 있어서 하나님과의 화해의 전제 조건은 바로 이웃과의 화해와 회개였던 것이다. 예수님도 주기도문을 통해 먼저 이웃과 화해해야만 하나님과도 화해할 수 있다는 사실을 강조하셨다. "우리가 우리에게 죄지은 자를 용서하여 준 것같이 우리 죄를 용서하여 주옵소서." 이 기도는 하나님 앞에 용서를 받으려면 먼저 이웃을 용서해야 한다는 원칙을 반영하고 있다.

> "너를 고소하는 사람과 함께 법정으로 갈 때에는, 도중에 얼른 그와 함께 화해하도록 하여라. 그렇지 않으면, 고소하는 사람이 너를 재판관에게 넘겨주고, 재판관이 옥리에게 내주어서, 그가 너를 감옥에 가둘 것이다. 내가 진정으

> 로 너희에게 말한다. 너희가 한 푼까지 다 갚기 전에는, 거기서 나오지 못할 것이다"(마 5:25-26. 참조, 눅 12:57-59).

이 말씀 역시 화해에 대한 가르침이다. 이 고소 사건에는 빚이 연관되어 있는 것으로 보인다. 그러나 이것이 사실이라고 할 때, 이 구절은 유대적 배경을 반영하지 않고 있다. 아마도 헬라-로마 세계를 반영하고 있는 것으로 보인다. 그 이유는 이렇다. 첫째는 한 명의 재판관만이 언급되어 있다는 점이다. 예수님 당시에 유대에서는 적어도 세 명의 재판관이 있어야 했다(미쉬나 Sanh. 1). 다음으로 유대에서는 옥에 가두는 형벌이 아직 없었다는 점이다.

07 음욕과 간음 (마 5:27-30)

"'간음하지 말아라'하고 이른 것을 너희가 들었다. 그러나 나는 너희에게 말한다. 여자를 보고 음욕을 품는 사람은 누구나 이미 마음으로 그 여자와 간음한 것이다. 네 오른 눈이 죄를 짓게 하거든, 그것을 빼어서 내버려라. 신체의 한 부분을 잃는 것이, 온 몸이 지옥에 던져지는 것보다 더 낫다. 또 네 오른손이 너로 죄를 짓게 하거든, 그것을 찍어서 내버리라. 신체의 한 부분을 잃는 것이, 온 몸이 지옥에 던져지는 것보다 더 낫다."

간음에 관한 가르침에서 예수님은 마음의 음욕을 경고하신다. 유대인들은 몸으로 짓는 죄만이 아니라 마음으로 하는 악한 생각도 죄만큼 치명적이라고 믿었다.

음란한 상상은 죄 그 자체보다 더 해를 끼친다(탈무드 Yom. 29a).
죄를 범할 의도가 있는 사람은 벌써 하나님에 대하여 죄를 범한 사람이나 마찬가지이다(민수기 랍바 8:5).

음욕과 간음의 관계에 대해서 랍비들은 이렇게 가르쳤다.

진실한 사랑을 가지고 있는 사람은 여인을 바라보면서 간음을 생각하지 않는다(베냐민의 유언 8:2).
몸으로 죄를 범하는 사람만이 간음한 사람이라고 생각하지 말라.
만일 그가 그의 눈으로 간음을 하면, 그도 간음한 자로 불려야 한다(레위기 랍바 23:12).
욕망의 눈으로 여인을 바라보는 자는 그녀와 불법적인 간음을 한 자나 마찬가지이다"(Massecheth Kalla 1).

한편, 시락서에서는 결혼한 여인과 포도주를 마시러 가지 말라고 경고한다(9:9). 또한 이렇게 권고하기도 한다.

"아름다운 여인 앞에서는 눈을 가려라. 그대에게 속하지 않은 여인의 아름다움을 바라보지 말아라."(9:8)

예수님은 눈이나 손이 (간음)죄를 범하게 하면, 차라리 그것을 찍어 없애 버리고 지옥에 가지 않는 것이 낫다고 강조하신다. 유대인들은 간음한 자는 지옥에서 빠져 나올 수 없다고 생각했다(탈무드 BM 58b). 랍비들은 만일 율법을 어기지 않으면 목숨이 위협당하는 상황 속에서는 계명을 어길 수도 있다고 생각했다. 그러나 어떤 상황 속에서도 범하면 안 되는 세 가지 계명이 있는데, 우상숭배와 살인, 그리고 근친상간(또는 간음)이 그것이다(탈무드 Sanh. 74a). 랍비들에 따르면 모든 이방인들이 지켜야 하는 일곱 가지 계명이 노아의 후손들에게 주어졌다고 하는데, 그 가운데 하나가 간음하지 말라는 것이다(탈무드 Sanh. 56a).

한편, 희년서에 따르면, 노아의 홍수 심판은 간음과 부정, 그리고 모든 악, 이 세 가지로 인해 내려지게 되었다고 한다(7:20-21). 우리는 이러한 가르침들을 통해서 간음에 대한 유대인들의 엄격한 태도를 보게 된다. 그러나 간음을 하게 만드는 손이나 눈을 잘라버리라는 가르침은 어디에서도 발견되지 않는다.

08 간음과 이혼 (마 5:31-32; 19:9; 막 10:11-12; 눅 16:18)

> "'누구든지 아내를 버리려는 사람은 그에게 이혼 증서를 써 주어라'하고 이른 것을 너희가 들었다. 그러나 나는 너희에게 말한다. 음행한 경우를 제외하고 아내를 버리는 사람은 누구나 그 여자를 간음하게 하는 것이요. 또 누구든지 버림받은 여자와 결혼하는 사람은 간음하는 것이다."

율법은 아내에게서 "수치되는 일"이 발견되면 그에게 이혼장을 써주어 내보내라고 규정한다(신 24:1). 여기에서 문제가 되는 것은 모세가 이혼의 요건으로서 제시한 "수치스러운 일"이 무엇인가 하는 것이다. 히브리어로는 yerbah로 이는 *arbah*에서 온 것으로, "벌거벗음(참조, 호 2:1), 무례함(비열함, 저속함), 부끄러움, 불명예" 등을 의미한다. 영어 성경에서는 "improper" 또는 "disgraceful", "indecent" 등으로 옮겼다. 우리 성경에는 "수치스런"으로 번역되었으나, 특별히 성적인 부도덕성과 관련되어 있는 것은 아니다.

예수님은 위의 가르침을 통해 모세가 규정한 "수치되는 일"을 아내의 음행으로 해석하셨다. 그러나 예수님 당시에 이에 대한 여러 가지 논쟁과 해석이 있었다. 신명기의 아람어역에서는 "수치스런 일"

을 "말 한마디 어기는 것"으로 옮겼다. 힐렐은 여기에 근거해서 그 의미를 남편의 말에 복종하지 않는 것으로 해석했으며 이는 곧 확대 해석되어 아내가 결혼 서약 중 하나라도 깨뜨리는 것, 토라 중 하나라도 어기는 것, 남편의 명예를 훼손하는 모든 행위를 다 이혼의 사유가 되는 것으로 여겼다. 힐렐 학파는 심지어 남편의 접시를 깨끗하게 안 해도 이혼 사유가 된다고 가르쳤다(미쉬나 Git. 9:10).

예수님이 이혼에 대해 엄격히 제한하신 것은 바로 이러한 배경에서였다. 바리새인이 예수님께 나아와 "무엇이든 이유만 있으면, 남편이 아내를 버려도 됩니까?"(마 19:3)라고 질문한 그 배후에는 이런 당시의 시대적 배경이 있었던 것이다. 이에 대해 예수님은 아내의 음행의 연고 외에는 어떤 이혼도 불가하다고 답하셨다. 이혼은 본래 하나님의 뜻이 아니며, 사람의 완악한 마음 때문에 허락된 것이라는 것이다.

09 맹세에 대하여 (마 5:33-37)

"옛 사람들에게 이르기를 '너는 거짓 맹세를 하지 말아야 하고, 네가 맹세한 것은 그대로 주께 지켜야 한다' 한 것을 너희가 또한 들었다. 그러나 나는 너희에게 말한다. 아예 맹세하지 말아라. 하늘을 두고도 맹세하지 말아라. 그것은 하나님의 보좌이기 때문이다. 땅을 두고도 맹세하지 말아라. 그것은 하나님께서 발을 놓으시는 발판이기 때문이다. 예루살렘을 두고도 맹세하지 말아라. 그것은 큰 임금의 도성이기 때문이다. 네 머리를 두고도 맹세하지 말아라. 너는 머리카락 하나라도 희게 하거나 검게 할 수 없기 때문이다. 너희는 '예'할 때에는 '예'라고 말만 하고, '아니오' 할 때에는 '아니오'라는 말만 하여라. 이보다 지나치는 것은 악에서 나오는 것이다."

"너는 거짓 맹세를 하지 말아야 하고 네가 맹세한 것은 그대로 주께 지켜야 한다"는 구절은 구약성서에서 직접 인용한 것이 아니다. 이와 가장 가까운 계명은 레위기 19:12에서 발견된다.

"나의 이름으로 거짓 맹세를 하여 너의 하나님의 이름을 더럽혀서는 안 된다."

여기에서 "하나님의 이름으로" 맹세하지 말라는 구절은 예수님이 언급하신 하늘이나 땅, 예루살렘, 머리를 두고도 맹세하지 말라는 말씀을 이해하는 열쇠를 제공해준다.

유대인들은 맹세할 때, 하나님의 이름으로 직접 맹세하는 대신에 "은혜로우신 분" 또는 "자비하신 분"이라는 표현을 써서 맹세를 했다. 그러다가 그것을 금하게 되자 하늘, 성전, 언약, 성소 등을 두고 맹세를 했다. 말하자면, 이러한 것들은 맹세하는 데 있어서 하나님의 이름을 대신하는 것들이었다. 그리고 나중에는 "맹세한다"는 표현을 빼고 "하늘을 두고" "성전을 두고" 식으로 맹세를 했다.

예수님은 하늘이나 땅, 예루살렘, 또는 머리를 두고 맹세하지 말라고 하셨다. 이러한 것들은 사실상 하나님에게 속하는 것이며, 하나님의 이름을 대신하는 성격이 있기 때문이다. 하늘은 하나님의 보좌이며(시 11:4), 땅은 그분의 발등상이며(사 66:1), 예루살렘은 하나님의 도성이며(시 48:3), 우리의 머리도 우리의 것이 아니라 하나님의 것이므로 그러한 것들을 두고 맹세하는 것은 곧 하나님 자신을 두고 맹세하는 것이나 다름이 없다는 것이다. 즉 우리는 무엇을 두고도 맹세해서는 안 된다는 것이다. 더 나아가 예수님은 아예 맹세를 하지 말라고 하신다.

이러한 가르침은 랍비들의 가르침과도 일맥상통한다.

> 그러나 나는 하늘이나 땅이나 하나님이 만드신 그 어떤 것으로도 맹세하지 않을 것이다(슬라브 에녹서 49:1).
>
> 진실에 대해서도 하나님의 이름으로 맹세할 수 있다고 상상하지 말라(민수기 랍바 22:1).
>
> 모세가 이스라엘에게 말했다. 내가 너희에게 진리에 대해서는 그분의 이름으로 맹세해도 좋다고 허락했다고 믿지 말라. 너희가 이 모든 자질(하나님에 대한 경외와 사랑, 정직, 토라에 대한 지식 등등)

을 갖추고 있다면 맹세할 수도 있을 것이다. 그러나 그렇지 않다면 너희는 맹세할 자격이 없다(Tanhuma Wayikra 7).

한편, 예수님은 긍정할 것은 "예"라고 말함으로 긍정하고 부정할 것은 "아니라"고 말함으로 부정하라고 가르치셨다. 랍비 엘레아자르(Eleazar)는 "아니오도 맹세이고 예도 맹세이다"라는 금언을 남겼다. 이 가르침에 따라 정통파 유대교인들은 오늘날도 법정에서조차도 맹세하지 않고 다만 "예"라고만 말함으로써 서약을 대신한다. 야고보도 같은 권면을 하고 있다.

무엇보다도 맹세하지 마십시오. 하늘이나 땅이나, 그밖에 무엇을 두고도 맹세하지 마십시오. '예'해야 할 경우에도 '예'라고만 하고, '아니오' 해야 할 경우에는 '아니오'라고만 하십시오. 그래야 심판을 받지 않을 것입니다"(약 5:12).

10 보복에 대하여 (마 5:38-42; 눅 6:29-30)

눈은 눈으로, 이는 이로

"눈은 눈으로, 이는 이로"라고 하는 보복의 법칙(lex talionis)은 고대 세계에서 행해졌던 법칙으로서, 본래 함무라비 법전에서 유래된 것이다. 원래 이 법칙은 보복의 법칙이기는 하지만, 개인적인 보복을 하지 못하도록 하기 위해 규정된 것이다. 개인이 아니라 법을 통한 정의의 집행을 위한 것이었다. 또한 이 법은 "같은 정도로만" 벌하도록 제한하고 있다. 누군가가 내 아이의 이를 한 개 부러뜨렸으면 나는 당장 쫓아가서 내 손으로 그의 이를 대 여섯 개 부러뜨리고 싶은 것이 인간이다. 하지만 이 법은 그런 보복을 금하고 있다.

성경에서는 이 법칙이 어떻게 사용되고 있는가를 알아보자.

> 그러나 다른 해가 있으면 갚되 생명은 생명으로, 눈은 눈으로, 이는 이로, 손은 손으로, 발은 발로, 덴 것은 덴 것으로, 상하게 한 것은 상함으로, 때린 것은 때림으로 갚을지니라(출 21:23-25).

여기에서 "갚을지니라"가 원수를 갚으라(보복)는 의미인지 아니면 보상해주라는 의미인지 불분명하다.

영어 성경 KJV를 보자.

> Thou shalt give life for life, Eye for eye, tooth for tooth, hand for hand, foot for foot, Burning for burning, wound for wound, stripe for stripe.

"갚을지니라"를 give로 옮겼다. 눈을 다치게 했으면 눈을 주고 이를 다치게 했으면 이를 주라는 것이다. 보상하라는 뜻으로 옮겨졌음을 알 수 있다.

NIV를 보자.

> You are to take life for life, eye for eye, tooth for tooth, hand for hand, foot for foot, burn for burn, wound for wound, bruise for bruise.

여기에서는 take, 즉 취하라고 번역되었다. 이를 잃었으면 이를 취하고, 눈을 잃었으면 눈을 취하라는 것이다. 보복하라는 것이다. KJV과는 상반되게 옮겼다.

원문 히브리어 성경에는 natan이라는 동사가 사용되었다. 이 단어는 "주다"(give)의 뜻을 갖고 있다. 상해를 입힌 경우 보상하라는 것이다. 이 본문이 보복이 아니라 보상의 의미를 갖고 있음은 이어지는 구절들에서 더 분명해진다.

> 사람이 그 남종의 한 눈이나 여종의 한 눈을 쳐서 상하게 하면 그 눈에 대한 보상으로 그를 놓아 줄 것이며 그 남종의 이나 여종의 이를 쳐서 빠뜨리면 그 이에 대한 보상으로 그를 놓아 줄지니라(출 21:26-27).

이 문맥은 전체적으로 보상(보복이 아니라)에 대해서 다루고 있음을 볼 수 있다.

사실상 성서는 보복을 금하고 있다(레 19:18; 신 32:35). 보복 대신에 보상을 규정하고 있다. 보통 복수의 법칙으로 알려진 이 법규는 피해자가 가해자에게 눈에는 눈으로, 이에는 이로 보복할 수 있다는 것이 아니라, 가해자가 피해자에게 충분한 보상을 해야 한다는 법칙이다. 말틴 부버는 이 계명을 이렇게 해석하고 있다. "최악의 경우에는 상대방의 눈을 보상(치료)하기 위하여 자신의 눈을 뽑아 주어야 하며, 이를 보상하기 위해서는 이를 빼 주어야 한다."[24]

오른쪽 뺨과 왼쪽 뺨

뺨을 때리는 것은 단순한 상해의 문제가 아니라 인격을 모독하는 것이다. 주먹으로 치는 것보다 뺨을 때리는 것을 유대인들은 더 모독적인 것으로 여겼다. 탈무드에는 오른쪽 손바닥으로 상대의 왼쪽 뺨을 때리는 것보다 손등으로 상대의 오른쪽 뺨을 때리는 것이 더 경멸적인 표현이라고 되어 있다. 오른쪽 손바닥으로 상대방을 때리게 되면 그 왼쪽 뺨을 때리게 되어 있다.

오른쪽 뺨을 때리거든 왼쪽 뺨까지 돌려대라고 하는 이 말씀의 배경은 이사야 50:6과 예레미야 애가 3:30에 있다. "나는 나를 때리는 자들에게 등을 맡겼고… 뺨을 맡겼다." "때리려는 사람에게 뺨을 대주고, 욕을 하거든 기꺼이 들으라." 그러나 예수님이 문자 그대로 우리가 그렇게 행해야 한다는 것을 뜻하신 것은 아니다. 예수님도 대제사장 앞에서 심문을 받을 때에 경비병에게 손바닥으로 맞았다. 그러자 그에게 "어찌하여 나를 때리느냐?"고 따졌다(요 18:22-23). 대제사장 아나니아가 사람들에게 바울의 입을 치라고 했을 때, 바울은 예수님보다 한 걸음 더 나아가 "그대 회칠한 벽이여, 하나님께서 그대를 칠 것이오"라고 저주를 했다(행 23:1이하).

여기에서 예수님이 가르치시고자 한 것은 무력을 사용하지 않는 저항, 또는 무장을 해제시키는 사랑이다. 칼에 대하여 칼로 대항하지 말라는 경고이다. 라피데는 이스라엘의 역사 가운데서 실례를 들어 이러한 예수님의 가르침의 중요성을 설명하고 있다.[25] 로마 황제가 수리아의 지방 총독이었던 페트로니우스에게 칼리굴라의 형상을 예루살렘 성전에 가져다 놓을 것을 명령했다. 이때에 유대인들은 차라리 죽으면 죽었지 그렇게 할 수 없다고 저항했다. 이러한 모든 유대인들의 비폭력적인 저항에 깊은 인상을 받은 페트로니우스는 그가 하려던 일을 포기하고 오히려 이스라엘의 대변자가 되었다.

그러나 반대로 로마에 대한 무력적인 저항은 수십만 유대인들의 목숨을 앗아갔고, 유대의 대부분 성읍들이 폐허가 되게 만들었으며, 마침내 70년에는 예루살렘과 성전이 무너지게 하는 결과를 가져오게 만들었다.

오 리와 십 리

오 리를 억지로 가자고 하는 사람에게는 십 리까지라도 함께 가주라는 이 가르침의 배경은 로마인들의 관습에 두고 있다. 로마 군인들은 유대인들을 마음대로 부려 먹었다. 예를 들면, 구레네 시몬은 로마 군인들에 의해 억지로 예수님의 십자가를 메고 형장까지 가야만 했다(막 15:21). 그들은 아무 때나 예고도 없이 와서 사람들을 데려다가 일을 시켰다(마 24:40-41). 로마 군인들은 아무나 지나가는 유대인들을 불러서 그들의 짐을 나르도록 시킬 수 있었다. 이런 배경에서 예수님은 오 리를 가라고 할 때 십 리까지라도 함께 가주라고 가르치신 것이다. 이 가르침은 악을 선으로 갚으라는 가르침과도 통한다.

11 원수를 사랑하여라 (마 5:43-48; 눅 6:27-28, 32-36)

이웃을 사랑하고 원수를 미워하라?

"네 이웃을 사랑하라"(레 19:18)는 계명은 하나님을 사랑하라는 계명과 더불어 예수님에 의하여 "가장 중요하고 으뜸된 계명"이면서 동시에 "모든 율법과 예언자들의 본 뜻(또는 원리)"으로 받아들여졌다(마 22:34이하). 바울도 모든 율법은 이 계명 안에 다 들어 있다고 했다(갈 5:14, 롬 13:8-10). 랍비들도 613개의 계명 중에 이 계명이 제일 크다고 가르쳤다. 랍비 아키바(Aqiba)는 이 계명을 "토라에서 가장 큰 원리"라고 가르쳤으며(Sifra Lev. 19:18; 창세기 랍바 24:7), 랍비 하니나(Hanina)는 이 계명을 "모든 세상이 매달려 있는 '그 계명'"이라고 불렀다(ARN B 27:9-11).

마태복음에는 "네 원수를 미워하라"는 가르침을 유대인들이 받은 것으로 예수님이 말씀하신 것으로 되어 있으나 이러한 명령은 성서에서 발견되지 않을 뿐만 아니라 성서의 윤리와도 맞지 않는다(레 19:18; 신 23:8; 잠 24:17; 20:22; 24:29; 욥 31:29-30). 랍비들도 그렇게 가르치지는 않았다. 한 예로, 성서는 장막절에는 기뻐해야 한다고 강조하고 있으나(신 16:14-15; 레 23:40) 유월절에 기뻐해야 한다고 하는 구절은 하나도 없다. 이것은 이집트 사람들이 즉 원수들이 멸망했다고 기뻐해서는 안 된다는 것을 의미한다고 랍비들은 가르쳤다(PRK 189a).

랍비들은 괴롭힘을 당할지언정 괴롭히지 않고, 모욕을 당할지언정 모욕하지 않고, 사랑을 따라 행하고 슬픔 가운데서도 기뻐하는 사람이 바로 하나님을 사랑하는 사람이라고 가르쳤다(탈무드 Shab. 88b). 랍비 나단(Nathan)은 원수로부터 사랑을 받는 사람이야말로 가장 위대한 영웅이라고 가르쳤다(ARN 23). 랍비 메이어(Meir)는 이렇게 가르쳤다.

> 하나님께서 이렇게 말씀하셨다. '나를 본받으라. 내가 선으로 악을 갚듯이 너희도 선으로 악을 갚으라'(출애굽기 랍바 26:2).

그러면 "네 원수를 미워하라"는 가르침의 근원은 무엇이며 왜 이러한 명령이 주어진 것인가? 유대인들은 이러한 가르침을 쿰란 종파 사람들에게서 받았을 가능성이 있다. 쿰란 종파 사람들은 사해 근처에 따로 모여 공동생활을 했다. 그들은 모든 재산을 다 공동체에 바치고 금욕적인 생활과 경건생활에만 힘썼다. 그들은 곧 종말이 다가올 것이라고 믿고 "의의 교사"의 가르침을 받으며 종말을 준비하며 살았다. 이들은 자신들을 빛의 자녀들이라 부르고 자신들과 함께 공동체 생활을 하지 않는 모든 사람들을 어둠의 자식들이라고 불렀다.

종말이 오면 빛의 자녀들과 어둠의 자식들이 마지막 대 전쟁을 치르게 될 것이며 여기에서 그들은 승리를 거두고 패배한 다른 사람들은 하나님의 심판을 받게 될 것이라고 믿었다. 그들은 바깥 세계와 모든 관계를 끊고 자신들끼리만 공동체 생활을 했다. 따라서 그들은 빛의 자녀들만 사랑하고 어둠의 자식들은 미워하도록 가르침을 받았다(1 QS 1:9). 그러나 우리는 이러한 쿰란 종파의 가르침이 얼마나 예수님 당시에 널리 퍼져 있었으며 그들의 영향력이 얼마나 컸는지는 알 수 없다.

셈어에 있어서 "미워하다"는 "증오하다"는 의미보다는 "덜 사랑하다" 또는 "덜 가치를 부여하다"는 의미가 있다.[26] 하나님께서 에서는 미워하고 야곱은 사랑했다고 했는데(말 1:2-3), 랍비들이 던진 질문처럼 하나님께서는 누구는 사랑하고 누구는 미워하시는가?(탈무드 Teb. 23a) 그렇지 않다. 여기에서도 야곱을 에서보다 더 사랑하시고 에서는 야곱보다 덜 사랑하셨다는 의미이다.

예수님도 예수님을 따르기 위해서는 부모나 형제 등 가족을 미워해야 한다고 하셨는데(눅 14:26), 정말 문자적으로 가족을 미워하라는 것이 아니고 가족보다 예수님을 더 사랑해야 한다는 뜻으로 그렇게 말씀하신 것이다. 이처럼 성서에서 "미워하다"는 말은 "덜 사랑하다"는 의미를 갖고 있다. 이렇게 볼 때 이웃을 사랑하고 원수를 미워하라는 말은 "이웃은 더 사랑하고 원수는 덜 사랑하라"는 의미일 수도 있을 것이다. 이 경우에 예수님의 가르침은 '너희는 이웃은 더 사랑하고 원수는 덜 사랑하라고 배웠으나, 원수라도 덜 사랑해서는 안 된다'는 뜻이 된다.

의인과 악인에게 골고루

하나님은 선인과 악인, 의로운 사람과 불의한 사람 모두에게 골고루 햇빛과 비를 주신다. 랍비 문헌에서는 대부분 해와 비는 의로운 사람들 때문에 주시는 것으로 나타나 있다. 한 예를 들자면, 마케도니아의 알렉산더라는 사람이 아프리카를 여행하다가 어떤 일로 다른 사람과 다투다가 왕 앞에 나가 시비를 가려달라고 요청했다. 아프리카 왕은 알렉산더에게 "그대의 나라에도 햇빛이 비치는가?"하고 물었다. 알렉산더는 "예"라고 대답했다. 왕이 다시 물었다. "그대의 나라에도 비가 오는가?" 이번에도 알렉산더는 "예"하고 대답하였다. 그러자 왕은 "그대의 나라에 혹시 가축들이 조금 있지 않은가?"하고 물었다. 알렉산더는 "예"라고 대답했다. 그제야 왕은 크게 외쳤다. "그러면 그렇지. 그대에게 화가 있으리로다. 바로 그 작은 가축 떼들로 인해 그대에게 햇빛이 비치고 비가 내리는 것이지. 그 가축들을 살리기 위해서 말일세"(탈무드 Tam. 32a-b; 레위기 랍바 27:1).

그런가 하면 비를 보내시는 것을 악인에 대한 자비 때문이라고 하는 곳도 있다(탈무드 Sanh. 95a; 탈무드 Hul. 91b; 창세기 랍바 68; 탈굼 전도서 11:3). 탈무드에서 랍비 아바후(Abahu)는 이렇게 말한다.

> 비오는 날은 죽은 자의 부활의 날보다 더 큰 날이다. 왜냐하면 죽은 자의 부활은 의인에게만 좋지만, 비는 의로운 사람과 불의한 사람 모두에게 혜택을 주기 때문이다(탈무드 Ta'an. 7b).

하나님께서 의로운 사람과 불의한 사람 모두에게 골고루 비를 보내 주신다는 사상은 예수님의 가르침과 비슷하다.

12 참된 구제와 기도와 금식에 대하여 (마 6:1-8, 16-18)

유대인들의 새해는 성서력에 따라 9월 중순에서 10월 초에 시작된다. 새해가 되면 열흘 동안 로쉬 하샤나(Rosh Hashana)라고 하는 축제를 갖는다. 이 축제는 마지막 열흘째 날에 절정에 달하며, 이 날을 속죄일(Yom Kippur)이라 부른다.

속죄일로 이어지는 신년 축제 기간은 유대인들의 영적 쇄신 기간이라 부를 수 있다. 이 축제 기간에는 영적인 일에 전념하게 되는데, 가장 중요한 테마는 회개이다. 속죄일에 하나님 앞에서 죄를 용서함 받고 새로운 출발을 하기 위해 유대인들은 기도와 구제에 힘쓴다. 그리고 마지막 날, 속죄일에는 의무적으로 금식을 하게 되어 있었다.

예수님은 구제, 기도, 금식에 관하여 마태복음 6장에서 연속적으로 언급하셨다. 이 세 가지는 유대인들이 가장 중요시하는 덕목으로서, 구제(선행)는 이웃과의 바른 관계를, 기도는 하나님과의 바른 관계를, 그리고 금식은 자기 자신과의 바른 관계(즉, 자기부인)를 위해 필요한 것이다.

삼마이 학파에서는 사람들을 완전히 의로운 사람들과 완전히 사악한 사람들, 그리고 그 중간에 속하는 사람들로 분류하는데, 대부분이 마지막 부류에 속한다고 가르쳤다(T. Sanh. 13:3). 완전히 의로운 사람들은 그 이름이 생명의 책에 기록되어 있으며, 완전히 사악한 자들의 이름은 죽음의 책에 기록되어 있다고 믿었다. 그리고 완전히 의롭지도 않고 완전히 사악하지도 않은 사람들은 그 이름이 아직 아무 곳에도 기록되지 않았으나, 신년 축제 기간에 열심히 구제와 기도와 금식에 힘쓰면 그 이름이 생명록에 올라갈 수 있다고 믿었다.

따라서 유대인들은 속죄일에 하나님 앞에서 죄를 용서받기 위한 준비로서 구제와 기도, 금식에 힘썼다. 예수님은 이처럼 유대인들에게 신앙생활의 3대 덕목으로 여겨지고 신년 축제 시에 행해지는 이러한 종교적 행위들을 염두에 두시고 올바른 구제와 기도, 그리고 금식이 무엇인가를 가르치신 것으로 보인다.

구제에 대하여

예수님은 구제 또는 자선 행위에 대해서 언급하시면서, "사람에게 보이려고 그들 앞에서 의를 행치 않도록 주의하라"고 가르치셨다. 예수님은 "구제"라는 단어 대신에 "의"(히브리어로는 zedakah, 헬라어로는 dikaiosune)라는 용어를 사용하셨다. 여기에서 "의"는 일반적인 의의 개념이 아니라 구제를 의미한다. 유대인들에게 있어서 구제는 의 또는 경건의 표현이며, 곧 의로 여겨졌다. 또한 구제는 이웃과의 바른 관계를 상징하는 것이기도 했다. 랍비들은 모든 희생제물을 다 드리는 것보다 구제하는 것이 더 가치 있다고 가르쳤다.

구제를 행할 때에 사람들 앞에서 나팔을 불지 말고 은밀하게 하라는 가르침을 통해서 예수님은 구제 행위 자체보다도 구제를 베푸는 마음의 자세가 더 중요함을 강조하셨다. 이는 기도와 금식에 대한 가르침에서도 마찬가지이다. 예수님은 종교 행위에 있어서 참으로 중요한 것은 그것을 행하는 마음의 자세라는 사실을 가르치셨다. 가난한 자를 도와주고 또 구제를 통해 죽어가는 사람을 살린다고 할지라도, 그것을 올바른 동기에서 행하지 않으면 하나님 앞에서 상급이 없다는 것이다.

구제를 행할 시에 나팔을 불지 말라고 하셨는데, 나팔(shofar)은 금식을 선포할 때 성전에서 불도록 되어 있었다. 또한 이 나팔은 대 속죄일에 불도록 되어 있었다(레 25:9). 그러나 구제하는 것과 나팔을 부는 것이 연관되어진 기록은 없다. 때로 이 구제는 기도문을 외우면서 행해지기도 했고, 또한 금식의 효과를 위해 행해지기도 했다. 그러나 나팔을 불면서 행해지지는 않았다.

라크스(Samuel Tobias Lachs)에 따르면, 본래 여기에서 나팔은 부는 나팔이 아니고, 성전 안과 밖에 놓여 있던 나팔 모양으로 만들어진 구제함을 의미한다고 한다.[27] 사람들이 보는 앞에서 자신의 의를 드러내기 위해 성전에 있는 나팔 모양의 구제함에 돈을 넣지 말고 은밀한 곳에서 구제를 하라고 하는 것이 예수님의 가르침이었다는 것이다.

은밀하게 구제를 행하는 사람은 모세보다 위대한 사람이라고 랍비들은 가르쳤다(탈무드 BB 9b). 랍비 얀나이(Yannai)는 어떤 사람이 가난한 사람에게 많은 사람들 앞에서 돈을 주는 것을 보고는 이렇게 말했다.

그대가 그에게 돈을 주어 그를 부끄럽게 하기보다는 차라리 그에게 아무것도 주지 않는 것이 더 나았을 것이오(전도서 랍바 12:14; 탈무드 Hag. 5a).

기도와 금식에 대해서도 예수님은 같은 말씀을 하셨다(6, 18절). 비밀리에 행한 것도 언젠가는 드러나게 될 것이며, 특별히 은밀하게 선한 일을 행한 자들에게는 상급이 주어질 것이다(전 12:14). 랍비 메이어(Meir)는 비밀리에 범한 죄를 하나님께서는 공적으로 드러내실 것이라고 가르쳤다(탈무드 Sot. 3a). 랍비 요하난(Johanan b. Beroqah)은 비밀리에 하나님의 이름을 더럽히는 자는 모든 사람들 앞에서 그로 인해 고통을 당할 것이라고 가르쳤다(미쉬나 Avot 4:5).

기도에 대하여

기도할 때에 위선자들처럼 보이기 위해 기도하지 말고 골방에 들어가서 은밀한 가운데 기도하라고 하는 가르침에서도 예수님은 기도하는 자의 자세에 대해서 강조하시고 있으며, 은밀한 기도의 중요성을 역설하시고 있다. 우리는 외식하는 자의 기도의 대표적인 예를 바리새인과 세리의 기도의 비유에서 발견할 수 있다(눅 18:11-14). 예수님은 사람에게 보이려고 회당과 큰 거리 모퉁이에 서서 기도하는 것을 비난하셨다.

회당은 "기도의 집"이라고 불리기도 했으니, 일반적으로 회당은 "배움의 집"이었으며, 기도는 안식일에 모였을 때 드려졌다. 그러나 예수님 당시에는 아직 기도문을 갖고 있지 않았으며, 다만 통일된 기도 제목에 따라서 기도했던 것으로 보인다.[28] 바리새인과 세리의 기도의 비유에 보면 기도하러 성전에 올라갔다. 안나라는 여 예언자는 밤낮으로 금식과 기도를 하며 성전을 떠나지 않았다고 한다(눅

2:37). 성전에서 제사가 드려지는 동안 밖에서는 기도하기도 하였으나, 그것은 공식적인 것이 아니었다(눅 1:10). 그러나 일반적으로 성전은 희생 제사를 드리는 곳이었고, 회당은 성경을 공부하는 곳이었다. 그리고 기도는 매일 집에서 드리도록 되어 있었다. 그러나 예수님의 비유에 나오는 바리새인처럼 남에게 기도하는 모습을 보이기 위해 성전이나 회당에 올라가 기도하는 사람도 있었다.

일반적으로 유대인들은 하루에 세 차례씩 기도한 것으로 알려져 있으나(미쉬나 Ber. 4:1), 그보다는 하루에 두 차례, 아침과 저녁(또는 잠자리에 들기 전)에 기도했던 것으로 보인다.[29] 왜냐하면 유대인들은 하루에 두 차례씩 쉐마(신 6:4-9)를 암송하였는데, 이때에 기도도 함께 드리도록 되어 있었기 때문이다. 예수님도 집에서 기도하되, 골방에 들어가서 "문을 닫고" 기도하라고 가르치셨다. 후대에 탈무드는 예수님의 이 말씀을 의식하고서 의도적으로, 기도는 반드시 다니엘이 그랬던 것처럼 창문이 나 있는 방에서 해야 한다고 가르쳤다(탈무드 Ber. 31a. 참조, 단 6:10).

중언부언하지 말라는 예수님의 가르침은 다음과 같은 가르침과 비교할 수 있을 것이다.

> 기도할 때 말을 되풀이하지 말라… 왜냐하면 하나님은 하늘에 계시고 너는 땅에 있기 때문이다. 그러므로 조금만 말하라(시락서 7:14; 탈무드 Ber. 61a).
>
> 의인은 단지 한마디의 말만 하고, 하나님은 그것을 들으신다. 그러므로 그[모세]는 길게 기도할 필요가 없었다(Sifre Num. 105).
>
> 하나님께서 모세에게 말씀하셨다. 나의 자녀들이 고통 가운데 있는데 너는 기도를 길게 하고 있구나!(Mek. Exod. 15:25)

이 외에도 간단하게 기도해야 할 필요성에 대해서는 많은 랍비 문헌들에서 언급되어 있다(탈무드 Ber. 34a, 5b, 61a; 탈무드 Shab. 10a; 미쉬나 Yom. 5:1; 탈무드 Sot. 37a; T. Ber. 3:5; 예루살렘 탈무드 Ber. 4, 7b; 예루살렘 탈무드 Ta'an 4, 67c). 그러나 기도를 반복해서 하면 더 효과가 있다고 가르친 랍비들도 있었다.

예수님은 기도할 때에 빈 말을 계속하는 것을 이방인들의 기도의 특징으로 제시하셨다. 엘리야가 바알의 예언자들과 갈멜산에서 대결할 때에 그들은 아침부터 저녁까지 "오 바알이여 우리의 기도를 들으소서"라고 외쳐댔다(왕상 18:26). 바울이 에베소에서 복음을 증거했을 때에 그곳 사람들은 거의 두 시간 동안이나 "에베소 사람의 아데미 여신은 위대하다"라고 외쳤다(행 19:34). 헬라인들은 기도할 때 가능한 한 최대한으로 많이 신의 명칭들을 동원해서 기도했다. 이렇게 함으로 그들의 기도에 대해 신의 관심을 이끌어내려고 했던 것이다.[30]

이방인들은 신의 마음에 들어서 그 신으로부터 기도 응답을 받아내기 위해 이처럼 신의 이름을 계속 반복하여 외치거나 또는 제물을 바쳤다. 위선자가 다른 사람들 앞에서 기도하는 것이 자기의 경건을 드러내기 위한 동기에서라면, 이방인이 기도할 때 말을 많이 하는 것은 기도가 받아들여지지 않을지도 모른다는 두려움에서 비롯된 것이다. 그러나 하나님은 이미 우리의 모든 필요를 알고 계시기 때문에 이방인들처럼 하나님 마음에 들기 위해서 또는 기도가 응답되지 않을까 염려하여 빈 말을 되풀이할 필요가 없다고 예수님은 가르치신다(마 6:8).

금식에 대하여

유대인들은 속죄일에 한하여 의무적으로 금식하도록 되어 있었으며 그 외의 금식은 개인의 자유에 맡겨졌다(참조, 레 23:26-32). 속죄일에 국가적인 행사로 전 국민이 금식을 한 반면, 유대인들은 국가적인 위기를 만날 때마다(특별히 가뭄의 때에) 금식을 했다(삿 20:26; 삼상 7:6; 느 9:1).

바리새인과 세리의 기도의 비유에서 바리새인은 일주일에 두 번씩 금식을 했다고 했는데(눅 18:12) 개인적인 금식은 대개가 월요일과 목요일에 행해졌다. 이는 모세가 시내산에 올라간 것이 월요일이고 내려온 것이 목요일이라고 믿는 데서 연유된 것이다.

금식은 자기-성찰, 또는 반성에 유익하므로 바리새인들 가운데는 일 년 내내 한 주일에 두 번씩 금식하는 사람들이 많았다. 나중에는 이 금식이 점점 외식화되어 극단주의자들은 금식하는 동안에는 인사도 하지 않았다. 대부분 금식하는 동안에는 머리에 기름을 바르지 않았다.

13 주기도문 (마 6:9-13; 눅 11:2-4)

하늘에 계신 우리 아버지

"하늘에 계신 우리 아버지"라는 칭호는 초기 유대인들에게 잘 알려진 것으로서, 유대인들의 기도문에 자주 나타난다. 마태복음에는 예수님이 하나님에 대하여 12번이나 "하늘에 계신 아버지"("하늘에 계신 우리 아버지", "하늘에 계신 너희 아버지", 또는 "하늘에 계신 나의 아버지"의 형태로)라고 부르신 것으로 되어 있다.

하나님을 "아버지"라고 부르는 것은 많은 의미를 내포하고 있다. 유내인들에게 있어서 아버지는 존경과 공경을 받고 신성과 위엄을 지니고 있다. 아버지는 자녀를 사랑하고 돌보면서 동시에 엄하게 교육을 시킨다. 아버지는 보호자이며 필요한 것을 공급해준다. 자녀들은 그의 위엄과 그에 대한 존경심 때문에 멀게 느끼기도 하나 그는 언제나 자녀들을 가까이 한다.

예수님은 하나님을 이 아버지에 비유하시면서 인간의 아버지도 자녀들에게 그들이 구하는 것보다 더 좋은 것을 주거늘 하물며 하늘에 계신 아버지께서야 더 좋은 것으로 그 자녀들에게 주시지 않겠느냐고 가르치셨다(마 7:7-11). 하늘에 계신 아버지는 선악 간에 모든 사람들에게 골고루 비(돌봄과 은혜, 사랑)를 내려주신다(마 5:45). 하늘 아버지께서는 "이 모든 것이 너희에게 필요한 것을 아시고" 채워주신다(마 6:32-33).

이름이 거룩히 여김을 받으시오며

이 첫 번째 간구는 해석상 많은 어려움이 있다. 왜냐하면 이 간구는 수동태 형식으로 표현되어 있으나 그 주체가 명시되어 있지 않기 때문이다. 하나님의 이름을 하나님이 거룩하게 해달라는 간구인지, 우리를 통해 거룩하게 해달라는 것인지 분명하지 않다. 개역성서에서는 "이름이 거룩히 여김을 받으시오며"로 옮겨놓았다. 이는 사람에 의해 하나님의 이름이 거룩히 여김을 받게 해달라는 뜻을 암시하고 있다. 반면, 새번역에서는 이 문장을 능동태로 바꾸어 놓았다. "이름을 거룩하게 하시오며." 인간에 의해 더럽혀진 하나님의 이름을 하나님 자신이 거룩하게 해 달라고 하는 의미이다. 개역 성서 이전에 나온 구역 성서에서도 능동태로 옮겼다.

에스겔 36:22-23에는 사람들에 의해 더럽혀진 하나님의 이름을 하나님이 거룩하게 하실 것이라는 예언이 나오고 있다. "너희가 여러 나라에 흩어져 살면서 내 이름을 더럽혀 놓았으므로, 거기에서 더렵혀진 내 큰 이름을 내가 다시 거룩하게 하겠다".

그러나 하나님의 이름이 사람들에 의하여 거룩하게 된다는 사상도 구약성서에서 발견된다. "너희는 나의 거룩한 이름을 욕되게 해서는 안 된다"(레 22:32). "참으로 그들이 그의 자손, 곧 그들 가운데서 내가 한 일을 보고, 나의 이름을 거룩하게 여길 것이다"(사 29:23). 예수님도 이렇게 가르치셨다. "너희 빛을 사람에게 비추어서 그들이 너희 착한 행실을 보고 하늘에 계신 너희 아버지께 영광을 돌리게 하여라"(마 5:16). 사람에 의하여 하나님의 이름이 더럽혀질 수도 있고, 반대로 거룩히 여김을 받을 수도 있다는 것은 예수님 당시의 유대인들의 일반적인 믿음이었다.

미드라쉬는 레위기 22:32을 이렇게 설명하고 있다. "너희는 나의 거룩한 이름을 더럽혀서는 안 된다. 나는 이스라엘 백성 가운데서 거룩히 여겨질 것이다." 이스라엘의 현인들은 이 '더럽히지 말라'는 것은 '신성하게 하라'(to sanctify)는 의미라고 해석했다(Sifra on Lev. 22:32; 99c). 예수님 당시의 유대의 현인들은 레위기 22:32을 순교를 통해 하나님의 이름이 거룩히 여김을 받게 해야 한다는 의미로 해석했다.

나라가 임하옵시며

유대인들은 하루에 두 차례씩 반드시 쉐마(Shema)를 암송하게 되어 있었다. 쉐마는 히브리어로 "들으라"는 뜻으로 신명기 6:4-9을 가리킨다. 쉐마는 "우리 하나님 여호와는 오직 하나인 여호와시니"로 시작되고 있다. 유대인들은 하나님에 대한 이러한 신앙고백을 통해 하나님 앞에 순종하게 된다. 하나님에 대한 이러한 신앙고백 없이는 하나님의 말씀에 대한 순종이 불가능하기 때문이다.

왕은 백성들에 의해 왕으로 인정받을 때만이 왕으로서 다스릴 수 있으며, 백성들이 왕의 명령에 순종하게 된다. 왕이 왕으로서 인정받지 못하면 그는 그의 뜻을 그 백성 가운데서 이룰 수 없다. 마찬가지로, 하나님이 그의 백성에 의해 왕으로서 그리고 하나님으로서 인정받을 때만이 하나님은 그분의 뜻을 그 백성 가운데서 펼 수 있다.

하나님이 주(Lord)로 인정되는 곳에서 하나님은 다스리시며, 그곳에서 하나님의 백성은 하나님에게 순종하며, 그곳에서 하나님의 뜻은 이루어지며, 그곳에 하나님의 나라가 실현된다.

랍비들은 하늘나라의 멍에(the yoke of the kingdom of heaven)를 메는 자만이 계명의 멍에(the yoke of the commandment)를 질 수 있다고 가르쳤다(미쉬나 Ber. 2:2). 하늘나라의 멍에를 멘다는 것은 하나님이 한 분임을 인정하고 그분만을 왕으로 받아들이는 것을 의미한다. 즉 하나님의 주권에 대한 인정을 의미한다. 그리고 "계명의 멍에"를 지는 것은 하나님의 뜻(계명)에 대한 순종을 의미한다. 위의 가르침은 하나님을 먼저 왕으로 인정해야만 그의 말씀에 순종할 수 있다는 뜻이다.

메킬타(Mekilta)는 십계명의 서두 부분에서 이런 비유를 덧붙이고 있다. 어떤 사람이 사람들에게 와서 "내가 당신들을 다스릴까요?"라고 물었다. 그러자 사람들이 "당신이 우리를 위해서 아무것도 하지 않았는데, 우리가 당신의 다스림을 받아야 할 이유가 무엇이오?"하고 물었다. 그래서 그 사람은 성벽을 쌓고 물을 끌어오고 그들을 위해서 싸웠다. 그리고는 그들에게 다시 물었다. "내가 당신들을 다스릴까요?" 그들은 "예, 예"하고 대답했다(MRI 299).

이 비유는 하늘나라는, 하나님의 왕으로서의 권위를 인정하고 그의 토라(계명, 율법, 목적, 뜻)를 순종하는 것임을 잘 보여주고 있다. 하나님이 이스라엘을 이집트에서 구원하시고 바다를 가르시고, 그들에게 물을 공급해주시고 아멜렉 군대와 싸워 이기게 하셨다. 하나님이 이스라엘에게 "내가 너희들을 다스려도 좋겠느냐?"고 물으셨다. 그러자 그들은 "예, 예"라고 답했다. 이렇게 해서 하나님은 이스라엘 백성의 왕이 되고, 이스라엘은 하나님의 백성이 되었다. 그리고 하나님의 백성으로서 지켜야 할 율법을 주셨다.

영(Brad Young)은 “나라가 임하옵시며”는 “당신의 나라를 계속 세워 나가소서”(May you continue establishing your Kingdom)로 옮겨야 한다고 지적한다.[31] 그에 의하면 히브리어로 천국이 “온다”는 말은 없다고 한다. 복음서에도 하늘나라라는 주어가 “온다”는 동사와 함께 사용된 곳이 한 곳도 없다. 따라서 그는 이 구절을 “당신의 나라를 계속 세워 나가소서”라고 옮겨야 하며, 그렇게 할 때, 이어서 나오는 “뜻이 하늘에서 이루어진 것같이 땅에서도 이루어지이다”는 간구와도 맥이 통한다고 한다.

그의 주장은 “나라가 임하옵시며”라는 간구는, 하나님의 나라가 어느 날 갑자기 하늘에서 지상에로 임하여 이 세상이 하나님의 나라로 바뀌게 되기를 비는 그러한 종말론적 기도가 아니라는 것이다. 사실 하나님의 나라는 확장되어 나가는 것이지 일시에 임하는 나라가 아니다. 천국은 일회적인 임재의 사건이 아니라 과정임을 천국에 관한 비유들, 특별히 누룩의 비유, 겨자씨의 비유, 씨앗의 비유 등이 잘 말해준다.

뜻이 하늘에서 이루어진 것같이 땅에서도 이루어지이다

이 기도문은 기본적으로 “나라가 임하옵시며”와 같은 의미를 지니고 있다고 할 수 있다. 이 간구는 모든 사람이 회개하고 하나님 앞에 순종할 수 있게 되기를 바란다는 간구와 연관되어 있는 것으로 보인다. 이 기도는 하나님으로 하여금 이 땅에 개입하여 하나님의 뜻을 계속 이루어 나가시도록 간청하는 기도이다.

한편 어떤 사본에서는 “…와 같이”로 옮겨진 헬라어 *hos*가 나타나지 않는다. 즉 이 사본들에서는 “뜻이 하늘과 땅에서 이루어지이다”로 되어 있다. 학자들 간에는 *hos*를 서기관들이, "우리가 우리에게 죄지은 자를 사하여 준 것같이 우리 죄를 사하여 주옵시고"의 영향을 받아 이 단어를 첨가한 것으로 보기도 한다.[32)]

오늘날 우리에게 일용할 양식을 주옵시고

"오늘날"은 잘못된 번역이다. "오늘날"(nowadays)이 아니라 "오늘"(today)이다. 이 간구는 일용할(daily) 양식을 위한 기도이기 때문이다. 이 기도문의 배경은 잠언 30:8이다. "오직 저에게 필요한 양식만을 주십시오." 여기에서 양식은 실제적으로는 빵을 가리킨다. 그러나 꼭 빵만을 의미하는 것이 아니라 인간이 필요로 하는 모든 것을 의미한다. 이 잠언에서는 우리가 살아가는 데 필요한 모든 것들을 넘치게도 말고 모자라게도 말고 필요한 만큼 달라고 하는 간구를 하고 있다. 주기도문은 바로 이 기도를 반영하고 있다.

"일용할 양식"은 광야에서의 만나를 연상시킨다. 이 만나는 매일 공급되었다. 많이 모아놓아도 그 다음날이면 그것을 먹을 수가 없었다. 따라서 이스라엘 민족은 안식일을 제외하고는 매일 그 날 그 날의 양식을 거두어 들여야 했으며, 매일 양식을 얻는 데 있어서 하나님께 의지할 수밖에 없었다.

이 간구의 강조점은 "오늘"에 있다. 염려에 대한 예수님의 가르침에서도 예수님은 내일 일을 걱정하지 말라고 가르치신다(마 6:25-34). 오늘 필요한 것을 하나님께 의지하며, 내일 일 때문에 염려해서는 안 된다는 것이 이 가르침의 핵심이다. 랍비 엘레아자르(Eleazar Hagadol)는

오늘 먹을 빵이 광주리에 있는데도 '내일은 무엇을 먹지?'하고

염려하는 사람은 믿음이 적은 사람이다

라고 하는 유명한 가르침을 남겼다(탈무드 Sotah 48b; 스불론의 유언서 5:3; 8:1-3; 갓의 유언서 6:3-7; 잇사갈의 유언서 5:2; 단의 유언서 5:3). 이 랍비의 가르침의 초점도 "오늘"에 있다. 이 기도는 예수님의 다음과 같은 말씀의 빛 아래에서 가장 잘 이해될 수 있을 것이다.

너희는 먼저 하나님의 나라와 그의 의를 구하여라. 그리하면 이 모든 것을 너희에게 더하여 주실 것이다. 그러므로 내일 일을 걱정하지 말아라. 내일 걱정은 내일이 맡아서 할 것이다. 한 날의 괴로움은 그 날로 족하다(마 6:32-33).

우리가 우리에게 죄지은 자를 사하여 준 것같이 우리 죄를 사하여 주옵시고

용서는 예수님의 메시지의 핵심이다. 따라서 주기도문 가운데 용서에 관한 기도가 포함되어 있는 것은 이상한 일이 아니다. 하나님은 용서하기를 거부하는 자에게 자비를 베풀지 않으실 것이다(마 6:14-15, 18:35; 막 11:25). 주전 약 170년경에 벤 시라(시락)는 용서에 관하여 이렇게 말했다.

당신의 이웃이 당신에게 잘못한 것을 용서하라. 그러면 당신이 용서를 받기 위해 기도할 때, 용서받을 수 있을 것이다. 다른 사람에 대하여 분노를 참지 못하면, 어떻게 주님에게 치유해달라고 할 수 있겠는가? 다른 사람에 대하여 자비한 마음을 갖지 못하면서 자신의 죄를 위해 어떻게 기도할 수 있는가?(28:2-4).

하나님 앞에 용서받기를 위해 기도하기 전에 먼저 이웃을 용서해야 한다는 것이다. 용서에 대한 예수님의 메시지도 이런 점을 강조하고 있다. 이러한 가르침은 무자비한 종의 비유 또는 용서하지 않는 종의 비유에 잘 나타나 있다(마 18:23-35).

유대인들은 속죄일에 용서를 받기 위해 함께 모여서 금식하며 기도한다.

> 속죄일은 사람과, 어디에나 계시는 하나님과의 관계 속에서 지은 죄를 대속한다. 그러나 사람과 사람 사이의 잘못은 잘못한 사람이 먼저 그 이웃을 찾아가지 않는 한 용서되지 않는다(미쉬나 Yom. 8:9).

예수님도 이렇게 말씀하셨다.

> 그러므로 네가 제단에 제물을 드리려고 하다가 네 형제가 네게 어떤 원한을 품고 있다는 생각이 나거든, 너는 그 제물을 제단 앞에 놓아두고 먼저 가서 네 형제와 화해하여라. 그런 다음에, 돌아와서 제물을 드려라(마 5:23-24).

랍비 가말리엘 베랍비(Gamaliel Berabbi, 랍비 유다의 아들)는 이렇게 가르치고 있다.

> 자비를 베푸는 자는 하늘로부터 자비를 얻게 될 것이다. 그러나 다른 사람들에게 자비를 베풀지 않는 사람은 하늘로부터 자비를 얻지 못할 것이다(탈무드 Shab. 151b).

이는 용서하지 않은 종의 비유(마 18:23-35)를 통해서 예수님이 하신 결론적인 말씀과도 일치한다.

> 이 악한 종아, 네가 간청하기에, 내가 네게 그 빚을 다 삭쳐주었다. 내가 너를 불쌍히 여긴 것처럼, 너도 네 동료를 불쌍히 여겼어야 할 것이 아니냐?(마 18:32-33)

이 기도문을 직역하면 이렇다. "우리가 우리에게 빚진 자들을 용서(탕감)해준 것같이 우리의 빚을 용서(탕감)하여 주옵시고." 여기에서 죄인은 빚진 자들로 표현되고 있다.

랍비 요세(Yose bar Jacob)는 이렇게 말한다.

> 우리는 당신이 우리에게 보내주신 빗방울 하나하나로 인하여 우리의 왕이신 당신의 이름을 찬양할 의무가 있사옵나니, 이는 빚진 자들에게 당신이 선을 행하셨음이니이다(예루살렘 탈무드 Ta'an 64b).

한편 마태가 빚이라는 단어를 사용한 반면 누가는 "죄"라는 단어를 그대로 사용했는데, 이는 그의 독자들이 유대인이 아니라 이방인이었다는 사실을 상기하면 누가가 왜 그렇게 했는지 쉽게 이해할 수 있을 것이다.

우리를 시험에 들게 하지 마옵시고

제자들에게 주신 기도문에서의 "시험"(temptation)이라는 용어는 악에게로 기울어지는 인간의 성향과 연관되어 있는 것으로 보인다. 탈무드에도 잠자리에 들기 전에 드리는 다음과 같은 기도문이 나온다.

> 저로 하여금 평안히 눕게 하시며… 저로 하여금 종교적인 의무의 실천에 익숙케 하시며, 죄에 익숙치 않게 하소서. 저로 하여금 죄나 악함, 또는 유혹(시험)에 빠지지 않게 하시고 부끄러움을 당치 않게 하소서. 선으로 기울어지는 성향이 나를 지배하게 하소서. 그리고 우연하게라도 악한 일을 만나지 않게 하시고, 무서운 질병으로부터 구원하소서. 악몽이나 악한 생각으로 괴롭힘을 당하지

않게 하소서(탈무드 Ber. 60b).

우리는 유혹을 피하기 위하여 시험을 받을 가능성이 있는 자리를 피해야 한다. 랍비 유다(Rav Judah)는 이렇게 말했다.

사람은 결코 [의도적으로] 시험(유혹)의 손아귀로 자신을 끌고 가서는 안 된다. 왜냐하면 이스라엘의 다윗 왕이 그렇게 했다가 넘어졌기 때문이다(탈무드 Sanh. 107a).

아담과 하와가 금단의 나무에 가까이 가지 않았다면 그들은 유혹을 받지 않고 죄를 범하지 않았을 것이다. 악마와 거래를 하지 않으려면 악마의 상점에 가지 말아야 한다는 것도 같은 가르침이다. 그러나 죄로 기울어지는 인간의 심성이 유혹의 자리로 사람들을 이끈다. 따라서 예수님은 시험에 들지 않도록 기도하라고 가르치셨던 것이다.

다만 악에서 구하옵소서

어떤 사본에는 "악한 자(the evil [one])에게서 구하옵소서"로 되어 있다. "악한 자"는 사탄을 지칭하는 것으로, 랍비들은 사람의 내면에 있는 악한 성향(yezer hara)의 구체화 또는 외면화를 사탄으로 보았다. 따라서 이 기도도 앞의 기도처럼, 우리 안에 있는 악한 성향의 지배를 받지 않게 해 달라는 간구로 이해된다. 사해사본의 시편 두루마리에 이런 기도가 나온다.

사탄이나 부정한 영이 나를 지배하지 못하게 하소서.

레위의 유언(Testament of Levi)에도 비슷한 기도가 나온다.

사탄이 나를 지배하지 못하게 하시사 나를 곁길로 벗어나지 않게 하소서.

이 기도는 악에 대한 욕망을 제어해 달라는 간구뿐만 아니라, 더 나아가 그러한 욕망에 영향을 미치는 구체적이고도 실체적인 악의 세력을 물리쳐 달라고 하는 기도이다.

여러 랍비들의 기도문을 통해서도 우리는 악의 세력으로부터의 구원을 간구하는 기도문들을 발견하게 된다. 랍비 유다(Judah the Prince)는 이렇게 기도했다.

> 우리를 죄의 손아귀로 이끌지 마시고 범죄와 악함의 손아귀로 인도하지 마소서. 우리를 유혹이나 불명예의 손아귀로 이끌지 마소서. 우리의 악한 성향이 우리를 지배하지 못하게 하시고 우리를 악한 사람이나 악한 집단으로부터 멀리하게 하소서.

탈무드에도 다음과 같은 기도가 나온다.

> 우리를 오만과 오만한 자들, 악한 자들로부터 구원하소서. 악과는 관계도 하지 말게 하시오며, 악한 성향으로부터, 악한 집단들로부터, 악한 이웃으로부터, 사탄으로부터 우리를 구하옵소서(탈무드 Ber. 16b).

예수님 당시의 유대인들도 인간의 악한 성향이 그들을 죄로 이끈다는 사실과, 그러한 인간의 성향은 실제적인 악의 세력(사탄)에 의해 영향을 받으며 지배를 받는다는 사실을 인식하고 있었다. 그래서 그들은 그러한 악의 성향과 악의 세력으로부터의 구원을 간구했던 것이다. "우리를 시험에 들게 하지 마옵시고"는 우리의 악한 성향으로 인해 죄에 빠지지 않게 해 달라는 것과 깊은 연관을 맺고 있으며, "악에서 구하옵소서"는 우리의 본성에 영향력을 행사하여 죄로 이끄는 실체적인 악한 영의 세력(사탄)으로부터의 구원을 간구하는 기도이다.

우리의 인간적인 성향이 성령의 지배를 받을 때, 우리는 시험에 들지 않고 악의 세력으로부터 벗어날 수 있다. 우리가 성령의 충만함을 받을 때, 이 기도는 이루어지게 된다. 다시 말해, 이 마지막 간구의 보다 더 적극적인 형태의 기도는 "성령이 우리를 다스려 주시옵소서"가 될 것이다.

또한 이 간구는 두 번째 간구("나라가 임하옵시며, 뜻이 하늘에서 이루어진 것같이 땅에서도 이루어지이다")와 긴밀한 관계를 가지고 있다. 이 두 번째 간구는 이미 살펴본 것과 같이 이 땅 위에서의 하나님의 통치를 기원하는 것이다. 하나님께서 우리의 삶을 다스리시고 주장하실 때, 우리 안에서 하나님의 뜻이 이루어지며, 우리 안에서 하나님의 나라가 실현되어진다. 하나님의 능력이 우리의 삶을 통해서 드러나게 된다. 그렇게 될 때 악한 영들의 세력은 우리를 유혹하지 못할 것이다.

나라와 권세와 영광이 아버지께 영원히 있사옵나이다. 아멘

누가의 주기도문에는 이 부분이 없다. 가장 믿을만한 MSS 사본에도 이 부분이 나와 있지 않다. 그래서 현재의 본문에서도 괄호 안에 이 부분을 넣었다. 천주교에서도 주기도문 가운데 이 부분을 포함시키지 않는다.

이 부분은 송영 부분으로서, 역대기상 29:11의 찬양을 반영하고 있다.

주님, 위대한 능력과 영광과 승리의 존귀가 모두 주의 것입니다. 하늘과 땅에 있는 모든 것이 다 주의 것입니다. 그리고 이 나라도 주의 것입니다. 주께서는 만물의 머리 되신 분으로 높임을 받아

주십시오!

대개 개신교에서는 주기도문을 드릴 때 "나라와" 앞에 "대개"를 붙이는데, 초기 중국어 성경에 大概 또는 大蓋라고 되어 있는 것을 그대로 우리말로 옮겨서 그렇게 된 것이다. 그러나 헬라어 원문에는 그런 말이 없다. 현재 중국어 성경에서도 이를 수정하여 "以" 또는"因爲"로 옮겼다. 왜냐하면 헬라어 원문에는 "왜냐하면"을 의미하는 헬라어 접속사 호티(hoti)가 사용되었기 때문이다. 주기도문의 이 마지막 구절은 이런 뜻이다. "이러한 모든 기도를 드리는 것은 하나님께 나라와 권세와 영광이 속하여 있기 때문입니다."

14 하늘에 쌓은 재물 (마 6:19-21; 눅 12:33-34)

보물을 땅 위에 쌓지 말고 하늘에 쌓으라고 하는 예수님의 가르침은 외경인 토빗트 4:8-11에서도 발견된다.

> 네 재산 정도에 맞게 힘닿는 데까지 자선을 베풀어라. 네가 가진 것이 적더라도 주저하지 말고 자선을 베풀어라. 이렇게 하는 것은 네가 곤경을 당하게 되는 날을 대비하여 좋은 보물을 쌓아두는 일이 된다. 자선은 자선을 베푸는 사람을 죽음에서 건져내고 암흑에 빠지지 않게 해준다. 누구든지 자선을 베풀면 그 자선은 지극히 높으신 하나님께 바치는 좋은 예물이 된다.

이런 가르침도 있다. 모노바즈가 자신의 전 재산을 기근이 들었을 때 사람들에게 다 나누어 주었다. 그러자 그의 형제들이 찾아와서 아버지가 평생에 모은 재산을 어떻게 다 그렇게 나누어 줄 수 있느냐고 비난했다. 그러자 이렇게 말했다.

> 나의 선조들은 땅으로부터 보화를 모았지만, 나는 위로부터 보화를 모았다. 나의 선조들은 사람의 손이 다스릴 수 있는 곳에 보화를

> 쌓았지만, 나는 사람의 손이 다스릴 수 없는 곳에 보화들을 쌓았다. 나의 조상들은 아무 열매(이자)도 없는 보화들을 모았지만, 나는 열매를 맺을 수 있는 보화들을 모았다. 나의 조상들은 돈의 보화들을 모았지만, 나는 영혼의 보화들을 모았다. 나의 조상들은 다른 사람들을 위하여 보화를 모았지만, 나는 나 자신을 위하여 모았다. 나의 조상들은 이 세상에서 보화들을 모았지만, 나는 다가올 내세를 위하여 보화들을 모았다(T. Pe'ah 4:18; 예루살렘 탈무드 Pe'ah 1:1, 15b; 탈무드 BB 11a; PR 25).

자신의 재물을 가지고 자선을 베푸는 것이 곧 하늘에 보물을 쌓는 것이라는 가르침들이다. 한편 『레위의 유언서』에서는 이렇게 가르치고 있다.

> 땅 위에 있는 내 자녀들아, 의를 행하라. 그리하면 하늘에서 보화를 얻게 될 것이다(13:5).

15 성한 눈과 어두운 눈 (마 6:22-23; 눅 11:34-36)

예수님은 눈이 성하면 온 몸이 밝을 것이나 눈이 나쁘면 온 몸이 어두울 것이라고 하셨는데, "성하면"은 헬라어 *haplous*의 번역이며, "어두우면"은 *poneros*의 번역이다. 영어 성서에서는 성한 눈과 어두운 눈을 각각 "single eye"와 "evil eye"(KJV)로, 또는 "good eye"와 "bad eye"(NIV)로 옮겼다.

성한 눈과 어두운 눈은 무엇을 뜻하는 것일까? 시력의 좋고 나쁨을 의미하는 것은 물론 아니다. 흔히 이 용어들은 영적으로 밝은 눈과 어두운 눈으로 해석되는 경향이 있는데, 이는 알레고리적인 해석에 지나지 않는다. 예수님이 말씀하시고자 한 의도는 무엇이었으며, 이 말씀을 직접 들었던 1세기 유대인들은 이 말씀을 어떻게 이해했겠는가?

"좋은 눈"(aiyen tovah)은 행동이나 생각에 있어서 "관대함"을 표현하는 히브리 관용구이며, 반대로 "악한 눈"(aiyin ra'ah)은 "인색함"을 뜻하는 히브리 관용구이다. 구약성서에서 실례를 들어보자.

삼가 너는 마음에 악념을 품지 말라… 네 궁핍한 형제에게 악한 눈을 들고(인색한 마음으로-새번역) 아무것도 주지 아니하면 그가 너를 여호와께 호소하리니 네가 죄를 얻을 것이라(신 15:9).
악한 눈이 있는 자(인색한 사람-새번역)의 음식을 먹지 말며 그 진찬을 탐하지 말지어다(잠 23:6).
악한 눈이 있는 자는 재물을 얻기에만 급하고 빈궁이 자기에게 임할 줄은 알지 못하니라(잠 28:22).

신구약 중간기 문헌에서도 이러한 예들을 발견할 수 있다.

악한 눈은 떡을 탐하고, 그의 상에서 인색하니라(시락서 14:10).
나는 바른 눈으로 행하면서 누구도 비방하거나 누구의 생명도 비난한 적이 한 번도 없다(이삭의 유언 3:4).
선한 사람은 어두운 눈을 갖고 있지 않다. 그는 모든 사람들에게—죄인들에게까지도—사비를 베푼다. 비록 그들이 그를 해할 악한 음모를 꾸민다 할지라도 그들에게 선을 행함으로… 악을 이긴다. 그는 그의 영혼이 그런 것처럼 의를 사랑한다. 누가 높임을 받더라도 그는 시기하지 않는다. 누가 부유하게 되더라도 질투하지 않는다. 용감한 사람을 칭송하며, 덕망있는 사람을 기리며, 가난한 사람에게 자비를 베풀며, 연약한 자들을 긍휼히 여긴다. 그는 하나님께 찬양을 돌린다.(베냐민의 유언 4:2-4).

랍비들은 좋은 눈과 겸손한 마음, 겸허한 영혼을 가진 사람들은 아브라함의 제자들 가운데 속하나, 악한 눈과 영적인 교만과 자긍심을 가진 사람들은 발람의 제자들이라고 가르쳤다(미쉬나 Avot 5:22). 이는 참된 제자는 이기적이지 않으며, 겸손함과 온유함을 지녀야 한다는 가르침이다. 랍비 엘리에제르(Eliezer)는 의로운 삶의 기본에 대한 질문에 대해 "선한 눈"을 갖고 "악한 눈"을 버리는 것이라고 답했다(미쉬나 Avot 2:13-14).

한편, 자신은 남에게 주기를 원하면서 다른 사람이 남에게 주는 것을 싫어하는 사람과, 자신은 남에게 주기를 싫어하면서 다른 사람이 남에게 주기를 바라는 사람은 악한 눈을 가진 사람이라고 랍비들은 가르쳤다(미쉬나 Avot 5:16). 반대로, 자신도 남에게 주기를 기뻐하며, 다른 사람도 그렇게 하기를 바라는 사람은 성인이며, 자신도 남에게 주기를 싫어하며 다른 사람이 남에게 주는 것도 싫어하는 사람은 악한 사람이라고 가르쳤다.

성한 눈이 관대함을 의미하고 있음은 신약성서의 여러 곳에서 더욱 분명해진다(참조, 약 1:5; 롬 12:8; 고후 9:11). 〈유대인을 위한 신약성서〉에서는 예수님의 말씀의 의미를 분명하게 하기 위하여 설명을 첨가하고 있다.[33] "네가 '좋은 눈'을 가지고 있으면 [즉 관대하면] 온몸이 밝을 것이요 네가 '악한 눈'을 가지고 있으면 [즉 인색하면] 온몸이 어두울 것이라." 따라서 예수님이 말씀하신 의미는 이런 것이다. 우리가 관대한 마음과 관대한 행동을 하면 우리는 밝게 살 것이지만, 우리가 인색한 마음을 갖고 인색한 행동을 하면 어둡게 살 수밖에 없을 것이다.

16 염려하지 말아라 (마 6:25-34)

예수님 당시의 유대인들은 실제로 먹을 것을 염려하며 살아갈 수밖에 없는 가난한 사람들이었다. 그러한 그들에게 예수님은 염려하는 것은 믿음이 없음을 보여주는 것이며, 내일 일을 염려하는 것은 헛된 것이라고 가르치셨다. 랍비들도 오늘 먹을 빵이 광주리에 남아 있는데도 '내일은 무엇을 먹지?'하고 염려하는 사람은 믿음이 없는 사람이라고 가르쳤다(탈무드 Sot. 48b). 믿음은 내일 일을 하나님에게 맡기는 것이다. 믿음이 없으면 염려할 수밖에 없다.

예수님은 "하늘에 나는 새와 들에 피어있는 백합화가 염려하는 것을 본 일이 있느냐? 그들은 일하지 않아도 하나님이 돌보아주시기 때문에 조금도 문제가 없지 않느냐? 하나님께서 새와 백합화같은 미물도 돌보시거늘 하물며 너희들을 돌보아주시지 않겠느냐?"고 가르치신다. 여기에서는 공중의 새나 백합화가 일하지 않아도 하나님이 돌보아주신다는 것이 초점이 아니다. 예수님은 그들이 염려하지 않아도 하나님이 돌보아주셔서 문제가 없음을 말씀하고 있는 것이다.

한편, 랍비 시므온(Simeon b. Eleazar)은 이렇게 말했다.

> 어떤 동물이나 새도 일을 하지 않지만 그들은 염려하지 않고도 잘 살아간다. 나를 섬기라고 창조되어진 그런 것들도 그렇게 살아가거늘, 하나님을 위해서 창조되어진 내가 염려하지 않고 살아가는 것이 너무나도 당연한 일 아닌가? 그러나 나는 그릇 행하였으므로, 염려하지 않고 살아갈 수 있는 권리를 잃게 되었다(미쉬나 Qid. 4:4; 탈무드 Qid. 82b; T.Qid 5:15; 예루살렘 탈무드 Qid. 4, 66b).

이 랍비의 가르침은 기술의 중요성을 강조하는 것이다. 일하지 않고도 살아갈 수 있는 다른 동물들과는 달리, 인간은 죄로 인해 일하지 않고는 살아갈 수 없게 되었기 때문에 누구나 생업을 위해서 기술을 배워야 한다는 것을 가르치고 있는 것이다. 그러나 예수님은 새나 들의 꽃을 통해 염려하지 않는 법을 배워야 한다고 가르치신다.

이 가르침에서 예수님은 랍비들이 즐겨 사용한 *kal vechomer*("가벼운 것과 무거운 것") 해석 방법을 사용하셨다. 이 논리는 소전제에서 시작하여 대전제로 나아가는 것이다. 예를 들면, "오늘 있다가 내일 아궁이에 던지우는 들풀도 하나님이 이렇게 입히시거든 하물며(how much more) 너희일까보냐"에서 '가벼운 것'(소전제)은 들풀도 하나님이 돌보신다는 것이다. 여기에서 출발하여 '무거운 것'(대전제)으로 나아가게 되면 "하나님은 사람도 돌보신다"가 된다. 들풀도 돌보시는 하나님께서 사람을 돌보시지 않겠느냐는 논리이다. "하물며"라는 표현이 이 해석 방법 또는 논리 전개 방법을 잘 나타내준다. 이 *kal vechomer*는 힐렐이 창안한 중요한 성서 해석 방법 가운데 하나로서, 랍비들만이 아니라 예수님도 자주 사용하셨다.

본문(마 6:25-34)에서 "염려하지 말라"와 짝을 이루고 있는 단어는 "구하라"이다. 이방인들은 "무엇을 먹을까, 무엇을 마실까, 무엇을 입을까" 염려한다. 그러나 하나님의 백성들은 "먼저 그의 나라와 그의 의를" 구해야 한다. "그의 나라"는 하나님의 나라로서, 많은 학자들은 종말론적인 의미에서의 천국을 말한다고 해석한다. 그러나 종말론적인 하나님의 나라는 "구해서"(seek) 얻을 수 있는 대상이 아니다.

하나님의 나라는 본래적으로 하나님의 통치를 의미한다. 하나님이 왕으로서 주권을 가지고 다스리시며, 그의 백성이 하나님의 주권을 인정하고 하나님의 통치에 순종하는 것을 의미한다. 하나님의 나라를 구하라는 것은 하나님의 뜻과 말씀에 순종하도록 노력하라는 것이다.

누가복음에서는 "그의 의"에 관한 언급이 나와 있지 않다(눅 12:31). 마태는 "그의 의"를 "그의 나라"와 같은 의미로 사용하고 있으며, 그렇게 함으로 "그의 나라"를 강조하고 있다. 이 둘은 서로 밀접한 연관성을 지니고 있다. "그의 의"를 행하는 것은 "그의 나라"에 들어가기 위한 필수적인 조건일 뿐만 아니라(마 7:21), 이 둘은 동반자이다. "그의 나라"를 구하는 것은 하나님을 주권자로서 받아들이는 것을 말하며, 그의 의를 구하는 것은 통치권이신 하나님의 뜻에 따라 살아가려고 노력하는 것을 뜻한다. 여기에서 마태는 하나님의 나라를 이루기 위해 인간이 행해야 할 책임을 강조하고 있다.

예수님의 가르침을 요약하면 이렇다. 세상적인 일에 집착하거나 그런 일로 염려하지 말고, 하나님의 통치권(그의 나라)에 순종하고 하나님의 뜻(의)을 행하기 위해 노력하라. 그러면 하나님께서 우리에게 필요한 모든 것을 다 공급해 주실 것이다.

17 판단하지 말아라 (마 7:1-5; 눅 6:37-38, 41-42)

예수님은 우리가 남을 판단하는 그대로 하나님께 심판받게 될 것이므로 남을 판단해서는 안 된다고 가르치셨다. 이러한 원리를 히브리어로는 *middah ke-neged middah*(영어로 옮기면 "measure for measure") 라고 부르는데, 행한 만큼 보응받는다는 원리이다. 이러한 원리는 "너희의 헤아리는 그 헤아림으로 너희가 헤아림을 받을 것이니라"("너희가 되질하여 주는 그대로 너희에게 되어서 주실 것이다"—새번역)라는 말씀에 잘 반영되어 있다.

탈무드는 하나님께서 사람들을 심판하시거나 상급을 주실 때 바로 이 원리에 근거해서 심판이나 상급의 정도를 결정하신다고 가르친다(탈무드 Sanh. 90a). 솔로몬의 지혜서에도 죄를 지은 정도에 따라 심판을 받는다고 말하고 있다(1:16).

예수님은 사람들이 남의 눈 속에 있는 티는 보고 자신의 눈 속에 있는 들보는 보지 못한다고 나무라면서, 먼저 자신의 눈 속에 있는 들보를 뺀 다음 다른 사람을 비판하더라도 하라고 말씀하신다. 이러한 가르침은 당시 팔레스타인에 널리 알려진 속담으로서, 자신의 잘못을 지적하는 것에 대해서는 잘 받아들이지 않으면서 남은 잘 비판하는 사람들에게 하는 말이었다.

랍비 타르퐌(Tarfon)은 이렇게 말했다.

> 나는 이 세대 가운데서 다른 사람의 책망을 기꺼이 받아들이는 사람이 있는지 의아스럽다. 왜냐하면 사람들은 '당신의 눈 사이에 있는 티끌을 빼내시오'라고 말하면, '당신 눈 사이에 있는 대들보나 빼내시오'라고 대답하기 때문이다(탈무드 Ar. 16b).

랍비 요하난(Johanan)은 룻기 1:1의 "사사들이 치리하던 때"를 사사(재판관)가 '당신의 눈에서 부스러기를 빼내시오'라고 말하면 '당신의 눈에 있는 대들보나 빼내시오'라고 말하던 시대였다고 해석했다(탈무드 BB 16b).

그러나 예수님은 책망 받는 사람이 그 책망을 거부하면서 도리어 책망하는 사람을 비꼴 때 사용하던 말("당신 눈 속에 있는 대들보나 먼저 빼시오")을 인용하면서, 오히려 다른 사람의 잘못을 비난하기 전에 먼저 자신을 뒤돌아보아야 한다고 하셨다. 랍비들은 이 말로써 책망 받는 사람의 잘못된 태도를 지적했으나, 예수님은 책망하는 사람의 잘못된 태도를 지적하셨다.

18 거룩한 것을 개에게 주지 말아라 (마 7:6)

"거룩한 것을 개에게 주지 말며 너희 진주를 돼지 앞에 던지지 말라." 여기에서 "거룩한 것"과 "진주"는 성서를 의미함에 틀림이 없다. 그러나 "개"와 "돼지"가 상징하는 것이 무엇인지는 분명하지 않다. 특별히 돼지는 제의적으로 부정한 동물로서 유대인들이 가장 혐오하는 짐승이었다(잠 11:22; 26:11; 벧후 2:22). 따라서 그들은 돼지 치는 직업을 가장 천한 것으로 여겼다.

> 돼지를 치는 사람은 저주를 받은 사람이다(창세기 랍바 63:8).

탕자의 비유에서 탕자가 돼지 치는 일을 하게 되었다고 예수님이 말씀하신 이유가 바로 여기에 있다.

여기에 나오는 개나 돼지를 특정한 그룹의 사람들과 연관시키는 사람도 있다. 예를 들면, 돼지는 사마리아인을, 개는 로마인을 가리킨다고 주장하는 이들도 있다. 그러나 일반적으로 개나 돼지는 이방인에 대한 상징으로 사용되었다. 이렇게 보면 이 말씀은 성서를 이방인들에게 가르치지 말라는 의미가 된다. 랍비들은 토라를 이스라엘의 전유물로 여겨 그것을 이방인들에게 가르치는 것을 금했던 것이 사실이다. 신약성서의 컨텍스트에서 이해하면 이 말씀은 복음을 이방인들에게는 전하지 말라는 것으로 해석할 수 있을 것이다. 그러나 예수님이 이방인에게 복음을 전하는 것을 금하셨다고 볼 수는 없다.

한편, 구에리히(Robert Guelich)는 이 말씀을 선교의 관점에서 이해할 것이 아니라 제자도(discipleship)의 관점에서 이해해야 한다고 주장한다.[34] 위에서 살펴본 바와 같이 선교적인 관점에서 이 말씀을 이해하는 데는 문제가 있는 것이 사실이다. 그는 예수님이 제자들에게 배교의 위험에 대해서 경고하시기 위해 이 말씀을 하신 것으로 이해한다. 즉, 값진 복음을 저버리지 말라는 경고라는 것이다.

바클레이는 개나 돼지는 이교도(이방문화)를 상징하며, 따라서 이 말씀을 복음과 믿음의 순수성을 그러한 것들로부터 지키라는 의미로 이해한다.[35] 키너(Craig S. Keener)는 이 말씀이, 잘못을 책망해도 듣지 않는 자에게는 책망하지 말라는 가르침(마 7:1-5) 속에 있는 것을 고려할 때, 이 말씀의 의미는 받아들일 만한 사람이 못되는 사람에게는 거룩한 것이나 진주를 주지 말라, 즉 책망하지 말라는 것일 수도 있다고 생각한다.[36]

19 황금률 (마 7:12; 눅 6:31)

"너희는 무엇이든지, 남에게 대접을 받고자 하는 대로, 너희도 남을 대접하여라." 이 계명은 흔히 "황금률"로 잘 알려져 있다. 바클레이는 이 계명을 "윤리의 에베레스트"(The Everest of Ethics)라고 표현했다.[37] 예수님은 이 황금률이 모든 율법과 예언서의 핵심(본뜻)이라고 선언하셨다.

다른 사람을 잘 대접하는 것이 율법과 선지서의 핵심이며 윤리의 기본이라고 하는 가르침은, 예수님 당시에 활동했으며 모든 랍비들의 아버지로 불리는 힐렐(Hillel)의 가르침과 비슷하다. 한번은 이방인 세 명이 샴마이에게 찾아와서 그들이 한쪽 발로 서 있는 동안에 온 토라를 다 가르쳐주면 유대교로 개종하겠다고 했다. 샴마이는 화를 내면서 그들을 쫓아냈다. 그들은 이번에는 힐렐을 찾아가서 똑같은 요청을 했다. 그러자 힐렐은 이렇게 말했다.

> 네가 싫어하는 것은 남에게도 하지 말라. 이것이 모든 토라이며, 그 나머지는 (이에 대한) 주석일 뿐이다(탈무드 Shab. 31a).

이 가르침과 황금률의 차이점은, 힐렐은 부정적으로 표현하고, 예수님은 긍정적으로 표현했다는 것뿐이다. 그러나 그 내용은 같다.

랍비 엘리에제르(Eliezer)도 누구나 다 자신의 명예가 더럽혀지는 것을 싫어하듯이 다른 사람도 마찬가지이므로, 다른 사람들의 명예를 너럽혀서는 안 된다고 가르쳤다(ARN 1:15). 랍비 요슈아(Joshua)도 그 누구도 자신의 아내나 자녀들의 명예가 더럽혀지는 것을 원하지 않는 것처럼, 다른 사람의 아내나 자녀들의 명예를 더럽혀서는 안 된다고 가르쳤다(ARN 1:16). 다음과 같은 가르침도 황금률과 비교될 수 있을 것이다.

> 네가 싫어하는 것은 다른 사람에게도 하지 말라(토빗트 4:15).
> 너에게 악한 일이 생기지 않고 좋은 일이 생기기를 원하는 것처럼 너의 이랫사람에게나 네가 싫어하는 사람에게도 그러한 원칙에 입각해서 행동하라(슬라브 에녹서 61:1).
> 이것이 삶의 길이다. '먼저 너를 지으신 하나님을 사랑하라. 그 다음으로 너의 이웃을 네 몸과 같이 사랑하라. 그리고 네가 네 자신에게 하지 않는 것을 다른 사람에게도 하지 말라'(Didache 1:2).
> 누구도 자신이 좋아하는 않는 것을 그 이웃에게 행해서는 안 된다(납달리의 유언 1:6).

20 두 가지 길 (마 7:13-14; 눅 13:24)

넓은 길은 멸망으로 이끄는 길로서 멸망의 문에 이르게 하고, 좁은 길은 생명에 이르게 하는 좁은 문으로 인도한다고 예수님이 가르치셨다. "두 가지 길"에 대한 모티브는 구약성서에서도 쉽게 발견된다. 악인의 길과 의인의 길(잠 15:9; 시 1:6), 생명에 이르게 하는 길과 죽음에 이르게 하는 길(렘 21:8; 잠 14:12; 16:25), 하나님의 길과 인간의 길(사 55:9). 신구약 중간기 문헌과 랍비 문헌에서도 두 가지 길에 대한 모티브가 많이 나타난다.

> 죄인의 길은 돌로 평평하게 깔려 있으나, 그 마지막은 지옥의 구덩이이다(시락서 21:10).
>
> 갈림길에 두 길이 있는데, 한 길은 처음 부분에는 길이 잘 나 있지만 나중에는 가시덤불로 이루어져 있고, 다른 길은 처음에는 가시덤불 길이나 나중에는 평평하게 되어 있다. 그 갈림길에 서있는 사람이 지나가는 사람들에게 이렇게 말한다. '당신 앞에 있는 이 길은 처음에는 평평하지만 얼마 못가서 가시밭길을 만나게 되오. 그리고 이 길은 처음에는 가시밭길이지만 얼마 안가면 좋은 길이 나있소'(Sifre Deut. 53).

21 반석 위에 세운 집과 모래 위에 세운 집

(마 7:24-27; 눅 6:47-49)

산상보훈의 결론으로서 예수님은 집짓는 자의 비유를 제시하셨다. 예수님은 결단을 요구하는 것으로써 산상보훈을 끝냈으셨나. 이것은 전형적인 예수님의 가르침 방법이었다. 그의 가르침의 대부분은 비유로 되어 있는데, 이 비유들의 목적은 청중으로 하여금 그 자리에서 결단하게 하는 것이었다. 예수님은 산상보훈의 마지막 부분에서 단순하게 "너희가 들은 것을 행하라"고 직설적으로 말씀하지 않으시고, 개개인에게 스스로 어떻게 할 것인가를 결단하도록 하기 위해 비유로 말씀하셨던 것이다. 예수님은 청중들에게 말씀에 대한 순종을 강요하지 않으셨다. 즉, 스스로 결단하여 순종하기를 원하셨던 것이다.

집짓는 자의 비유는 목수로서의 예수님의 경험에서 나온 것이다. 예수님 당시의 목수는 오늘날의 목수보다는 석수에 가까웠다. 이스라엘은 나무가 거의 없어서 건물을 지을 때 나무대신 돌을 사용했기 때문이다.

랍비 엘리샤(Elisha b. Abuya)는 토라를 많이 공부하고 선한 일을 많이 하는 사람은 처음에는 돌로 집을 짓다가 나중에는 벽돌로 집을 짓는 사람과 같다고 하면서 이렇게 지은 집은 홍수가 나도 무너지지 않는다고 가르쳤다. 반면에 토라를 공부하고도 행함이 없는 사람은 처음에는 벽돌로 집을 짓다가 나중에는 돌로 집을 짓는 사람과 같다고 하면서 이렇게 지은 집은 물이 조금만 밀려와도 곧 무너져 버린다고 가르쳤다(ARN 24).

한편 랍비 엘레아자르(Eleazar b. Azariah)는 지혜는 많지만 행함이 없는 사람을 뿌리는 작으나 가지는 많은 나무에 비유를 했고, 지혜보다 행함이 더 많은 사람은 가지는 적으나 뿌리는 깊은 나무에 비유를 했다. 전자는 바람이 불면 나무가 뽑히나 후자는 바람이 불어도 끄떡 않는다(미쉬나 Avot 3:18).

토라를 공부하는 것이 더 중요한지 아니면 행하는 것이 더 중요한지 하는 문제를 가지고 랍비들이 토론을 했다. 타르퐌(Tarfon)은 실행이 더 중요하다고 주장했다. 그러자 아키바(Akiba)는 공부는 행함으로 이끌기 때문에 공부가 더 중요하다고 주장했다. 그러자 랍비들은 모두 아키바의 의견에 동의했다(탈무드 Kidd. 40a).

그러나 그들은 토라를 공부하는 것과 행하는 것 모두 중요한 것임을 인식하고 있었다. 예수님도 둘 다 중요하다고 강조하셨다. 즉 들어야(배워야) 순종할 수 있으므로 듣는 것(배우는 것)도 중요하며, 듣는(배우는) 궁극적인 목적은 행함이므로 행함도 중요하다는 것이다. 이 비유에서 예수님은 "듣고 행하는" 사람이 반석 위에 집을 짓는 지혜로운 사람과 같다고 말씀하신다.

CHAPTER 4 예수님의 가르침(2)

이 예수님을 따르려면 (마 8:18-22; 눅 9:57-60)

예수님은 아버지의 장례를 치른 다음 따라오겠다는 사람에게 "죽은 자들로 저희 죽은 자를 장사하게 하고 너는 나를 좇으라"고 말씀하셨다. 유대인의 세계뿐만 아니라 헬라 세계에서도 발견되지 않는 독특한 말씀이다.

죽은 사람을 장사지내는 것에 대해, 랍비들은 이 의무를 쉐마를 암송하는 것보다 우선하는 의무라고 가르쳤다(탈무드 Ber. 3:1). 이스라엘 남자는 누구나 다 매일 아침, 저녁으로 쉐마를 암송해야 했다. 그러나 장사지내는 사람은 이처럼 중요시 여겼던 쉐마를 암송하지 않아도 되었다. 이렇게 유대인들은 장사지내는 것은 중요한 일로 여겼는데, 예수님의 가르침은 이에 정면으로 배치되는 것처럼 보인다. 그렇다면 이 말씀을 어떻게 이해해야 하는가?

유대인들에게 있어서 장남의 가장 큰 의무 가운데 하나는 부모의 장례를 책임지는 것이다. 유대 사회에서는 사람이 죽으면 그 날로 장례를 치르게 되어 있다. 대개의 무덤은 돌무덤이었다. 돌무덤에 장사한 지 1년 후에 다시 한 번 장사를 지낸다. 시신을 안치한

지 1년이 지나면 뼈만 남는데, 이 뼈들을 모아 유골함에 넣어 돌무덤 안에 있는 작은 방에 보관한다. 이러한 책임들이 바로 장남에게 주어져 있었다. 본문에서 말하고 있는 장사는 첫 번째 장사가 아니라 바로 이 두 번째 장사를 의미하는 것으로 보인다는 것이 키너의 설명이다. 그러면 이 사람이 그의 아버지의 두 번째 장사를 치르기 위해서는 최대한 앞으로 1년은 기다려야 할 것이다. 그러나 예수님은 1년 후가 아니라 지금 당장 자신을 따라야 한다고 가르치신 것이다.[1)]

그러나 보이드(Robert T. Boyd)는 색다른 해석을 하고 있다. 그에 따르면, 여기에서 "죽은 자들"은 이 사람의 형제들을 말한다고 한다. 위에서 언급했듯이 장남은 부모의 장례를 책임져야 했다. 그러나 동시에 그에게는 상속권이 주어져 있었다. 부모가 죽게 되면 장남이 장례식을 치르고 부모의 모든 재산을 상속받는 관습이 고대 근동지방에 널리 퍼져 있었다고 한다. 따라서 부모의 재산을 상속받는 일에 있어서 다른 형제들은 "죽은 자들"이었다. 아무런 재산도 상속받지 못하기 때문에 그들은 "죽은 자들"이었다는 것이다. 예수님은 지금 이 사람에게 아버지가 돌아가실 때까지 기다렸다가 장례식을 치르고 상속을 받은 다음에 따르려고 하지 말고 형제들로 하여금 부모의 장례를 치르게 하고 또 부모의 재산도 상속받게 하고 "너는 나를 지금 따르라"고 말씀하신 것이라고 보이드는 해석하고 있다.[2)] 그러나 이 해석에는 문제가 있다. 유대 상속법에는 장자뿐만 아니라 다른 형제들에게도 상속권이 주어져 있었기 때문이다.

02 의인이 아니라 죄인을 부르러 오시다

(마 9:9-13; 막 2:13-17; 눅 5:27-32)

예수님이 이른바 세리와 "죄인들"과 어울리며 그들과 식사를 하시는 것을 보고 바리새인들은 못마땅해 하며 의아심을 품었다. 예수님이 세리 레위의 집에 가셔서 많은 세리들과 "죄인들"과 더불어 식사를 하셨다. 이것을 보고 바리새인들이 요한은 금식하는데 예수님은 "죄인들"과 세리들과 먹고 마시기를 탐한다고 비난하였다(마 11:16-19). 세리장 삭개오의 집에 머무르는 것에 대해서도 수근거렸다(눅 19:1-7). 예수님은 자신이 세리들과 "죄인들"과 함께 먹는 것을 비난하는 자들에 대하여, 잃었던 양의 비유, 잃었던 동전의 비유, 그리고 잃었던 아들의 비유를 들면서, 하나님께서는 회개할 것 없는 의인 아흔아홉을 인하여 기뻐하시는 것보다 회개한 죄인 한 사람으로 인하여 더 기뻐하신다고 가르치셨다(눅 15장).

세리와 "죄인들"은 한 부류로 여겨졌다. 그래서 복음서 기자들은 여러 곳에서 세리와 죄인들이라는 단어를 같이 붙여서 사용하고 있다(마 9:10; 11:19; 막 2:15; 눅 5:30; 15:1). 여기에서 언급하고 있는 "죄인들"은 일반적인 의미에 있어서의 죄인들이 아니라 이스라엘 사회의 특수 계층들을 지칭하는 용어이다.

샌더스는 "죄인들"이 하나님을 부정하고 계약에 충실하지 않은 사람들을 두고 하는 말이라고 주장한다.[3] 아브라함스(Abrahams)는 도덕적으로 바람직하지 않은 직업을 갖고 있는 사람들을 가리키는 것이었다고 한다.[4]

"죄인들"을 히브리어로 옮기면 *resha'im*으로 "악인들"을 뜻한다. 예수님 당시에는 종교적인 배반과 정치적인 배반을 분리해서 생각하지 않았다. 그것은 하나로 여겨졌다.[5] 악인들은 종교적으로 또는 정치적으로 이스라엘을 배신한 사람들이다. 세리들은 정치적으로 이스라엘을 배신한 대표적인 사람들이었다. 죄인들과 세리들을 같은 부류로 생각한 것은 바로 이런 맥락에서이다. 죄인들과 세리들은 반역자들의 범주에 들어가는 사람들이었다.

예수님은 자주 그들과 어울리시면서 그들과 상을 같이 하셨다. 그러나 이것은 단순히 식사를 같이 하셨다는 의미가 아니다. 이는 예수님이 그들을 용납하시고 하나님 나라로 받아들여 주심을 상징하는 것이었다. 바리새인들은 예수님이 "죄인들"과 세리들에 대해 회개를 요구하지도 않고, 또 죄에 대한 보상도 하지 않은, 다시 말해 죄에 대한 마땅한 대가도 치르지 않은 "죄인들"과 세리들을 제자로 삼고 천국 시민권을 준 것에 대하여 분개했던 것으로 보인다.

예수님은 이렇게 말씀하셨다. 하나님께서 당신을 용서하신다. 그러므로 당신은 이제부터 회개하고 바르게 살아야 한다. 그러나 일반 유대인들은 이렇게 말했다. 만일 당신이 회개하고 삶의 방식을 고친다면 하나님께서 당신을 용서하실 것이다. 유대교의 가르침은 누구라도 하나님의 길로 돌이키기만 하면 언제든지 용서받을 수 있다는 것이었다. 그러나 예수님의 용서는 무조건적인 용서였다. 예수님은 그들이 회개를 하지 않았는데도, 다시 말해 아직 죄인들로 남아있는 상태에서도 그들을 하나님의 나라에 받아들이셨다. 요한은 회개의 메시지를 외쳤으나, 예수님은 마지막 때가 가까웠음을 인식하며 그의 말에 귀를 기울이는 모든 사람들(세리와 "죄인들"과 같이 아직 '회개'하지 않은 자들까지도)을 하나님의 나라에 받아주셨던 것이다.

03 열두 제자 파송사

(마 9:35-10:15; 막 3:13-19, 6:6-11, 34; 눅 6:13-16, 9:1-5, 10:1-12)

예수님은 제자들을 파송하시면서 이방인이나 사마리아인들에게 가지 말고 오직 이스라엘의 잃어버린 양에게로만 가라고 하셨다. 예수님은 그의 사역을 이스라엘에만 제한하셨다.[6] 그러나 비록 이방인 지역에서 활동하지는 않으셨으나, 이방인들도 하나님의 나라에 포함될 것이고 당시의 유대인들은 제외될 것임을 예견하셨다.

예수님은 제자들에게 사마리아 지역으로도 가지 말라고 하셨는데, 사마리아인들은 유대인들의 관습과 믿음을 일부만 받아들였다. 그들은 오경만을 정경으로 인정했다. 그들의 성전은 예루살렘에 있는 성전이 아니었다. 그들은 그리심산에 성전을 짓고 그들 나름의 제사장들과 의식을 갖고 있었다. 그래서 유대인들은 그들에 대해 적개심을 갖고 있었다.

예수님은 파송사를 통해 "가면서 전파하여 말하되 천국이 가까웠다 하고 병든 자를 고치라"고 하셨다. 즉 그들이 파송된 목적은 천국 복음을 전파하며 치유의 역사를 행하는 것이었다. 예수님의 사역은 크게 세 가지로 요약된다. "모든 성과 촌에 두루 다니사 저희 회당에서 가르치시며 천국 복음을 전파하시며 모든 병과 약한 것들을 고치시니라"(마 9:35), 즉 가르치는 일(teaching ministry)과 선포하는 일(preaching ministry), 그리고 치유하는 일(healing ministry)－이것이 예수님의 3대 사역이었다. 우리는 예수님의 선포 사역과 치유 사역이 밀접하게 연관되어 있는 것을 볼 수 있다. 예수님의 사역을 보면, 말씀을 선포하시고 치유의 이적을 행하시든가, 아니면 치유의 이적을 행한 다음 말씀을 선포하셨음을 알 수 있다. 제자들 역시, 전파하고 병자들을 고쳤다(막 6:12-13). 예수님에게 있어서나 제자들에게 있어서 말씀의 선포와 치유는 불가분의 관계를 갖고 있었다(이에 대해서는 제6장 예수님의 치유사역을 참조하라).

"너희는 거저 받았으니 거저 주어라"는 말씀은 랍비들의 가르침과 정확하게 일치한다.

> [하나님께서 모세에게 말씀하시기를] '네가 토라를 거저 받았으니 그것을 거저 가르치라' 하셨다(탈무드 Bekh. 29a).

랍비들은 토라를 가르치는 일을 통해서 이득을 취하면 안 된다고 가르쳤다.

> 누구든지 토라의 말씀들을 통해서 이득을 취하는 자는 자신을 세상에서 내어 쫓는 자이다(미쉬나 Avot 4:5).

토라를 가르치는 일을 생계의 수단으로 삼아서는 안 되었다. 이러한 관습에 따라 바울 스스로도 자신의 직업(천막 만드는 일)을 갖고 있었다(행 18:3, 20:34; 고후 11:7-8; 살전 2:9; 살후 3:8). 그는 "하나님의 복음을 값없이 여러분에게 전했습니다"라고 말한다(고후 11:7). 그래서 그는

"밤낮으로 일을 하면서 하나님의 복음을 전했다"(살전 2:9; 살후 3:8). 랍비들의 아버지라 불리는 힐렐(Hillel)은 나무 자르는 일을 했고, 그와 쌍벽을 이루었던 샴마이(Shammai)는 측량하는 일을 했다. 유명한 랍비 요슈아(Joshua)는 대장장이 일을 했고, 이쉬마엘(Ishmael)은 무두질을 했으며, 후나(Huna)는 물 나르는 일을 했다고 한다.

예수님은 전대도, 지팡이도, 신도 지참하지 말라고 하셨다. 이런 것들은 성전 경내에 들어갈 때 금지된 것들이다. 그 이유는 다른 일에 신경 쓰지 않고 오직 하나님께 예배하는 일에만 전념하도록 하기 위함이었다. 이 말씀은 성전 경내에 들어가는 심정으로 오직 하나님의 일에만 전심전력하도록 하는 가르침이었을 것이다.

여기에 예수님은 "일꾼이 저 먹을 것 받는 것이 마땅하다"는 말씀을 덧붙이셨다. 이 말씀은 사해사본 가운데서도 발견된다.

> 너희 가운데 머무르고자 하는 예언자들은 누구나 음식을 대접받기에 합당한 사람들이다(Didache 13:1).

예수님은 "아무 성이나 촌에 들어가든지 그 중에 합당한 자를 찾아내어 너희 떠나기까지 거기서 머물라"고 하셨다. 랍비들도 도중에 숙소를 바꾸지 않는 것이 토라의 가르침이라고 가르쳤다(탈무드 Ar. 16b).

또 예수님은 복음을 받아들이지 않는 성에서는 "발의 먼지를 털어버리고" 그곳에서 나오라고 하셨다. 유대인들은 팔레스타인 바깥 지역, 즉 이방인 지역을 부정하다고 여겼다. 그래서 외국에 나갔다가 이스라엘로 돌아올 때는 발에서 먼지를 털어버려야 했다(T. Miq. 6:1). 이는 거부의 상징적인 표현이다(참조, 행 13:51, 18:6).

한편 보이드(Boyd)는 발의 먼지를 털어버리라는 예수님의 말씀은,

복음을 받아들이지 않는 자들과는 상관도 말라는 의미가 아니라, 상대방이 복음을 받아들이지 않을 때 느끼게 되는 적대심이나 반감 또는 실망감들을 털어버리라는 뜻이라고 해석한다.[7)]

04 제자들도 박해를 받을 것이다 (마 10:16-25)

예수님은 제자들을 파송하시면서, 마치 양을 이리 가운데 보내는 것 같다고 하셨다. 한편 이스라엘은 양으로, 다른 나라들은 이리로 비유되기도 한다. 하드리안(Hadrian)이 랍비 요슈아에게 "이리 가운데서 있는 양은 위대하다"고 말했다(Tan. Toledot 5). 예수님이 제자들을 이리 가운데 있는 양으로 그리시고 있는 것처럼 여기에서는 이스라엘을 이리 가운데 있는 양으로 묘사하고 있다. 이 말에 이어서 양떼들을 이리로부터 보호해주는 목자는 얼마나 위대한가 하는 말도 나온다.

한편 예수님은 제자들에게 뱀처럼 지혜롭고 비둘기같이 순결하라고 하셨다. 여기에서 지혜롭다(phronimoi)는 표현은 현명하다라는 의미보다는 재빠르다, 교활하다, 약삭빠르다(잘 대처한다는 의미에서!)의 의미에 가깝다. 미드라쉬에서도 이 말을 사용하였다.

> 이스라엘 백성은 하나님에 대해서는 비둘기같이 순결하고 이방인에 대해서는 뱀처럼 약삭빠르다(아가서 랍바 2:14).

예수님은 제자들이 법정(공회)에 넘겨지고, 회당에서 매질을 당하게 될 것이라고 하셨다. 이스라엘에는 두 종류의 공회가 있었다. 하나는 잘 알려진 산헤드린이고 또 다른 하나는 지역마다 있었던 공회이다. 이 공회는 민사적인 문제를 다루었으며, 처음에는 장터에서 열렸으나 후대에는 회당에서 열렸다. 이 공회는 장로들과 회당장으로 구성되어 있었던 것으로 보인다.

회당에서도 일반적인 문제들을 다루었는데, 여기에서 주어지는 벌은 무서운 것이었다. 출회(excommunication) 외에도 매질의 벌이 있었다. 매는 율법에 따라 사십대를 넘지 않았으며(신 25:3), 실수로 사십대를 넘기게 되는 것을 방지하기 위해 39대까지만 때릴 수 있도록 했다. 바울도 사십에 하나 감한 매를 다섯 번 맞았다고 했는데(고후 11:24), 이는 회당에서 주어진 형벌이었다. 더 중한 죄를 지은 경우에는 매를 더 때리는 대신에 더 세게 때렸다.

랍비들은 168개에 해당하는 죄목에 대하여 매질을 할 수 있도록 규정했다. 율법에서 사형을 형벌로 정한 경우를 제외하고는 대개가 매질로 벌하였다. 잘못을 한 사람은 먼저 어깨부터 시작해서 가슴 있는 곳까지 13대를 맞았다. 그러면 맞는 사람은 앞으로 처지게 될 것이고 그러면 그 때부터 등을 때렸는데 26대를 때렸다. 이러한 형벌에 대해서는 마태복음 23:34에서도 언급하고 있다.

> 이 동네에서 너희를 핍박하거든, 저 동네로 피하여라. 너희가 이스라엘의 동네들을 다 다니지 못해서 인자가 올 것이다.

유대인들은 마지막 때가 되면 그들의 믿음 때문에 핍박을 받게 될 것이며, 이렇게 핍박을 받게 되면 이 동네에서 저 동네로, 또 다른 동네로 그렇게 피해 다니게 될 것이라고 생각했다. 예수님의 제자들은 이 말씀을 그런 관점에서 받아들였을 것이다. 예수님은 제자들이 핍박을 받아도 그들이 피할 수 있는 곳이 있을 것이며, 그래서 아무리 핍박이 심해도 살아남을 수 있을 것이라는 뜻으로 이 말씀을 하신 것으로 보인다(참조, 마 24:22).

> 제자가 그 선생보다, 또는 그 종이 상전보다 높지 못하나니, 제자가 선생 같고 종이 그 상전 같으면 족하노다.

이는 스승이신 예수님이 고난을 당하게 될 것이며, 그리고 제자들도 당하게 될 것이라는 암시적인 말씀이다. 주님이 고난을 당하듯이 제자들도 고난을 당하는 것은 하나도 이상할 것이 없다는 것을 말씀하고 있는 것이다. 다음과 같은 랍비들의 유명한 격언을 제자들도 알고 있었을 것이다.

> 종은 주인만큼 되는 것으로 족하다(Ber. 58b; Ber. R. 49; Shem. R. 42; Midr. on Ps. 27:4).

05 주님의 고난에 동참하라 (마 10:26-33; 눅 12:2-9)

"그런즉 저희를 두려워하지 말라. 감추인 것이 드러나지 않을 것이 없고 숨은 것이 알려지지 않을 것이 없느니라."

예수님과 그의 제자들이 잘못 취급받고 오해를 받지만 그러나 때가 되면 그들이 누구인지 올바르게 인식 받을 날이 올 것이라는 말씀이다. 전도서 기자는 이렇게 말한다. "심중에라도 왕을 저주하지 말며 침방에서라도 부자를 저주하지 말라. 공중의 새가 그 소리를 전하고 날짐승이 그 일을 전파할 것임이니라"(10:20). 낮말은 새가 듣고 밤말은 쥐가 듣는다는 우리의 속담과 비슷하다. 탈굼(Targum)에서는 이렇게 되어 있다.

> 결국 이 세상의 모든 것은 비밀리에 행해진 것이라 할지라도 다 드러나게 될 것이며 사람들이 알게 될 것이다. 그러므로 여호와를 두려워하라(탈굼 전도서 12:13).

랍비 요하난은 은밀히 하나님의 이름을 모욕했을지라도 그는 모든 사람이 보는 앞에서 벌을 받게 될 것이라고 가르쳤다(미쉬나 Avot

4:4).

랍비들은 어떤 깊고 심오한 교리를 자기들의 제자들에게만 비밀스럽게 가르쳐주었다. 그러나 예수님은 예수님이 누구인가를 그리고 하나님의 나라를 "밝은 대낮에 지붕위에서" 모든 사람이 다 듣도록 외치라고 하셨다. 이스라엘의 지붕은 평평했다. 그래서 높고 평평한 지붕은 사람들에게 소식을 전하기에 가장 좋은 장소가 되었다. 관리들이 동네 사람들에게 소식을 전할 때는 이 지붕 위에 올라가서 크게 외쳤다. 대개 이러한 소식은 하루를 마치고 집에 돌아올 때쯤인 저녁에 전해졌다. 회당의 모임을 알리기 위한 나팔도 이 지붕 위에 올라가서 불었다.

> [illegible] 자들을 두려워하지 말며
> 오직 몸과 영혼을 능히 지옥에 멸하시는 자를 두려워하라.

제4 마카비서도 우리를 죽일 수 없는 사람들을 두려워하지 말라고 한다. 왜냐하면 하나님의 말씀을 어기는 자들은 영혼이 큰 고통을 당할 것이며 영원한 형벌의 고통을 받을 것이기 때문이다(13:14ff). 랍비들도 이스라엘의 사악한 자들과 열방의 사악한 자들은 음부로 내려가서 열두 달 동안 형벌을 받고, 그 다음에는 그들의 영혼은 사라져버리고 그들의 몸은 재가 되어 음부 밖으로 버려지게 될 것이며, 그 재는 바람에 날려 의인들의 발바닥 밑에 밟히게 될 것이라고 가르쳤다(T. Sanh. 13:4; 탈무드 Ber. 28b).

> 참새 두 마리가 한 앗사리온에 팔리는 것이 아니냐? 그러나 너희 아버지께서 허락지 아니하시면 그 하나라도 땅에 떨어지지 아니하리라(마 10:29).

시장에서 가장 싼 동물은 이 참새였다. 하나님은 이러한 참새

한 마리까지도 관심을 갖고 계신다. 하물며 사람들에게는 얼마나 더 큰 관심을 갖고 계시겠는가! 랍비 시므온도

> 참새 한 마리도 하늘의 허락이 없이는 잡히지 않는데 하물며 사람의 생명은 얼마나 더 안전하겠는가?

라고 가르쳤다(예루살렘 탈무드 Shev. 9:1; 창세기 랍바 79:6; 미드라쉬 시편 17:13; 에스더 랍바 1:9; 전도서 랍바 10:9). 랍비들은 사람은 손가락 하나 발가락 하나도 하늘의 허락 없이는 다치지 않는다고 생각했다(탈무드 Chull 7b; 탈무드 Shabb. 107b).

06 자기 십자가를 지라 (마 10:34-39; 눅 12:51-53, 14:26-27)

예수님은 미가의 말씀을 인용하시면서 자신은 세상에 평화를 주러 온 것이 아니라 검을 주러 왔다고 하셨다. 예수님의 가르침에 대해 적대적인 세상에서 그의 가르침은 자연히 분쟁을 일으킬 수밖에 없다. 그로 인해 가족 간의 갈등이 야기될 수도 있다. 예수님은 부모, 처자, 형제, 자매, 그리고 자신까지도 미워하지 아니하고는 예수님을 따를 수 없다고 하셨다. 이 말씀을 문자적으로 받아들이면 이상하게 들릴 수밖에 없다.

그러나 이는 문자 그대로 "미워하라"는 것이 아니다. 앞에서도 밝힌 대로 셈어적인 표현에 있어서 "미워한다"는 "덜 사랑한다" 또는 "덜 귀하게 여긴다"는 의미가 있다(참조, 신 21:15; 말 1:2-3; 요 12:25; 롬 9:13).[8] 하나님은 에서는 "미워하고" 야곱은 "사랑했다"(말 1:2-3). 하나님이 에서를 미워할 수 있는가? 아니다. 야곱은 더 사랑하고 에서는 덜 사랑한다는 의미이다. 마태는 "미워하다"는 의미를 분명히 해주고 있다. 그는 누구든지 간에 예수님보다 더 사랑하는 사람이 있으면 예수님의 제자가 될 수 없다고 기록하고 있다.

랍비들도 배우는 사람들은 그들의 부모보다 선생을 더 중요시해야 한다고 가르쳤다. 예를 들면, 어떤 사람이 자신의 물건과 아버지의 물건을 잃어버렸을 때는 먼저 자신의 것을 찾아야 한다. 자신의 것과 스승의 것을 잃어버렸을 때도 자신의 것을 먼저 찾아야 한다. 그러나 스승과 아버지가 물건을 잃어버렸을 때는 먼저 스승의 것을 찾도록 해야 한다. 이는 아버지는 그를 세상에 나오게 한 사람이지만, 그의 스승은 그를 다가올 영원한 세상으로 이끄는 사람이기 때문이라고 한다(미쉬나 BN 2:11).

예수님은 자기 십자가를 지고 그를 따르지 않는 사람도 그에게 적합하지 않다고 하신다. 우리는 여기에서 예수님이 아직 십자가를 지지 않으셨다는 사실을 간과해서는 안 된다. 즉 이 말씀을 하셨을 당시의 제자들에게 이 십자가는 아직 구원의 의미가 없었다. 오늘날의 기독교인에게 있어서 십자가는 하나님의 사랑과 예수 그리스도의 구원의 상징이며 희생의 상징이지만, 그 당시의 제자들에게는 그렇지 않았다.

그러면 그들에게 있어서 십자가는 무엇을 의미했겠는가? 당시의 유대인들에게 있어서 십자가는 하나님의 사랑이나 구원 또는 이웃을 위한 희생 또는 고난과는 정반대의 의미를 갖고 있었다. 이는 오늘날의 유대인들에게도 마찬가지이다. 1세기의 유대인들에게 십자가는 박해의 상징이었다. 요셉푸스는 수많은 유대인들이 로마 사람들에 의하여 십자가에 달려 처형당한 사실을 기록하고 있다.[9] 이스라엘을 지배하고 있었던 당시의 로마인들은 어떤 특별한 이유 없이도 유대인들을 십자가에 처형할 수가 있었다.

이처럼 십자가는 이방인들에 의한 유대인들의 박해의 상징이었다. 랍비들은 창세기 22:6을 해석하면서, 아브라함이 아들 이삭을 희생 제물로 바치기 위해 모리아 산으로 갈 때 이삭은 정죄받은 사람으로서(십자가는 정죄받은 사람이 직접 처형 장소까지 메고 가게 되어 있었다) "자기 등에 자신의 십자가를 지고 가는 사람처럼" 나무를 지고 갔다고 한다(창세기 랍바 22:6). 여기에서 십자가는 슬픔과 고난을 상징한다.

"자기 십자가를 지고 나를 좇지 않는 자도 내게 합당치 아니하니라"는 말씀은 유대인들이 이방인들에게 부당하게 수난과 핍박, 박해를 받았던 것처럼, 예수님을 따르는 자들도 그러한 것을 받게 될 것이므로 각오해야 한다는 뜻이다. 예수님의 제자가 되려고 하는 사람은 환란과 핍박을 당하게 될 때에 죽음의 자리에까지 나아갈 준비가 되어 있어야 한다. 십자가를 지라는 말씀이 제자들에게 박해에 대한 경고를 주는 컨텍스트 속에 위치하고 있다는 사실을 고려할 때, 이러한 십자가의 의미가 더욱 분명하게 드러난다. 이 말씀은 자신의 믿음을 지키기 위해 순교의 자리에까지 나아갈 수 있어야 함을 가르치고 있다. 랍비들도 하나님의 말씀은 그것을 위해서 죽을 준비가 되어 있는 사람들 안에서만 견고하게 자리 잡을 수 있다고 가르쳤다(탈무드 Ber. 63b).

"자기 목숨을 얻는 자는 잃을 것이요 나를 위하여 자기 목숨을 잃는 자는 얻으리라." 이와 같은 역설적인 진리를 랍비 유다도 다음과 같이 가르쳤다: 누구든지 자신의 뜻과 하나님의 뜻이 일치하여 그것을 행한 자는 하나님의 뜻을 행한 것이 아니다. 반대로 자신의 뜻과 하나님의 뜻이 다를 때 하나님의 뜻대로 행하는 사람은 하나님의 뜻을 행한 자이다. 만일 죽지 않는 것이 그의 뜻이라면 그는 살기 위해 죽어야 한다. 만일 살고자 하는 뜻을 갖고 있는 사람은 살려고 해서는 안 된다. 그래야 그는 살 수 있을 것이다. 이생에서 죽는 것이 내세에서 죽는 것보다 낫다(ARN 2).

07 보상에 대하여 (마 10:40-42)

"선지자의 이름으로 선지자를 영접하는 자는 선지자의 상을 받을 것이라."

랍비 문헌에서 우리는 이와 비슷한 가르침들을 많이 발견할 수 있다. 그들은 현인이나 예언자들을 대접하는 것을 중요시 여겼다.

> 의인에게 빵 한 조각 대접하는 자는 하나님의 율법을 다 이룬 자나 마찬가지이다(창세기 랍바 58:12).
> 현자를 대접하는 것은 곧 하나님께 첫 열매를 바치는 것이나 다름없다(레위기 랍바 34:8).
> 배운 사람에게 인사하는 것은 하나님께 인사하는 것과 같다(Mek. Exod. 18:12).

랍비들은 하나님의 사람을 영접하는 것은 곧 하나님을 영접하는 것이라고 가르쳤던 것이다. 예수님도 자신을 영접하는 자는 곧 하나님을 영접하는 것이라고 하셨다.

"선지자의 이름으로" 선지자를 영접한다는 표현은 랍비들이 즐겨 사용한 표현이다. "선지자의 이름으로"는 선지자를 "위하여"(for the sake of)라는 의미이다(새번역 성서에서는 "예언자를 예언자로 받아들이는 사람…"으로 번역하였다). 위에서 예를 든 것처럼 랍비들이나 예수님 모두 현자, 예언자를 대접하는 것의 중요성에 대해서 가르쳤으나, 예수님은 선지자를 대접하는 자는 선지자가 받을 상을 받을 것이며, 의인을 대접하는 자는 의인이 받을 상을 받게 될 것이라고 가르치셨다. 이것은 랍비들의 가르침 가운데서는 발견할 수 없는 독특한 가르침이다.

제자의 이름으로 "소자 중 하나에게" 냉수 한 그릇이라도 대접하는 자는 결코 상을 잃지 않을 것이다. 여기에서 소자는 젊고 아직 덜 성숙한, 그리하여 "제자"가 되어가고 있는 그런 학자들을 가리키는 용어였다(미쉬나 Avot 4:20; 탈무드 Sot. 22a; 창세기 랍바 42:4). 의인이나 현자뿐만 아니라 가장 보잘 것 없는 "소자" 한 사람에게 "물 한 잔"만 대접해도 하나님 앞에서 상을 잃지 않을 것이라는 것도 예수님만의 독특한 가르침이다. "양과 염소의 비유"(마 25:31-46)는 이 가르침을 생생하게 잘 표현하고 있다.

08 세례자 요한의 질문과 예수님의 답변

(마 11:2-19; 눅 7:18-35)

성서는 세례자 요한의 임무를 분명하게, 오실 메시야의 심부름꾼으로 제시하고 있다. 그는 메시야가 오실 길을 닦기 위해 보냄을 받은 자이다(말 3:1). 그는 이사야가 예언한 바 있는 "주의 길을 예비하고 광야를 평탄케 하는" 자였다(사 40:3-5; 눅 3:3ff). 성서는 메시야가 오기 전에 먼저 엘리야가 올 것이라고 예언하고 있다. 세례자 요한은 자신을 바로 엘리야로 인식하고 있었으며, 예수님도 그를 엘리야로 인정하셨다(마 11:10).

세례자 요한은 그의 제자들을 예수님에게 보내서 그가 메시야인지를 물었다. 그는 예수님에게서 그가 기대했던 그런 메시야의 모습을 찾지 못했던 것으로 보인다. 그래서 예수님이 참으로 메시야인지를 확인하려 했던 것이다. 이에 대해 예수님은 요한에게 이렇게 전하라고 하셨다. "소경이 보며 앉은뱅이가 걸으며 문둥이가 깨끗함을 받으며 귀머거리가 들으며 죽은 자가 살아나며 가난한 자에게 복음이 전파된다 하라."

예수님의 사역은 하나님 나라의 사역으로 특징 지어진다. 예수님은 하나님의 나라가 임했음을 선포했다. 예수님의 메시지는 하나님의 나라에 관한 것이었다. 그리고 많은 치유 이적들을 통해 하나님 나라가 임했다는 것을 보여주셨다.

예수님은 자신이 메시야임을 증명하기 위하여 기적을 행하지 않으셨다. 반대로 그가 하나님의 아들이었기에 기적을 행하실 수 있었던 것이다. 그는 자신의 능력을 과시하기 위해 기적을 행하지 않으셨다. 그는 자신의 선포가 사실임을 증명하기 위해 기적을 행하지 않으셨다. 또한 사람들이 믿도록 하기 위해 기적을 행하지 않으셨다. 물론 그 기적은 사람들이 믿음을 갖게 하는 데 중요한 역할을 하긴 했지만! 반대로 예수님은 많은 경우에 있어서 믿음을 보시고 고쳐주셨다. 한편 믿음이 없는 곳에서는 기적을 행하시기를 꺼려하셨다. 예를 들면, 그의 고향인 나사렛에서 예수님은 기적을 많이 행하지 않으셨는데, 그 이유는 그들이 예수님을 믿지 않았기 때문이었다(마 13:58). 예수님에게 있어서 이러한 기적은 예수님 안에서 하나님의 나라가 임했음을 보여주는 증거였다. 예수님은 그가 메시야인가를 묻는 세례자 요한의 질문에 다른 것으로 대답하지 않으시고 다만 그가 이러한 이적과 기사를 행하고 있다고만 말씀하셨다. 이 말씀의 의미는 하나님의 나라가 예수님 안에서 임하였다는 것이다.

세례자 요한(또는 그의 제자들)과 예수님(또는 그의 제자들)은 서로 경쟁관계였다. 복음서는 세례자 요한과 예수님을 비교하면서 세례자 요한이 항상 예수님보다 아래 있었음을 강조하고 있다. 예수님은 세례자 요한보다 큰 사람이 없다고 하셨다. 그러나 동시에 "천국에서는 극히 작은 자라도 저보다 크다"고 하셨다. 천국에서의 큰 자와 작은 자에 대해서 예수님은 여러 차례 말씀하셨다. 가장 작은 계명이라도 소홀히 여기지 않고 그것을 잘 지키는 자와(마 5:18-19) 자신을 어린 아이와 같이 낮추는 자는 천국에서 큰 자가 될 것이라고 하셨다(마 18:4). 랍비들도, 이 세상에서 토라를 위하여 자신을 낮추는 자는 오는 세상에서 큰 자가 될 것이라고 가르쳤다(탈무드 BB 85b; 전도서 랍바 1:17; 출애굽기 랍바 23; Mek. Exod. 15:2, 19:11).

"세례 요한의 때부터 지금까지 천국은 침노를 당하나니 침노하는 자는 빼앗느니라."

새번역 성서는 이렇게 옮기고 있다. "세례자 요한의 때로부터 지금까지, 하늘나라는 힘을 떨치고 있다. 그리고 힘을 쓰는 사람들이 그것을 차지한다."

영어 성경 NIV도 새번역과 같은 의미로 옮겨놓았다. "… the kingdom of heaven has been forcefully advancing, and forceful men lay hold of it." 천국이 침략을 당하고 있다는 것과 힘을 떨치고 있다는 것은 전혀 다른 의미이다. 전자의 해석은 공격을 당하고 있는 것이고, 후자의 해석은 반대로 공격을 하고 있는 것이기 때문이다.

영 교수는 이 말씀의 배경을 미가서 2:13에서 찾고 있다.[10] "길을 여는 자가 그들 앞서 올라가고, 그들은 길을 열어 성문에 이르러서는 그리로 나갈 것이며 그들의 왕이 앞서 가며 여호와께서는 선두로 가시리라." 이 말씀을 랍비들은 메시야에 대한 말씀으로 이해하였다. 여기에서 길을 여는 자는 히브리어로 *kimhi*로서 "breaker"(부수는 사람)라는 뜻을 가지고 있다.

랍비들은 이 성을 부수고 나오는 길을 열어놓는 사람은 엘리야를 의미한다고 보고, 왕은 다윗의 가지에서 나오는 왕, 즉 메시야로 보았다(Pesikta Rabbati 35.4). 메시야의 선구자 엘리야가 와서 성을 부수고 구멍을 만들면 메시야가 그 문(구멍)을 통하여 나갈 것이고, 그러면 많은 사람들이 그 메시야와 함께 나갈 것이라는 것이다. 이 말씀은 하나님의 나라가 임하는 것을 안에서 밖으로 터져나가는 것으로 비유하고 있다. 마치 하나님의 나라는 거대한 댐에 모여 있는 물과 같아서 거기에 구멍이 터지면 순식간에 물이 밖으로 쏟아져 나가면서 큰 힘을 발휘하고 모든 것을 다 쓸어가듯이 하나님의 나라가 그런 식으로 임한다는 것이다.

이 미가서의 말씀을 배경으로 해서 영 교수는 이렇게 이 구절을 옮기고 있다. "From the days of John the Baptist the kingdom of heaven is breaking forth and everyone is breaking forth with it."[11]

09 안식에로의 초대 (마 11:25-30; 눅 10:21-22)

예수님은 마음에 쉼을 얻기 위해 예수님이 지어주시는 편한 "멍에"를 메라고 하셨다. 랍비 문헌에 보면 여러 종류의 멍에가 나온다. 첫째는 "하늘나라의 멍에"(the yoke of the kingdom of heaven)이다. 미쉬나는, 누구든 먼저 하늘나라의 멍에를 져야 하며, 그 다음으로는 계명의 멍에(the yoke of the commandments)를 져야 한다고 가르친다(미쉬나 Bera. 2:2). 하늘나라의 멍에는 쉐마(신 6:4ff)의 첫 부분에 나오는 것처럼 오직 한 분이신 하나님만을 믿으며 다른 신을 섬기지 않는 것을 의미한다. 본래 하늘나라 또는 하나님의 나라는 하나님의 통치를 의미한다. 따라서 하늘나라의 멍에를 멘다는 것은 하나님을 왕으로 인정하고 그분의 통치를 받아들이는 것을 의미한다.

왕 되신 하나님의 명령(계명)들을 순종하는 것을 랍비들은 "계명의 멍에"를 지는 것으로 표현했다. 랍비 네후냐(Nehunya b. Haqqaneh)는 토라의 멍에(the yoke of the Torah)에 대해서 이렇게 가르쳤다.

> 누구든지 스스로 토라의 멍에를 메는 자는 세상 나라의 멍에와

힘든 노동의 멍에를 지지 않는다. 그러나 자신에게서 토라의 멍에를 벗는 자는 세상 나라의 멍에와 힘든 노동의 멍에를 멘다(미쉬나 Avot 3:5).

여기에서 멍에는, 무엇인가에 또는 어떤 사람에게 전적으로 헌신하는 것을 말한다. 따라서 한 사람이 두 개의 멍에를 질 수가 없다. "하늘나라의 멍에"를 진다는 것은 하늘나라에 절대적으로 헌신하며 하나님의 왕권에 순종하는 것을, "계명의 멍에"를 진다는 것은 계명에 절대적으로 순종하는 것을, "토라에 멍에"를 진다는 것은 토라를 열심히 연구하며 그것에 순종하는 것을 의미한다.

이렇게 "멍에"는 절대적으로 헌신하는 것을 의미하며 동시에 절대적으로 순종하는 것을 의미한다. 예수님의 멍에를 진다는 것은 예수님에게 순종하며 헌신한다는 의미가 있다. 여기에는 소에게 멍에를 씌우는 것과 같은 그런 개념이 없다. 소에게 있어서 멍에는 "짐"(burden) 또는 억지로라도 해야 하는 "의무"를 의미한다. 예수님이나 랍비들은 그런 의미로 "멍에"라는 표현을 사용하지 않았다.

10 안식일 논쟁 (마 12:1-8; 막 2:23-28/ 마 12:9-14; 눅 6:6-11)

유대교는 안식일의 종교라고 할 수 있다. 안식일이 유대교인들에게 있어서 차지하는 위치는 간단하게 설명될 수 없다. 유대인이 안식일을 지켰다고 하기보다는 안식일이 유대 민족을 지켜왔다고 하는 주장은 지나친 것이 아닐 것이다. 유대인의 삶은 제7일(안식일)로 향하는 순례자의 삶이라고 표현할 수 있을 것이다.[12] 유대교는 안식일을 여왕 또는 신부로 묘사한다.

예수님 당시에는 유대인들이 어떻게 안식일을 지켰는가? 하스모니안(Hasmonean)의 반란 기간(B.C. 167-142)에 많은 경건한 자들이 희생을 당했다. 이유인즉, 로마 군대가 그들이 안식일을 철저히 지키는 것을 알고는 안식일에 쳐들어왔던 것이다. 그러나 이들은 안식일을 거룩히 지키기 위해서 전쟁을 하지 않았다. 그들은 생명을 지키기보다는 안식일을 지키기로 결단했던 것이다(마카비 상 2:29-41). 이 사건 이후로 자체 방어를 위해서는 안식일이라 할지라도 전쟁을 하기로 결정을 내렸다. 이 비극적인 역사적 사건은 유대인들의 안식일 준수에 대한 정신을 단적으로 잘 보여준다.

랍비들은 안식일을 거룩히 지키도록 하기 위하여 39개에 달하는 안식일 금지 규정을 만들었다(미쉬나 Shah. 7:2).

1) 바느질 2) (밭)가는 일 3) 농작물을 거두어들이는 일 4) 곡식 단 묶는 일 5) 타작 6) 곡식 등을 까부는 일 7) 곡식이나 거두어들인 것들 가운데서 좋은 것과 버릴 것을 고르는 일 8) 곡식 등을 가는 일 9) 체 질 10) 반죽 11) 빵을 굽는 일 12) 양털 깎는 일 13) 그것을 빠는 일 14) 그것을 치는 일 15) 그것에 물들이는 일 16) 실을 잣는 일 17) (실 따위를) 엮는 일 18) 두 개의 고리를 만드는 일 19) 두 개의 실을 엮는 일 20) 두 개의 실을 푸는 일 21) 묶는 일 22) 푸는 일 23) 두 조각을 꿰매는 일 24) 두 조각을 꿰매기 위해 찢는 일 25) 사슴을 덫으로 잡는 일 26) 그것을 도살하는 일 27) 사슴의 가죽을 벗기는 일 28) 그것에 소금을 치는 일 29) 그 가죽을 가공하는 일 30) 그것을 반반하게 만드는 일 31) 그것을 자르는 일 32) 두 글자를 쓰는 일 33) 두 글자를 쓰기 위해 두 글자를 지우는 일 34) (건물을) 짓는 일 35) 그것을 부수는 일 36) 불을 끄는 일 37) 불을 켜는 일 38) 망치질 39) 물건을 한 곳에서 다른 곳으로 옮기는 일

이러한 금지 사항들을 공공연하게 어기는 사람들은 우상숭배자로 여겼으며, 반대로 우상숭배자라도 안식일을 거룩히 지키면 그 죄를 사함 받는다고 가르쳤다(Shab. 118b).

엣세네파들은 안식일을 바리새인이나 보통 유대인들보다 더 엄격하게 지켰다. 『다마스커스 계약』(Covenant of Damascus)은 안식일에 지켜야 할 규정들에 대해서 길게 기록하고 있다. 그들은 안식일에는 500m 이상 움직여서는 안 되었다(당시의 랍비들은 1㎞까지는 허용하고 있었다. 참조, 행 1:12). 이러한 거리들은 민수기 35:4-5에 근거한 것으로, 실상 이 구절은 안식일과는 관계가 없다. 엣세네파들은 마실 물을 길어다

항아리에 붓는 것, 무엇을 집에서 밖으로 내가거나 밖에서 집으로 들여오는 것, 닫힌 항아리를 여는 것, 새끼를 낳는 짐승을 도와주는 것, 집안 청소, 아이를 안아주거나 업어주는 것도 금했다. 이방인들에게 일을 하게 해서도 안 되었고 그들 가까이에 머물러 있어도 안 되었다. 이러한 금지 조항들을 어겼을 때에는 7년 동안 가두도록 규정하였다. 다만 사람의 생명을 구하기 위해서는 이러한 금지 조항들을 어겨도 되도록 허락하였다.

안식일은 "예비일"(요 19:31)에 미리 준비해야 하며, 안식일 이브(금요일 저녁)에 뒤늦게 서두르는 것은 금지되어 있다. 안식일을 준비하는 것은, 비록 종이 주인을 위해서 그렇게 한다고 할지라도 그의 공덕으로 여겨졌다. 안식일은 금요일 해가 떨어지면서부터 시작되며, 다음날 첫 별이 나타날 때에 끝난다.

안식일에는 특별히 준비된 옷을 입고 행동이나 말에 있어서 다른 때와 다르게 조심한다(Shab. 11a-b). 안식일이 시작되기 전에 여주인은 적어도 두 개 이상의 촛불을 밝힌다. 안식일 동안의 식사를 위해서는 테이블 위에 자르지 않은 빵 두 개를 올려놓고 덮어 놓는다. 키두쉬(Kiddush)를 암송하기 전에 부모는 자녀들을 축복한다. 안식일 음식을 먹을 때는 *zemirot*이라 불리는, 식탁에서 부르는 노래를 부른다. 가능하면 식사 때 손님을 청하도록 되어 있다.

회당에서는 안식일을 위한 특별 순서를 마련한다. 저녁에는 시편을 낭송하고, 아침에는 평상시처럼 토라에서 한 부분을 읽는다. 오후에는 다음 안식일에 읽도록 되어 있는 곳으로부터 한 부분을 읽는다. 안식일이 끝난 다음에는 *Havdalah*("구별")라는 축원문으로 끝맺는다.

안식일에 제자들이 밀밭 사이를 지나다가 밀 이삭을 까서 먹은 것 때문에 예수님이 안식일을 이겼다고 비난받으신 적이 있다(마 12:1-

8; 막 2:24-28; 눅 6:1-5). 이러한 제자들의 행위는 바리새인들의 눈에 곡식을 거두어들이는 일임과 동시에 그것을 까부는 일로 비쳤다. 이러한 행위는 위에서 살펴본 대로 안식일에 금지된 일들이었다. 사실 이때에도 예수님은 안식일 규례를 범하지 않았다. 다만 제자들이 그렇게 했을 뿐이다. 그러나 바리새인들은 제자들이 안식일 규정을 범하는 것을 내버려 둔 것에 대하여 예수님을 비난했다.

예수님은 다윗이 안식일에 성전에 들어가서 그에게 금지된 거룩한 떡을 먹은 것(삼상 21:1-6)을 예로 들면서 제자들을 변호하셨다. 그러나 바리새인들은, 다윗은 생명을 구하기 위해 떡을 먹었으나 예수님의 제자들은 생명을 구하기 위하여 이삭을 잘라 먹은 것은 아니라고 생각하였을 것이다. 또 예수님은 안식일에 제사장들이 성전 안에서는 안식일 규정을 범해도 죄가 없다고 율법에서 말하고 있다고 말씀하셨으나, 토라에서는 그러한 명백한 규정을 찾을 수가 없다.

"안식일은 사람을 위하여 있는 것이요 사람이 안식일을 위하여 있는 것이 아니니 이러므로 인자는 안식일에도 주인이니라"(막 2:27)고 하신 예수님의 말씀을 어떤 이들은 안식일 규정으로부터 우리를 해방시키는 선언이라고 생각한다. 그러나 랍비들도 이렇게 가르쳤다.

> 안식일은 사람을 위하여 만들어진 것이다. 그러므로 사람이 안식일의 주인이다(Mek. Exod. 31:13-14; 탈무드 Yom. 85b).

이처럼 "인자가 안식일의 주인이다"라는 선언은 새로운 것이 아니었다.

예수님이 안식일에 손 마른 사람을 고쳐주셨다가 문제가 된 적이 있었다(마 12:9-14; 막 3:1-6; 눅 6:6-8). 안식일에 사람을 고쳐주는 것은 원칙적으로 허락되었다. 그러나 환자의 생명이 위험하거나 아니면 긴급한 치료를 요하는 경우에만 그를 치료할 수가 있었다. 예수님의 경우에는 그 환자(손 마른 사람)가 생명의 위협을 느끼거나 긴급한 치료를 요하는 경우가 아니었다. 다음 날까지 기다렸다가 치료를 받아도 괜찮은 사람이었다. 그런 그를 안식일에 고쳐주셨기에 예수님은 바리새인들에게 비난을 받았던 것이다.

예수님은 양이 구덩이에 빠졌으면 안식일에라도 그 양을 꺼내주지 않겠느냐고 반문하시면서 "하물며" 안식일에 아픈 사람을 고쳐주는 것이 무엇이 문제냐고 반박하셨다. 그러나 사실은 유대교에서는 안식일에 양을 구덩이에서 들어 올려 구해주는 것을 허락하지는 않았다. 다만 그 동물에게 먹을 것을 준다든지 아니면 그 동물이 스스로 나올 수 있도록 매트리스 같은 것을 그 구덩이에 넣어주도록 했다.

예수님이 안식일에 18년 동안 등이 굽어있던 여인을 고쳐주셨을 때(눅 13:10-17) 회당장이, 일 할 날이 엿새가 있는데 안식일에 병을 꼭 고쳐주어야 할 이유가 무엇이냐고 비난하였다. 여기에서도 문제가 된 것은 안식일에 응급환자가 아닌 사람을 고쳐주었다는 데 있다. 이에 예수님은 "너희는 저마다 안식일에도 소나 나귀를 외양간에서 풀어내어 끌고 나가서 물을 먹이지 않느냐? 그렇다면, 아브라함의 딸인 이 여자가 열여덟 해 동안이나 사탄에게 매여 있었으니, 안식일에라도 이 매임에서 풀어주어야 하지 않겠느냐?"고 반문하셨다.

예수님은 유대인들의 전형적인 성서 해석 방법인 *kal va-chomer* (소전제에서 대전제로)를 사용하셨다. 즉 짐승도 안식일에 풀어 주는데 "하물며" 동물과는 비교도 할 수 없는 사람을 풀어 주는 것은 당연한 일이라는 해석이다. 이러한 해석 방법에 기초해서 예수님은 자신의 행위의 정당성을 옹호하셨던 것이다.

손 마른 사람을 안식일에 고쳐주셨을 때에도 예수님은 똑같은 논리를 사용하셨다. "너희 가운데 어떤 사람에게 양 한 마리가 있다고 하자. 그것이 안식일에 구덩이에 빠지면, 그것을 잡아 끌어올리지 않을 사람이 어디 있겠느냐? 사람이 양보다 얼마나 더 귀하냐? 그러므로 안식일에 좋은 일을 하는 것은 괜찮다"(마 12:1-12).

예수님은 안식일에 베데스다 못가의 38년 된 병자를 고쳐주시면서 "일어나 네 자리를 들고 걸어가라"고 말씀하셨다(요 5:12). 그러자 유대인들이 예수님을 비난했는데, 안식일의 금지 사항 가운데 마지막 규정을 어겼기 때문이었다.

예수님은 안식일에 병을 고쳐주신 것에 대하여 이렇게 자신을 변호하셨다. "모세의 율법을 어기지 않으려고 사람이 안식일에도 할례를 받는데 내가 안식일에 사람의 온 몸을 성하게 해주었다고 해서, 어찌하여 너희가 나에게 분개하느냐?"(요 7:23) 예수님은 여기에서 잘 알려진 랍비들의 결정에 대해서 언급하시고 있다. 율법에 따라 아이들은 8일 만에 할례를 받게 되어 있었다. 그러나 그 할례 받아야 할 날이 공교롭게도 안식일이라면 이런 경우는 안식일이라 할지라도 할례를 주도록 랍비들은 결정을 했다. 안식일에 할례 받는 것 자체가 안식일을 범하는 것은 아니었다. 문제가 된 것은 할례를 주기 위해 할례에 사용될 도구를 운반하고 그것을 사용하는 것이었다.

이러한 것들은 위에서 본대로 금지 조항들이었다. 그러나 할례를 주는 경우는 예외 사항으로 허락을 했다(미쉬나 Shab. 19:1). 이러한 사실을 근거로 해서 예수님은 안식일에 할례도 베풀거늘 "하물며" 사람의 전신을 온전케 하는 것이 무엇이 잘못인가 하고 반박하셨다. 여기에서도 예수님은 랍비들의 보편적인 해석 방법이었던 *kal va-chomer*를 사용하셔서 토라와 구전법을 해석하셨다. 예수님은 한 번도 당시의 유대인들이 지키는 안식일 규정을 부정하거나 폐해야 한다고 주장하지 않으셨다. 한 번도 고의적으로 안식일을 어기신 적이 없다. 오히려 예수님은 유대인들의 전통(구전법)에 근거해서 자신이 안식일에 병 고치는 일이 그들의 안식일 규정의 정신에 어긋나지 않음을 보여주셨다.

11 예수님을 바알세불과 같은 편으로 모함하는 것에 대하여 (마 12:22-32; 막 3:20-30; 눅 11:14-23, 12:10)

"내가 하나님의 성령을 힘입어 귀신을 쫓아내는 것이면 하나님의 나라가 이미 너희에게 임하였느니라." 유대인들은 메시야 시대에는 메시야가, 사탄에게 지배당하는 세상을 정복하고 축사(逐邪)를 통해 그의 승리를 보여줄 것이라고 믿었다. 윔버(John Wimber)는, 귀신 축출은 사탄의 왕국과 하나님의 나라 사이, 그리고 현재의 세상과 앞으로 다가오게 될 세상의 대결 관계를 가장 극적으로 나타내 준다고 말했다.[13)]

사탄의 세력에 대한 예수님의 승리는 그의 축사 이적을 통해 잘 나타난다. 축사의 의미는 예수님 안에서 하나님의 능력이 역사하고 있음과 그 안에서 하나님의 나라가 임하였음을 보여주는 데 있다. 그러나 하나님의 나라는 이미 왔으나 아직 완성되지는 않았다("already but not yet"). 하나님의 나라는 현재 진행형이다. 예수님은 그의 십자가와 부활을 통해 사탄에 대해 승리를 거두셨다. 그러나 그의 궁극적인 승리는 그의 재림을 통해서 이루어지게 될 것이다. 그 때까지 사탄은 계속 제한적으로라도 세력을 떨칠 것이다.

"내가 하나님의 영을 힘입어 귀신을 내쫓는 것이면, 하나님의 나라가 너희에게 왔다"는 말씀 속에서 예수님은 귀신의 축출은 하나님의 능력(누가에서는 "하나님의 손")에 의한 것임을 강조하시고 있다. 1세기의 유대인들은 메시야가 임하시는 마지막 때가 되어야 하나님의 영이 임할 것이라고 믿었다. 그러나 예수님은 자신의 귀신 축출이 하나님의 영에 의한 것이라고 말씀하셨다. 유대인 독자들은 이 말씀을 예수님이 메시야이심을 주장하는 것으로 이해했을 것이다. 예수님이 하나님의 영이 임하는 것과 하늘나라를 연결시키신 것도 유대인들의 이러한 기대와 밀접한 관계를 갖고 있는 것으로 보인다.

예수님은 귀신 세력을 내쫓는 것을, 힘센 사람을 묶어놓는 것에 비유하셨다. 유대 문헌에서도 귀신을 결박한다는 표현을 많이 발견할 수 있다.

> 벨리알이 메시야에 의해 결박을 당하고 메시야는 그의 자녀들에게 능력을 주어 악령들을 짓밟게 하실 것이다(레위의 유언 18:12).

이처럼 유대인들은 귀신은 죽이거나 결박할 수 있는 것으로 여겼다. 주문으로 귀신을 내쫓은 기록들 가운데서도 귀신의 결박에 대한 표현들을 많이 발견할 수 있다.

예수님은 이러한 하나님의 역사를 귀신의 역사로 돌리는 사람들을 향해 그들의 죄는 성령을 모독하는 죄로서 결코 사함을 얻을 수가 없을 것이라고 하시면서 분개하셨다. 사람에게 지은 죄는 용서받지만, 성령을 거스르고 모독하는 말을 하는 사람은 용서받지 못할 것이라는 것이다. 랍비들도 용서받지 못하는 죄가 다섯이 있다고 가르쳤는데, 그 중에 하나가 하나님의 이름을 모독하는 죄였다(미쉬나 Avot 4:5).

12 표적을 구하는 것에 대하여

(마 12:38-42, 16:1-4; 막 8:11-12; 눅 11:29-32; 요 6:30)

바리새인들과 서기관들, 그리고 사두개인들은 예수님에게 "표적"(sign)을 보여줄 것을 요청했다. 예수님은 "악한 세대"가 표적을 구하는 것에 대해 한탄하시면서 그들에게 아무런 표적도 보여주시지 않았다.

그러면 유대의 종교 지도자들이 예수님에게 "표적"을 보여 달라고 한 이유는 무엇일까? 단순히 호기심에서만은 아니었을 것이다. 예수님 당시의 유대인들이 이적(miracle)을 어떻게 이해하였는지 알아볼 필요가 있다.

탈무드와 미드라쉬에는 많은 기적이 기록되어 있다. 기적을 행한 사람들 가운데 유명한 이들로서는 호니(Honi ha-Meaggel), 나크디몬(Naqdimon b. Gorion), 랍비 하니나(Hanina B. Dosa), 랍비 시므온(Simeon b. Yohai), 랍비 피느하스(Phinehas b. Jair)를 들 수 있을 것이다. 랍비들에게 있어서 기적은 무엇보다도 하나님의 능력과 전능하심에 대한 증거였다. 보통 사람들은 기적 그 자체를 보지만, 그러나 중요한 것은 기적 그 자체가 아니고 기적을 행하시는 하나님을 보아야 한다고 랍비들은 가르쳤다. 모든 기적은 한 가지 결과를 가져와야 하는데, 그것은 하나님의 전능하심과 유일하심에 대한 믿음이다.[14]

한편, 기적을 행하시는 분은 하나님이시지만, 그러한 기적은 아무나 통해서 일어나는 것이 아니라고 랍비들은 믿었다. 기적은 그것을 행할만한 자격이 있는 사람을 통해서 일어난다고 믿었던 것이다. 곧 기적은 그것을 행한 사람의 과거와 현재의 경건과 덕행의 증거로 보았던 것이다. 그러나 어떤 사람의 위대함을 보여주기 위해 그의 기적들을 기록하는 것은 그의 위대함에 손상을 가져다주는 것으로 여겼다. 그래서 랍비 문헌에 나오는 기적들은 기적을 행한 사람에 대해 강조를 하지 않는다.

그러나 복음서 기자들은 기적을 행한 예수님 자신에 대해 강조를 하고 있음을 볼 수 있다. 그들이 기적을 기록한 이유는 전적으로 예수님의 능력과 권능을 드러내는 데 있었다. 즉 예수님 안에 하나님의 능력이 함께 하고 있었으며, 하나님께서 그러한 권능을 그에게 주셨음을 보여주는 데 그 목적이 있었다. 랍비 문헌에서 기적을 행한 사람들은 하나님의 도구로서 그것을 행한 것이지만, 복음서에서는 예수님이 기적의 주체로서 강조되고 있다.

위에서 언급한대로, 유대인들에게 있어서 기적은 곧 기적을 행한 사람의 경건과 덕행에 대한 증거이기도 했다. 즉 경건한 사람들과 하나님께 인정받은 사람들만이 기적을 행할 수 있는 것으로 생각했던 것이다.

요셉푸스는 드다(Theudas)와 "어떤 이집트인"이 자칭 예언자라고 주장하며 "표적"을 행할 수 있다고 주장한 사실을 기록하고 있다.[15] 사도행전에도 이 두 사람에 관한 이야기가 나온다. 가말리엘은, 자칭 위대한 인물이라 하던 드다에게 사백여명의 사람들이 따랐으나 그가 죽자 모두 흩어지게 되었다고 말하면서, 예수님을 전하는 그 제자들도 그들이 하나님의 사람들이 아니라면 스스로 없어져버리게 되고 말 것이니 방해하지 말고 그냥 내버려두자고 의회에서 말했다(행 5:3ff.). 이 드다는 모세가 그랬던 것처럼 자신도 말 한마디로 바다를 가르고 그 가운데를 지나는 표적을 보여줄 수 있다고 했던 사람이다.

천부장은 바울을, 사천 명의 자객을 이끌고 광야로 나간 "이집트인"으로 생각했다(행 21:38). 이 "이집트인"은 자신이 예언자라는 것을 보여주기 위해 자신의 말 한마디로 예루살렘 성벽을 무너뜨릴 수 있다고 주장했었다.

이처럼 자신을 하나님의 사람이라고 주장하는 사람들은 하나님의 능력과 권능이 함께 하신다는 것을 보여주는 어떤 "표적"을 행할 수 있어야 한다고 유대인들은 생각하고 있었다. 즉 유대인들은 "표적"을, 그것을 행하는 사람에 대한 하나님의 인정의 표시로 받아들였던 것이다. 예수님에게 "표적"을 행할 것을 요구한 것도 바로 그런 이유에서였다. 그러나 예수님은 이적을 통해 신성을 보여주는 것을 거부하셨다. 그는 자신이 메시야임을, 또는 하나님의 아들임을 보여주기 위해 기적을 행하신 적이 없다.

13 고향에서 배척을 받으시다 (마 13:54-58; 막 6:1-6; 눅 4:16-30)

고향 나사렛에 돌아오신 예수님은 회당에서 가르치셨다. 회당은 유대인들의 집회 장소로서, 안식일마다 이곳에 모여서 성경을 공부했다. 예수님은 유대 사람의 "여러 회당"에서 가르치셨다(눅 4:15). 이 날도 그는 "늘 하시던 대로" 회당에 가셨다(눅 4:16). 이 회당은 유대인들이 있는 곳이면 거의 어디에든지 있었다. 바울은 가는 곳마다 먼저 "회당"을 찾아갔는데, 이는 그곳에서 쉽게 유대인들을 만날 수 있었으며, 또 하나님의 말씀을 토론할 수 있었기 때문이다.

안식일에 나사렛 회당을 찾아가신 예수님은 일어서서 성경 두루마리를 읽으셨다. 이는 유대인들의 관습이었다. 그들은 성경을 읽는 동안에 서 있었다. 이는 말씀에 대한 경외심의 표현이었다. 회당에서는 성경 봉독과 여러 가지 기도와 암송으로 예배가 진행되었다. 예수님은 이사야의 두루마리를 건네받으시고는 이사야 61:1-2을 읽으셨다. 직접 예수님이 이 부분을 찾아서 읽었는지, 아니면 회당장이 그 부분을 읽도록 했는지는 분명하지 않으나, 후자일 가능성이 높다고 한다.

이 말씀을 읽고는 예수님은 앉아서 회중들을 둘러보시면서 이렇게 말씀하셨다. "오늘 너희가 듣는 가운데서 이 예언이 이루어졌다." 이사야 61:1-2은 메시야를 예언하는 말씀으로 여겨졌었다. 그런데 그 예언의 말씀이 예수님을 통해서 이루어졌다고 하니, 나사렛 사람들은 어리둥절할 수밖에 없었을 것이다. "이 예수님은 우리가 잘 알고 있지 않은가? 그의 아버지는 목수이고 또 그의 식구들은 우리가 다 잘 알고 있지 않은가? 어떻게 저가 이런 지식을 얻었을까?" 이에 대해 예수님은 그 당시에 잘 알려진 속담을 인용하면서 이렇게 말씀하셨다. "예언자는 자기 고향과 자기 집 밖에서는, 존경을 받지 않는 법이 없다." 이 속담의 정확한 출처는 알 수 없으나 당시에 널리 알려져 있었던 것으로 보인다. 누가복음에 따르면 예수님은, 예언자들이 "자기 집 밖에서" 환영과 대접을 받았음을 엘리야와 엘리사를 실례로 들어 지적하셨다.

14 장로들의 전통 (마 15:1-20; 막 7:1-23)

바리새인들과 율법학자들은 예수님의 제자들이 "장로들이 전하여 준 관습"을 지키지 않은 것에 대해 비난했다. "장로들이 전하여 준 관습"을 지키는 것은 바리새인들의 가장 큰 특징 가운데 하나이다. 그들은 조상들로부터 이어받은 규정들을 철저히 준수했다.

"장로들이 전하여 준 관습" 가운데 하나인 "손을 씻는 예식"의 성서적 근거는 아마도 사무엘하 22:21, 시편 18:20, 24, 24:4에서 찾을 수 있을 것이다. 이곳에서 "깨끗한 손"은 문자적인 의미가 아니라 마음의 순결함을 의미한다. 그러나 이런 구절들에 근거해서, 바리새인들은 자주 손을 씻는 관습이 있었다. 오늘날도 정통파 유대인들은 식사하기 전이나 기도하기 전에 손을 씻는 관습이 있는데, 특별히 기도하기 전에 손을 씻는 관습은 제사를 드리기 전에 손을 씻는 관습에서 나온 것으로 보인다.

랍비들의 아버지라 불리는 힐렐과, 그와 쌍벽을 이루며 경쟁관계에 있던 샴마이(이들의 연대는 예수님보다 조금 앞선다)는 여러 면에 있어서 의견을 달리했으나, 손을 씻는 규정에 대해서는 의견을 같이 했다.

이들은 랍비 가운데서 가장 높은 자리에 있었으므로 "장로"들로 불리었다. 바리새인들은 이들의 권위를 최고로 여겼다. 이렇게 "장로(아마도 힐렐과 샴마이를 염두에 두고 한 말로 보인다)들이 전하여 준 관습"인 손을 씻는 규정을 왜 지키지 않느냐고 바리새인들은 제자들을 비난했던 것이다.

예수님은 부정한 손(씻지 않은 손을 말한다. 히브리적 표현으로는 common hand. 참조, 막 7:2)으로 음식을 먹는다고 음식이 더러워지는 것은 아니며, 손을 씻지 않고 먹는 음식이 우리 몸을 더럽히는 것이 아니라고 가르치셨다. 오히려 마음에서 나오는 것들이 사람을 더럽게 한다고 하셨다.

예수님은 그들의 전통의 잘못된 점을 하나의 예를 통해 설명하셨다. 예수님은 부모를 공경하라는 계명(출 20:12; 신 5:16)과 그렇지 않고 부모를 욕하는 자는 죽여야 한다(출 21:17; 레 20:9)는 계명을 같이 인용하셨다. 이는 랍비들의 관습을 잘 반영해주고 있다. 랍비들은 부모를 "공경하라"는 계명을 일차적으로 부모를 공양해야 한다는 의미로 받아들였다(탈무드 Qid. 31b). 예수님도 본문에서 부모를 물질로 섬기는 문제에 대해서 언급하고 계신다.

이처럼 계명은 물질로 부모를 잘 섬길 것을 요구하고 있는데, 바리새인들은 그렇게는 하지 않고 그들의 전통을 빌미로 부모를 공경하지 않았다. 그들은 부모에게 이렇게 말한다. "내게서 받으실 것이 고르반이 되었습니다."

고르반은 히브리어로 하나님께 드린 제물을 의미하는데, 이 단어는 원래 맹세할 때 사용하는 용어였다(미쉬나 Ned. 1:2 이하). 따라서 이 말씀은 이런 의미이다. "부모님, 맹세하건데(고르반), 부모님께 드리려고 했던 것을 드릴 수가 없습니다."[16] 이렇게 말하기만 하면 부모에게 아무것도 해 드리지 않아도 되었다. 왜냐하면 한번 맹세한 것은 어떤 일이 있어도 지켜야 하는 것이 바리새인들의 가르침이었기 때문이다.

이런 경우 하나님의 말씀과 바리새인들의 전통이 서로 부딪히게 된다. 장로들의 전통을 지키면 하나님의 말씀을 범하게 된다. 그러나 그렇더라도 한번 맹세한 것은 지켜야 했다(T. Ned. 1:6). 그렇지만 맹세를 지키면 그것으로 인해 하나님의 율법을 어기게 되기에, 그는 그 명령을 어긴 대가를 받아야 한다. 반면에 하나님의 계명과 상반되는 맹세를 하면, 그 맹세는 무효가 된다고 하는 가르침도 있었다(미쉬나 Ned. 11).

15 바리새인과 사두개인의 누룩 (마 16:5-12; 막 8:14-21)

누룩은 랍비 문헌에서 항상 나쁜 의미로 사용되었다. 그것은 죄나 타락을 상징했으며 때로는 악한 성향을 의미하기도 했다(탈무드 Ber. 17a; 창세기 랍바 34). 바울도 "그러므로 우리의 묵은 누룩, 곧 악의와 악독이라는 누룩을 넣은 빵으로 절기를 지키지 말고, 성실과 진실을 넣어서 만든, 누룩 없이 된 빵으로 지킵시다"(고전 5:8. 참조, 5:7)라고 했다. 예수님은 하나님의 나라를 누룩에 비유하셨다(마 13:33; 눅 13:20-21). 이것이 누룩이 좋은 의미로 사용된 유일한 예이다. 본문에서 누룩은 잘못된 가르침을 의미하는 것으로 사용되었다. 바리새인과 사두개인들에게 물들지 말 것을 경고하는 말씀이다. 적은 누룩일지라도 금방 온 반죽에 다 퍼져 영향을 미치듯이 그들의 잘못된 가르침도 그러할 테니 조심하라는 뜻이다.

바리새주의는 본래 율법을 철저히 지키기 위한 순수한 동기에서 출발했다. 바리새인들은 제의 법규가 규정하고 있는 모든 부정한 것들로부터 자신들을 지키려고 노력했다. 여기에서 바리새파("분리하다"는 의미)라는 명칭이 나오게 된 것이다. 그러나 그들은 영향력이 커가면서 점점 본래 목적의 순수성을 잃게 되었다. 그들은 형식주의자가 되었다. 즉 내적인 태도보다는 외적인 형식을 더 중시하게 되었다. 그들은 또한 모세의 율법보다도 구전법, 즉 장로들의 전통이나 랍비들의 가르침을 더 중요하게 여겼다(참조, 마 15:1-6). 예수님은 그들의 형식주의와 위선을 신랄하게 책망하셨다(마 23장). 바리새인들의 누룩은 바로 이러한 것들을 가리킨다.

한편 사두개인들은 모든 면에 있어서 바리새인들과 반대되는 사람들이었다. 사두개인들은 바리새인들과 마찬가지로 포로기 직후에 생긴 것으로 보인다. 이 명칭은 아마도 "의롭다"는 단어에서 유래된 것으로 보인다. 이들은 바리새인들과 달리 구전법을 믿지 않고, 씌어진 성경만을 믿었다. 이들은 바리새인만큼 인기나 영향력은 없었다.

사두개인들은 부활을 믿지 않았으며, 이 문제로 예수님과 논쟁을 하기도 했다(참조, 마 22:23-33). 그들은 모세의 율법 가운데서 부활의 교리를 입증할 수 없다는 이유로 부활을 믿지 않았다. 그들은 천사나 영적인 존재, 영혼 불멸에 대해서도 믿지 않았던 것으로 알려져 있으나 이는 확실하지 않다. 바울은 그들이 천사도 영도 없다고 믿었다고 말하고 있으나, 이는 그러한 존재를 부정한 것이 아니라 그러한 존재들이 당시에 더 이상 나타나지 않는다고 생각을 하고 있었다는 의미로 해석되기도 한다.[17] 사실상 바리새인들도 하나님의 영은 더 이상 역사하기를 그쳤다고 믿고 있었다. 사두개인들은 대개가 제사장 계열에 속한 사람들이었으며, 1세기 말에 사라져버리고 말았다.

16 베드로의 신앙고백에 대하여

(마 16:13-20; 막 8:27-30; 눅 9:18-21)

예수님 당시의 사람들은 예수님에 대해 여러 가지 생각을 갖고 있었다. 엘리야라고 믿는 사람들도 있었고 세례 요한, 예레미야나 아니면 선지자들 가운데 한 사람으로 여기는 사람들도 있었다. 엘리야는 유대인들에게 있어서 메시야의 선구자로 여겨졌다. 메시야가 오시기 전에 먼저 엘리야가 와서 메시야의 오심을 준비할 것이라고 믿었던 것이다. 이러한 믿음은 말라기의 예언에 근거한 것이었다(3:1-2; 4:5). 복음서 기자들은 세례자 요한이 엘리야의 역할을 한 것으로 이해하고 있다. 예수님도 세례자 요한을 엘리야로 인정하셨다. "엘리야가 과연 먼저 와서 모든 일을 회복하리라. 내가 너희에게 말하노니 엘리야가 이미 왔으되 사람들이 알지 못하고 임의로 대우하였도다"(마 17:11-12).

당시에 유대인들은 하나님의 영에 의한 예언이 그쳤다고 믿고 있었다. 성령을 받을만한 사람이 없었으므로 성령이 역사하기를 그쳤으며 따라서 예언자도 사라졌다고 믿었던 것이다. 그러한 그들이 예수님을 예언자로 이해하였다는 것은 큰 의미가 있다.

그러나 베드로는 예수님을 향해 이런 신앙고백을 했다. “당신은 살아계신 하나님의 아들 그리스도이십니다.” 그러자 예수님은 이렇게 말씀하셨다. “너는 베드로라. 내가 이 반석 위에 내 교회를 세우리라.” “베드로”는 헬라어로 *petros*이고, 교회의 기초가 될 것이라고 말씀하신 “반석”은 헬라어로 *petra*이다. 이 말씀을 베드로 위에 교회를 세우리라는 뜻으로, 즉 베드로가 교회의 반석(기초)이 될 것이라고 해석을 하기도 한다. 그러나 *petros*는 때로는 반석(rock)이라는 의미로, 때로는 떼낸 돌(detached stone)을 의미하며, *petra*는 항상 반석(rock,바위)을 뜻한다.

본문은 한 단어를 사용하지 않고 서로 다른 뜻을 가진 이 두 단어를 다 사용하고 있다. 즉 단어의 뜻을 구별하고 있다는 것이다. 이 말을 원어대로 옮기면 이렇다. “내가 너에게 ‘떼어 낸 돌’이라는 뜻을 가진 이름을 준다. 나는 이 큰 반석 위에 내 교회를 세우리라.” 예수님은 떼어 낸 돌(페트로스, 즉 베드로) 위에 교회를 세우시지 않았다. 그분은 큰 반석(페트라) 위에 교회를 세우셨다. 베드로라는 한 인물이 하나님의 교회의 기초가 될 수는 없는 것이다. 다만 그는 (작은 돌로서) 교회의 한 부분을 담당한다.

구약성서에서는 하나님을 “반석”이라고 부르고 있다(신 32:4, 31; 삼상 2:2; 삼하 22:2; 시 18:2; 18:31). 한편 랍비들은 아브라함에게 반석이라는 명칭을 부여하였다. 하나님께서 아브라함이라고 하는 반석 위에 열방의 기초를 삼으셨다고 한다(Yal. 민수기 23:9). 이사야 51:1(“저 바위를 보아라. 너희가 거기에서 떨어져 나왔다”)에서 이스라엘이 “떨어져 나온 돌”로 비유되고 있는데, 이스라엘 백성은 아브라함이라고 하는 바위에서 떨어져 나왔다고 랍비들은 해석하였던 것이다. 흥미로운 사실은 예수님도 시몬에게 “떨어져 나온 돌”이라는 이름을 주셨다고 하는 것이다.

예수님은 베드로에게 천국 열쇠들을 맡기셨다. 열쇠는 권한 또는 권위를 의미한다. 열쇠를 가진 사람은 문을 열어 줄 수 있는 권한도 있고 열어주지 않을 수 있는 권한도 있다(참조, 사 22:22). 이 말씀에 근거해서 교회 전설에 따르면 베드로는 천국문 앞에서 문을 열어주는 일을 하고 있다고 한다. 그러나 유대인의 전설에 따르면 "반석"이라고 불린 아브라함이 음부(陰府)의 문 앞에 서 있는데, 이는 할례받은 사람이 실수로 음부로 내려가는 일이 없도록 하기 위해서라고 한다.

"네가 땅에서 무엇이든지 매면 하늘에서도 매일 것이요 네가 땅에서 무엇이든지 풀면 하늘에서도 풀리리라." 예수님은 이 말씀을 천국 열쇠를 베드로에게 준 것과 관련해서 하셨다. 열쇠와 관련된 것이면 네가 땅에서 잠그면 하늘에서도 잠길 것이요 땅에서 열면 하늘에서도 열리리라는 말씀이 더 적절했을 것이다. 그러나 예수님은 열고 닫는 문제가 아니라 매고 푸는 문제에 대해 말씀하셨다. 다시 말하면 천국문을 열어주고 닫고 하는 그런 일이 베드로의 역할이 아니라는 것이다.

그러면 매고 푸는 것의 의미가 무엇일까? 〈유대인을 위한 신약성서〉는 이 부분을 이렇게 옮기고 있다. "네가 땅에서 금하는 것은 하늘에서도 금할 것이요, 땅에서 허락하는 것은 하늘에서도 허락될 것이다."(Whatever you prohibit on earth will be prohibited in heaven, and whatever you permit on earth will be permited in heaven.) '매다, 풀다'를 이 번역에서는 '금하다, 허락하다'로 옮겼다. 그 이유는 무엇일까? "매다"는 아람어와 히브리어 *asar*의 문자적인 번역이며, "풀다"는 아람어로는 *share*, 히브리어로는 *hitir*이다. 이들이 본래 의미하는 것은 무엇을 매거나 푸는 것이 아니라, 무엇을 금하거나 허락하는 것을 의미한다.[18] 여기에서 기억해야 할 것은 예수님은 베드로에게 주신 열쇠를 가지고 (천국 문을) "열거나 닫는 것"에 대해 말씀하지 않으시고 "매거나 푸는 것"에 대해 말씀하셨다는 것이다.

랍비들에게는 유대인들의 행동 규범(할라카, Halacha)을 제정할 수 있는 권한과, 무엇이 옳고 그른지를 판단할 수 있는 권한이 주어져 있었다. 그래서 유대인들은 랍비들이 금하는 것은 곧 하나님이 금하는 것으로, 그들이 허락하는 것은 곧 하나님이 허락하는 것으로 받아들였다.

예수님이 제자들에게 매고 푸는 권세를 주셨는데, 이는 제자들에게도 랍비들처럼 어떤 일들을 처리하고 결정할 수 있는 권한을 부여하신 것이다. 그들의 결정은 곧 교회의 결정이요 하나님의 결정으로 받아들이도록 하기 위해 그러한 권한을 부여하신 것이다.

초대교회와 사도행전은 이러한 사도들의 권한이 어떻게 사용되었는지를 잘 보여주고 있다.[19] 최초의 교회 회의였던 예루살렘 교회 회의에서 사도들은 이방인들이 예수님을 믿는 데 있어서 해야 될 일들이 무엇인지를 결정하였는데, 그들이 그런 결정을 할 수 있었던 것은 바로 이런 권한이 그들에게 부여되었기 때문이다. 그들의 결정 사항은 모든 교회에 의해 받아들여졌는데, 그 결정 사항의 효력은 이러한 그들의 권위에 근거하고 있는 것이다(행 15장).

"매다", "풀다"는 지금까지 살펴본 대로 제1차적으로 "금하다", "허락하다"의 의미로 사용되었으나 후에는 용서와 관련해서 이런 표현들이 사용되기도 했다. 즉 이 땅에서 죄를 용서하면("풀면") 하늘에서도 용서를 하지만, 이 땅에서 용서하지 않으며("매면") 하늘에서도 용서를 하지 않는다는 의미로 사용되기도 했다.[20] 예수님도 용서와 관련해서 "매다", "풀다"는 용어를 사용하셨다(마 18:18). 예수님은 제자들에게 이러한 용서하는 권한을 위임하셨다. "너희가 누구의 죄든지 사해 주면 사해질 것이요, 사해 주지 않으면 그대로 남아 있을 것이다"(요 20:23).

17 가장 큰 사람 (마 18:1-5; 막 9:33-37, 10:15; 눅 9:46-48, 18:17)

마태는 다른 복음서 기자들과는 달리 하늘나라에서의 큰 자와 작은 자에 대한 말씀들을 많이 기록하고 있다. 천국에서 큰 자는 본문에서처럼 자기를 낮추는 자이다. 산상설교에서는 지극히 작은 율법이라도 중히 여기고 지키는 자가 하늘나라에서 큰 자가 될 것이고, 반대로 그것을 소홀히 여기고 지키지 않는 자는 지극히 작은 자가 될 것이라고 말씀하셨다(마 5:19). 또한 예수님은 천국에서 지극히 작은 자일지라도 세례자 요한보다는 더 클 것이라고 가르치기도 하셨다(마 11:11).

마가복음과 누가복음에서는 어린이처럼 하늘나라를 받아들이지 않는 자는 하늘나라에 들어갈 수 없다고 되어 있다(막 10:15; 눅 18:17). 그러나 마태복음에는 누구든지 돌이켜 어린 아이들과 같이 되지 않고는 하늘나라에 들어갈 수 없다고 되어 있다. 여기에서 "돌이킨다"는 것은 히브리어로 "*shuv*" 또는 "*hazor*"로서 회개하다"는 의미이다. 회개하여 어린 아이들과 같이 된다고 할 때 예수님은 아이들의 순수성을 언급하신 것으로 보인다.

이 말씀은 어린 아이들에게 겸손함을 배워야 한다고 하는 가르침이 아니다. 사실상 겸손을 아이들의 도덕적 속성으로 보기는 어렵다. 그래서 마가복음에서도 어린 아이를 겸손과 연결시키지 않고 있음을 볼 수 있다. 랍비 문헌에도 아이들의 순수의 상징으로 제시하는 곳은 많아도 겸손의 상징으로 제시한 곳은 한 군데도 없다.[21]

18 범죄한 형제(신도)에 대하여 (마 18:15-20; 눅 17:3)

예수님은 신도가 다른 신도에게 죄를 지으면 먼저 충고하고, 그래도 듣지 않으면 다른 신도들과 함께 한 번 더 충고해야 한다고 하셨다. 그래도 안 들으면 교회에 말하고, 교회의 말도 듣지 않으면 이방인이나 세리처럼 대하라고 하셨다.

이러한 절차는 유대교의 관습이었다. 이러한 관례는 사해사본에도 나오며, 랍비들도 그렇게 가르쳤다. 처음에는 개인적으로 충고를 해야 한다. 그렇지 않고 처음부터 회중 앞에서 그를 비난하면 그것은 죄를 짓는 것이었다. 유대인들은 충고를 받아들이는 것을 중요하게 여겼다. 그러나 개인적인 충고를 받아들이지 않으면 공적으로 그를 비난하도록 했다. 이때에는 증인이 필요하다. 증인은 율법이 규정한 대로 최소한 두 명 이상이어야 했다(레 19:17; 민 35:30; 신 17:6, 19:15. 참조, Sifre Num. 161; 미쉬나 Sot. 1:1).

랍비들은 살인 현장에서 잡힌 살인자라 할지라도 한 사람의 증인만 가지고는 부족하다고 생각했다. 예수님을 의회 앞에서 고소할 때 사람들이 여러 가지 죄목으로 고소하였다. 그러나 그들의 증언이

제각기 달랐다. 그러나 두 사람이, 예수님이 성전을 헐었다가 사흘 만에 다시 지을 수 있다고 말하였다고 증거하였다. 그래서 의회는 이 증언을 채택하였는데, 이는 두 사람의 증언이 일치하였기 때문이다(마 26:60-61).

"무엇이든지 땅에서 매면 하늘에서도 매일 것이요 땅에서 풀면 하늘에서도 풀리리라"는 말씀은 베드로에게 주신 말씀이다(마 16:19). 이 말씀은 앞에서 언급한대로 제자들에게 교회의 모든 문제들을 해결하고 교회법을 제정할 수 있는 권한을 주셨음을 의미한다. 그런데 본문(마 18:18)에서 같은 말씀을 다시 한 번 하셨다. 여기에서는 출교에 관한 사도들의 권한을 언급하신 것으로 보인다.[22] 문제를 해결하기 위해서 사도들은 출교에 관한 일을 결정할 수 있다는 뜻으로 보인다.

19 이혼 문제 (마 19:3-12; 막 10:2-12)

예수님은 모세가 이혼 증서를 써주고 이혼을 할 수 있게 한 것은 인간의 마음이 완악해서 그렇게 한 것이지 본래부터 그랬던 것은 아니라고 하시면서, 간음한 연고 외에는 어떤 이유로든지 이혼해서는 안된다고 하셨다.

랍비들도 결혼을 하나님이 맺어주시는 것으로 보았다. 그러나 그들은 결혼을 계약으로 보았으며, 따라서 언제라도 깨어질 수 있는 것으로 보았다(탈무드 MQ 18b). 심지어는 이혼을 하나님이 제정하신 것 가운데 하나로 보기도 했다(예루살렘 탈무드 Qid. 1:58c; 창세기 랍바 18:3).

모세는 아내에게서 "수치스러운 일"(ervat davar)이 발견되면 그것이 이혼사유가 된다고 했다(신 24:1). 여기에서 문제는 무엇이 "수치되는 일"인가 하는 것이다. 이에 대해 랍비들은 여러 가지 해석을 했다. 힐렐은 남편을 불쾌하게 만드는 모든 일들이 여기에 해당한다고 가르쳤다. 예를 들면 접시를 잘 닦지 않는 것도 이혼사유에 속했다. 그의 제자인 랍비 아키바는 자기 아내보다 더 아름다운 여인을 발견해도 이혼 사유가 될 수 있다고 가르쳤다(미쉬나 Git. 9:10; 탈무드 Git. 90a).

그러나 힐렐과 쌍벽을 이루고 있던 샴마이는 "수치스러운 일"을 간음에 한정시켰다(미쉬나 Git. 9:10; 탈무드 Git. 90a). 그는 예수님의 가르침처럼, 간음한 연고 외에는 이혼해서는 안 된다고 가르쳤다. 예수님 당시에는 샴마이 학파의 가르침이 일반적으로 힐렐 학파의 가르침보다 우세했으나, 후에는 힐렐 학파의 가르침이 샴마이 학파의 가르침보다 더 우세하게 되었다.

이혼과 연관해서 제자들은 고자가 되는 일에 대해 질문했다. 이에 대해 예수님은 세 종류의 고자에 대해서 언급하셨다. 즉 나면서부터 된 고자가 있고, 사람이 만들어서 된 고자도 있고, 하늘나라를 위해서 스스로 고자가 된 사람도 있다. 랍비들은 고자를 나면서부터 된 고자와 수술해서 된 고자로 분류한다. 그러나 하늘나라를 위해서 스스로 고자가 된 사람에 대해서는 언급하지 않는다. 이 세 번째 종류의 사람들은 스스로 수술해서 고자가 된 사람들이라기보다는 자의적으로 독신 생활을 한 사람들로 보인다.

유대교는 거세하는 것을 허락하지 않는다.[23] 고자들은 이스라엘 공동체의 일원이 될 수가 없었다(신 23:1). 따라서 유대인들에게 있어서 하늘나라를 위해서 고자가 된다는 것은 있을 수 없는 일이었다. 예수님도 하늘나라를 위해서 고자가 되라는 말씀을 하신 것이 아님이 분명하다. 예수님이나 세례자 요한처럼 하늘나라를 위해서 자신의 삶을 희생하며 독신 생활을 하는 사람들을 염두에 두고 말씀하신 것으로 보인다.

20 예수님을 따르겠다고 찾아온 부자 청년에게 주신 가르침 (마 19:16-30; 막 10:17-31; 눅 18:18-30)

예수님이 어떻게 하여야 영생을 얻을 수 있는가 하는 질문을 받으셨듯이, 랍비 엘리에제르(Eliezer)도 비슷한 질문을 받았다. 이에 대해 이 랍비는 이렇게 대답했다.

> 너의 동료들이 하는 칭찬에 대해 주의하라. 너희 자녀들로 하여금 헬라어(즉, 논리)를 배우지 못하도록 하라. 대신 현인들에게서 배우도록 하라. 그리하면 내세에 생명을 얻을 수 있을 것이다(탈무드 Ber. 28b).

그러나 예수님은 영생을 얻기 위해서는 십계명 가운데 마지막 다섯 계명을 지켜야 한다고 하셨다(누가). 마태에 의하면 예수님은 여기에다 "네 이웃을 네 몸과 같이 사랑하라"(레 19:18)는 계명을 덧붙이신 것으로 되어 있으며, 마가에 의하면 "속여서 뺏지 말라"는 계명(구약에는 나오지 않는다)을 덧붙이신 것으로 되어 있다.

부자 젊은이는 이러한 계명을 다 지켰다고 대답했다. 그러나 예수님은 그가 완전한 사람이 되려면 한 가지 아직 부족한 것이 있다고 하시면서, 그에게 있는 모든 소유를 다 팔아서 나누어 주라고 하셨다. 여기에서 "완전한 사람"이란 아마도 랍비들이 말하는 "완전히 의로운 사람", 즉 모든 계명을 다 지킨 사람을 의미하는 것으로 보인다 (탈무드 RH 16b; 탈무드 Ber 7b, 61b; 탈무드 Er. 21b; 탈무드 Git. 68b).

예수님은 그 부자에게 그가 지닌 모든 소유를 다 팔아 가난한 사람들에게 나누어 주도록 요구하셨는데, 랍비들은 가난한 사람들을 구제할 때 자신의 전 재산의 1/5을 넘게 하면 안 된다고 가르쳤다(탈무드 Ket. 50a). 지나치게 구제하여 오히려 그 사람이 구제를 받아야 되는 일이 생기지 않도록 하기 위해서 그렇게 해야 한다고 가르쳤던 것이다.

이 부자 젊은이는 이러한 예수님의 요구에 근심하며 돌아갔다. 이를 보고 예수님은 부자가 하늘나라에 들어가는 것이 얼마나 어려운지 낙타가 바늘귀로 들어가는 것이 부자가 하늘나라에 들어가는 것보다 더 쉽다고 하셨다. 이는 유대인들 사이에서 어떤 일이 불가능하다는 것을 나타낼 때 일반적으로 사용했던 표현이다. 탈무드에 이와 비슷한 표현이 나온다. 거기에서는 이룰 수 없는 꿈을 언급하면서 이는 코끼리가 바늘귀로 들어가는 것과 같다고 했다(탈무드 Ber. 55b; 탈무드 BM 38b).

여기에서 우리는 예수님의 말씀의 비유적 의미를 발견할 수 있다. 하늘나라에 들어가는 문은 좁다(마 7:13). 부자가 이 문에 들어가기 위해서는 낙타가 "바늘귀"로 들어갈 때처럼 자신을 낮추고 무릎을 꿇어야 한다. 그리고 모든 소유를 다 내려놓아야 한다. 그러나 부자가 겸손하게 자신을 낮추고 자신의 소유를 남에게 나누어 준다는 것은 쉬운 일이 아니다. 그러기에 부자가 하늘나라에 들어가는 것은 낙타가 바늘귀로 들어가는 것만큼 힘든 일이다. 그러나 예수님은 부자가 하늘나라에 들어갈 수 없다고 가르치시지는 않았다. 랍비들도 마찬가지다.

제자들은 그러면 누가 구원을 받을 수 있겠는가 하고 반문했다. 이에 예수님은 사람으로서는 할 수 없으되 하나님은 하실 수 있다고 말씀하셨다. 인간에게 있어서 구원받는 것은 낙타가 바늘귀로 들어가는 것과 같이 불가능한 일이지만 하나님은 그 일을 하실 수 있다는 것이다.

랍비 요세(Jose)는 우리가 하나님을 위해서 우리 안에 바늘귀만한 구멍만이라도 만들어놓으면 하나님께서는 그 구멍을 모든 군대들과 무기들도 다 통과할 수 있을 만큼 커다란 구멍이 되게 하실 수 있다고 가르쳤다(PRK 24:14). 이 가르침에서 바늘귀만한 구멍은 회개를 뜻하고, 그 구멍으로 큰 군대가 지나갈 수 있다고 하는 것은 하나님의 구원을 뜻한다. 회개는 아주 작은 일이지만, 그러나 우리가 회개하면 하나님께서 우리를 구원해주신다고 하는 가르침이다.

21 사두개인들과의 부활에 대한 논쟁

(마 22:23-33; 막 12:18-27; 눅 20:27-40)

사두개인들은 부활이 없다고 믿었다. 그들은 몸이 죽으면 육체와 더불어 영혼도 죽는다고 믿었다. 그리고 모세 오경만 하나님의 말씀으로 받아들였다. 그들은 내세를 믿지 않았으며, 천사와 같은 영적인 존재도 믿지 않았다. 이런 점에 있어서 그들은 바리새파 사람들과 구별되었다. 부활에 대한 논쟁은 본문 이외에도 사도행전 4:1-2과 23:6-10에도 나와 있다.

사두개인들은 예수님에게 수혼제(신 25:5ff)를 예로 들면서 부활 교리의 부당성을 지적하려고 하였다. 그들은 일곱 형제와 결혼했던 여인은 부활 시에 누구의 아내가 되겠는가라는 질문을 던졌다. 아마도 실제로 이런 일이 있었을 것이다. 외경 토빗서에도 일곱 번 결혼한 여인인 사라의 이야기가 나온다. 사라는 일곱 번 결혼하였으나 그들과 부부관계도 맺기 전에 아스모데오라는 악한 귀신이 그 남편들을 번번이 죽여 버렸다. 사라의 아버지의 여종이 그녀에게 "당신 남편을 죽인 사람은 바로 당신 자신이오"라고 힐난했다. 이에 그녀는 자살하려고 마음먹었으나, 그것이 그의 아버지에게 욕이 될까봐 마음을 바꾸고 기도했다. 그래서 하나님께서 그녀에게서 귀신을 쫓아내 주셨다. 그리고 그녀는 토빗의 아들 토비아의 아내가 되었다(토빗 3장).

여기에서도 볼 수 있는 것처럼, 랍비들은 여러 번 과부가 된 여자는 남편을 죽이는 "살인자" 또는 "위험한 여자"로 여겨 다시 결혼을 하지 못하도록 했다. 랍비 유다는 두 번 과부가 된 여자는 결혼을 할 수 없다고 했으며, 랍비 시므온은 세 번 과부가 된 여자는 다시 결혼해서는 안 된다고 가르쳤다(탈무드 Yeb. 64b).

예수님은 부활을 증명하기 위하여 출애굽기 3:6의 말씀을 제시하셨다. "나는 아브라함의 하나님이요, 이삭의 하나님이요, 야곱의 하나님이다." 예수님이 부활에 관하여 많이 언급하고 있는 이사야, 에스겔, 다니엘서 같은 예언서와 시편을 인용하지 않으시고 출애굽기의 말씀을 인용하신 것은 사두개파 사람들은 오경만 받아들였기 때문이다.

그러면 "나는 아브라함의 하나님이요, 이삭의 하나님이요, 야곱의 하나님이다"는 말씀이 어떻게 부활을 증거하는 말씀일 수 있는가? 예수님은 이 말씀이 하나님은 죽은 자의 하나님이 아니라 산 자의 하나님이심을 보여준다고 하셨는데, 어떻게 이런 해석이 나올 수 있는 것일까?

이 말씀은 하나님께서 자신을 모세에게 계시하실 때 하신 말씀이다. 모세에게 나타나신 하나님은 자신을 "아브라함의 하나님, 야곱의 하나님, 이삭의 하나님"으로 계시하셨다. 이들은 이미 오래전에 죽었음에도 불구하고 하나님은 아직도 자신을 그들의 하나님이라고 소개하셨다. 여기에서 주목해야 할 것은 "나는 아브라함과 이삭과 야곱의 하나님이었다"(과거형)라고 말씀하시지 않고 "나는 아브라함과 이삭과 야곱의 하나님이다"(현재형)라고 말씀하셨다는 것이다. 그들이 죽은 지 오래지만, 아직도 그들이 살아있는 것처럼 지금도 그들의 하나님이라고 말씀하셨던 것이다. 그들이 죽었다면 과거형을 사용했어야 할 것이다. 그러나 하나님은 현재형을 사용하셨다. 이는 그들이 죽은 자들 가운데 있지 않고 살아있음(부활)을 의미하는 것이다.

복음서들보다 후대에 기록되어진 랍비 문헌들에서 아브라함과 이삭, 야곱이 부활한 자들 가운데 대표적인 사람들로서 제시되고 있음도 특기할 만하다. 이런 기록들은 오래 전해내려 온 전승들을 반영한 것임을 고려할 때, 우리는 예수님 당시의 유대인들도 아브라함, 이삭, 야곱을 부활한 대표적인 사람들로서 보았다고 할 수 있을 것이다.

한편 예수님은 부활을 부인하는 사두개파 사람들에게 "너희는 성경도 모르고, 하나님의 능력도 모르므로 잘못 생각하고 있다"라고 힐책하셨다. 랍비 엘리에제르(Eliezer)도 부활을 부인하는 사마리아인들을 이렇게 힐책했다(탈무드 Sanh. 90b).

> 너희는 너희 율법을 망친다. 왜냐하면 너희는 율법에 죽은 자의 부활이 없나고 말하기 때문이다.

부활할 때에는 사람들은 결혼도 안 하고 하늘에 있는 천사들과 같을 것이라고 예수님은 말씀하셨다. 탈무드에서도 오는 세상에서는 먹지도 않고 마시지도 않으며, 아이를 낳는 것도 없고 장사나 무역이나 싸움 같은 것이 없으며, 오직 의인은 그들의 머리에 면류관을 쓰고 앉아서 쉐키나(하나님의 임재 또는 영광)의 빛을 즐길 것이라고 한다(탈무드 Ber. 17a). 사두개인들에게 예수님은 부활한 사람들은 천사와 같을 것이라고 하셨는데, 신구약 중간기 문헌이나 랍비 문헌에서도 부활한 사람들의 모습을 천사들에 비유하고 있다(에녹서 104:6; 제2 바룩서 51:4; 창세기 랍바 8:11; 탈무드 Hag. 16a; PR 16; 민수기 랍바 21). 그러나 사두개인들은 부활뿐만 아니라 천사도 믿지 않았다.

22 제일 큰 계명 (마 22:34-40; 막 12:28-34; 눅 10:25-28)

유대 전승은 율법을 613개로 분류하고 있는데, 그중에 "하라"는 형태로 된 긍정적인 계명은 248개, "하지 말라"는 부정적인 계명은 365개로 되어 있다. 248이라는 숫자는 인간의 몸의 모든 마디마디와 부분부분의 총합을 상징하며, 365는 일 년 365일을 뜻하는 것이라고 한다. 하나님께서 우리에게 행하도록 명령하신 것들을 우리의 온몸으로 실천해야 하며, 1년 365일 우리는 하나님께서 금하신 것들을 하나라도 어겨서는 안 된다는 것이다.

유대인들은 하나님의 계명에도 등급이 있는 것으로 여겼다. 더 중요한 계명이 있고 덜 중요한 계명이 있다고 생각했던 것이다. 예수님도 계명 가운데 "가장 작은 것(mitzvah kalah)" 하나라도 폐지하고 사람들을 그렇게 가르치는 사람은 하늘나라에서 가장 작은 사람이 될 것이라고 하셨다(마 5:19). 또한 박하와 회향과 근채의 십일조는 드리면서 "더 중요한 율법(mitzvah hamorah)"인 의와 인과 신은 지키지 않는 서기관들과 바리새인들을 책망하셨다(마 23:23).

그러면 613개의 계명 중에 어떤 계명이 가장 중요하고 큰 것

으로 이해했는가를 살펴보기로 하자. 엘리야후 랍바(Elliyyahu Rabba)는

> 하나님을 사랑하라는 계명은 무거운(중요한) 계명이다. 하나님을 사랑하라(신 6:5)는 계명은 하나님의 통치권을 확증하는 구절인 '이스라엘아, 들어라. 주는 우리 하나님이시오 주는 오직 한 분뿐이시다'(신 6:4)와 연결되어 있다

고 가르쳤다.

랍비 아키바(Aqiba)는 가장 큰 계명에 대한 질문을 받았을 때, "네 이웃을 네 몸과 같이 사랑하라"(레 19:18)가 "토라에서 가장 큰 원리"라고 선언했다(Sifra Lev. 19:18; 창세기 랍바 24:7). 랍비 하니나(Haninah)도 이웃을 자신처럼 사랑해야 한다는 이 말씀을 "모든 세상이 매어 달려 있는 바로 그 계명"이라고 가르쳤다(ARN B. 27:9-11).

힐렐(Hillel)에게 한번은 그의 명성을 듣고 이교도 세 명이 찾아왔다. 그들은 힐렐에게 자신들이 한 쪽 발로 서 있는 동안에 토라 전체를 설명해주면 유대교로 개종하겠다고 했다. 이들은 힐렐에게 찾아오기 전, 샴마이(Shammai)라고 하는, 힐렐과 쌍벽을 이루는 대학자에게 찾아가서 같은 요청을 했으나 그 자리에서 쫓겨났던 사람들이었다. 힐렐은 그들에게 이렇게 답했다.

> 네가 싫어하는 것은 남에게도 하지 말라. 이것이 모든 토라이며, 그 나머지는 (이에 대한) 주석일 뿐이다.

힐렐의 이 말은 당시에 매우 잘 알려져 있었으며, 흔히 예수님의 황금률과 비교되곤 한다.

> 너희는 무엇이든지 남에게 대접을 얻고자 하는 대로, 너희도 남을

대접하여라. 이것이 율법과 예언서의 본뜻이다(마 7:12).

바울도 갈라디아서 5:14과 로마서 13:8-10에서, 온 율법을 요약할 수 있는 계명이 무엇인지 말하고 있다.

모든 율법은 네 이웃을 네 몸과 같이 사랑하여라 하신 말씀 속에 다 들어 있습니다(갈 5:14).
남을 사랑하는 사람은 율법을 이루었습니다. '간음하지 말아라, 살인하지 말아라, 도둑질하지 말아라, 탐내지 말아라' 하는 계명과 또 그 밖에 다른 계명이 있을지라도, 모든 계명은 '네 이웃을 네 몸과 같이 사랑하여라' 하는 말씀에 요약되어 있습니다. 사랑은 이웃에게 해를 입히지 않습니다. 그러므로 사랑은 율법의 완성입니다(롬 13:8-10).

야고보도 으뜸가는 계명으로 레위기 19:18을 인용하고 있다(약 2:8).

한편 랍비 삼라이(Samlai)는 모세가 준 613개의 계명을 다윗이 열한 개로 요약했다고 한다(시 15편).

주님, 누가 주님 계신 곳에서 살 수 있는 사람입니까? 주의 거룩한 산에 머무를 사람은 누굽니까? 1) 깨끗한 삶을 사는 사람, 2) 정의를 실천하는 사람, 3) 마음으로 진실을 말하는 사람, 4) 혀를 놀려 남의 허물 들추지 않는 사람, 5) 이웃에게 해를 끼치지 않는 사람, 6) 친구를 모욕하지 않는 사람, 7) 하나님께로부터 버림을 받는 자는 경멸하고 8) 주를 두려워하는 사람은 존경하면서, 9) 맹세한 것은 해가 되더라도 변함없이 지키는 사람입니다.
10) 이자를 받으려고 돈을 꾸어 주지 않으며, 11) 무죄한 사람을 해칠세라 뇌물을 받지 않는 사람입니다. 이러한 사람은 영원히 흔들리지 않을 것입니다.

삼라이에 따르면 이를 이사야는 여섯 개로 요약했고(사 33:15)

> 1) 의롭게 사는 사람, 2) 정직하게 말하는 사람, 3) 권세를 부려 가난한 사람의 재산을 착취하는 일은 아예 생각하지도 않는 사람, 4) 뇌물을 거절하는 사람, 5) 살인자의 음모에 귀를 막는 사람, 6)악을 꾀하는 것을 보지 않으려고 눈을 감는 사람, 바로 이런 사람들이 안전한 곳에 산다. 돌로 쌓은 견고한 산성이 그의 은신처가 될 것이다. 먹을거리가 끊어지지 않고, 마실 물이 떨어지지 않는다.

이를 미가는 세 개로 요약했고(미 6:8)

> 너 사람아, 무엇이 착한 일인지를 주께서 이미 말씀하셨다. 주께서 너에게 요구하시는 것이 무엇인지도 이미 말씀하셨다. 1) 오로지 공의를 실천하며 2) 인자를 사랑하며 3) 겸손히 네 하나님과 함께 행하는 것이 아니냐!

이사야는 이를 다시 한 번 두 개로 줄였으며(사 56:1),

> 1) 너희는 공평을 지키며 2) 공의를 행하여라. 나의 구원이 가까이 왔고, 나의 의가 곧 나타날 것이다.

마지막으로 하박국은 이를 하나로 줄였다고 한다(합 2:4).

> 의인은 믿음으로 산다.

다른 랍비들은 율법의 골자 또는 요약에 대하여 다음과 같이 말하였다.

> 사업을 하는 사람이 정직하고 다른 사람의 영혼이 그로 말미암아 기뻐하면, 그는 모든 토라를 다 이룬 것이나 마찬가지이다(Mekilta Vayassa 1).

> 구제와 사랑과 친절의 행위는 토라의 모든 계명에 맞먹는다(예루살렘 탈무드 Pe'ah 4:19).
>
> 누구든지 우상에게 고백하는 사람은 모든 토라를 부정하는 것이며 누구든지 우상을 부정하는 사람은 모든 토라를 인정하는 사람이다(Sifre Deut. 54 end).

이상에서 살펴본 것과 같이 예수님 당시에는 "가장 중요한 계명"이 어떠한 것인가 하는 토론들이 랍비들 간에 많이 있었다. 예수님도 이런 토론에 개입되었던 사실을 잘 보여주고 있다.

율법학자들 가운데 한 사람이 예수님께 모든 계명 가운데서 으뜸되는 계명은 어떤 것인지를 물었다. 이에 예수님은 신명기 6:4-5과 레위기 19:18의 계명을 연결시켜 대답하셨다.

신명기 6:4-5은 쉐마라고 부르는 구절로서, 유대인들은 하루에 두 차례씩 암송했던 말씀이다. 예수님도 다른 유대인들과 마찬가지로 쉐마를 아침과 저녁으로 암송하셨음에 틀림없다. 이렇게 이 쉐마는 모든 유대인들에게 가장 잘 알려진 성경 구절이며 또한 가장 중요시하는 성경 구절이었기 때문에 예수님도 질문을 받자마자 망설이지 않으시고 쉐마가 가장 큰 계명이라고 대답하셨던 것이다. 한편 아키바는 레위기 19:18을 "토라에서 가장 큰 원리"라고 말하였다.

우리는 예수님이 그 당시 유대인들의 전승과 사상, 제의에 익숙해 있음을 발견하게 된다. 그의 답변은 전혀 새로운 것이 아니었으며, 모든 사람들이 동의할 수 있었던 것이었다. 그는 랍비들의 가르침에 동의하셨다. 그러나 그의 가르침은 단순히 랍비들의 가르침의 복사판이 아니었다. 레위기 19:18의 "사랑의 계명"이 예수님에 의해 쉐마와 연결되었다. 그리고 하나님에 대한 수직적인 사랑과 이웃에 대한 수평적인 사랑이 결코 분리된 것이 아님을 강조하셨다. 유대인들도 하나님에 대한 사랑과 이웃에 대한 사랑은 결코 별개의 것이 아니며, 분리될 수 없는 것임을 강조하였다. 쉐마와 레위기 19:18의 결합은 위경인 〈이삭의 유언〉(5:2)과 〈단의 유언〉(5:3)에서도 발견된다.

23 율법학자들과 바리새인들에 대한 책망

(마 23:1-36; 막 12:38-40; 눅 11:37-52, 20:45-47)

예수님 당시에는 바리새파가 힐렐 학파와 샴마이 학파로 분리되어 있었다. 힐렐과 샴마이는 예수님 당시에 쌍벽을 이루던 학자들이었으며, 이들로부터 랍비 유대교가 발전되기 시작했다. 처음에는 보수적인 샴마이 학파가 우세했으나 나중에는 힐렐 학파가 더 우세하게 되었다. 바리새인들은 성경뿐만 아니라 구전법 즉 랍비들의 가르침도 하나님의 말씀과 똑같은 권위를 갖고 있는 것으로 인정하였다. 때로는 성경보다 구전법을 더 중요한 것으로 여기기도 했다.

> 서기관들의 말씀은 율법보다 우월하다. 율법 가운데는 더 중한 계명도 있고 가벼운 계명도 있으나, 서기관들의 말씀은 모두가 다 중요하다(탈무드 Ber. 1:7).

그래서 예수님은 "너희는 어찌하여 너희의 관습 때문에 하나님의 계명을 어기느냐?"고 힐문하셨던 것이다.

"율법학자들과 바리새파 사람들은 모세의 자리에 앉은 사람들이다. 그러므로 그들이 너희에게 말하는 것은 무엇이든지 다 실행하고 지켜라. 그러나 그들의 행실은 따르지 말아라. 그들은 말만하고 실행하지는 않는다"(마 23:2- 3).

율법학자들과 바리새인들은 모세의 권위를 가지고 모세의 자리에서 모세가 그랬던 것처럼 가르치는 자들이다. 모세의 율법은 여호수아와 장로들과 예언자들을 통해서 율법학자들과 바리새인들에게 전해 내려왔다. 그들은 전승의 수호자들이며 모세의 율법을 연구하고 가르치고 강론하고 해석하며 모세의 전승을 전달해 주는 사람들이다. 그들은 모세가 그랬던 것처럼 새로운 율법(할라카: 행위의 규범)을 만들 수 있는 사람들이었고, 옳고 그름을 판단할 수 있는(즉, 매고 풀 수 있는) 권한이 주어진 사람들이었다. 곧, 그들은 "모세의 자리"에 앉아 있는 자들이다(고대의 회당에는 실제로 "모세의 자리"가 있었으며, 이 자리에는 그 회당에서 영향력 있는 사람들이 앉게 되어 있었다). 그러므로 그들의 가르침을 받아들이고 준행해야 한다. 그러나 그들은 남에게 가르치기는 하면서 그 가르침을 실행하지 않았다. 그래서 예수님은 그들의 가르침은 받아들이되 그들의 행위는 본받지 말라고 하셨다.

"그들은 지기 힘든 무거운 짐을 묶어서 남의 어깨에 지우지만, 자기들은 그 짐을 나르는 데, 손가락도 꼼짝하려고 하지 않는다"(마 23:4).

율법학자들과 바리새인들은 모세가 준 것보다 더 엄격한 법을 사람들에게 지키도록 하였다. 그들은 율법을 구체적으로 어떻게 지켜야 하는지를 가르치기 위해서 모세의 율법을 더욱 세분화하였다. 예를 들면 모세는 단순히 안식일을 거룩히 지켜야 한다고 가르쳤다. 그러나 랍비들을 어떻게 하는 것이 안식일을 거룩히 지키는 것인지를 토론하였다. 그리고는 이 안식일을 거룩히 지키도록 하기 위해서 안식일에 해서는 안 되는 일들을 39개에 걸쳐 제시하였다.

결국 이러한 안식일 규례들은 사람들에게 무거운 짐이 될 수밖에 없었다. 랍비들에게는 사람들이 감당할 수 없는 무거운 계명들을 그들에게 지워서는 안 된다는 일반적인 원칙이 있었으나(탈무드 Kama. 79b), 실제로는 감당하기 어려운 많은 계명들이 더해졌다. 감당하기 어려운 무거운 계명이라도 일단 그것이 만들어졌으면 지켜야 한다고 그들은 가르쳤다(탈무드 Nidd. 66a).

예수님은 율법학자들과 바리새파 사람들을, 남들에게는 무거운 짐을 지우면서 자신들은 그 짐을 나르는 데 손가락 하나 꿈짝 않는다고 비판하셨다. 탈무드에도 자신의 짐은 가볍게 하면서 다른 사람들의 짐은 무겁게 한다는 비판이 나와 있다(탈무드 Sot. 21b).

학자들은 이 구절에 나오는 나르다 또는 옮기다(move)라는 말이 "제거하다"(remove, move away)는 뜻이라고 본다(참조, 계 2:5; 6:14).[24] 이렇게 볼 때, 이 비난은 바리새파 사람들이나 율법학자들은 무거운 계명(짐)들을 제거하기 위해서는 손 하나 움직이지 않는다는 뜻이 된다. 그들은 점점 무거운 계명만 사람들에게 지웠지 그 계명들을 가볍게 하지는 않았는데, 예수님은 이러한 것을 비난하신 것으로 보인다.

> "그들이 하는 행실은 모두 사람들에게 보이려고 하는 것이다. 그들은 경문곽을 크게 만들어서 차고 다니고, 옷술을 길게 늘어뜨린다"(마 23:5).

율법학자들과 바리새인들은 보이기 위해 행동했다. 랍비들도 보이기 위해 행동하는 것을 경고했다. 토라를 공부하더라도 현자나 랍비, 또는 장로라 불리기 위해서 공부해서는 안 된다고 가르쳤다(예루살렘 탈무드 Shev. 4:2, 35b; 탈무드 Ned. 62a). 토라의 면류관을 세상적으로 사용해서도 안 된다고 가르쳤다(미쉬나 Avot 1:13).

그들은 보이기 위해 경문 곽을 크게 만들어서 차고 다녔다. 이 경문 곽은 테필린(Tephillin)이라고 부르는 네모진 곽이다. 그 안에는 조그만 두루마리가 들었는데, 거기에는 출애굽기 13:1-10, 11-16과 신명기 6:4-9; 11:13-21이 씌어 있다. 유대인들은 이것을 머리와 왼쪽 팔뚝 주위에 차고 아침저녁으로 기도했다. 이 경문 곽을 차는 관습은 출애굽기 13:9, 6; 신명기 6:8; 11:18에 근거한 것이다. 예수님은 남에게 보이기 위해 경문 곽을 차고 다니거나 크게 하면 안된다고 하셨는데, 탈무드에도 같은 경고가 나온다(탈무드 Men. 37b, 예루살렘 탈무드 Ber. 2:3, 4c).

경건한 유대인들은 이 경문 곽과 더불어 겉옷에 옷술을 차고 다녔다. 옷술을 다는 관습은 민수기 15:38 이하의 말씀에 근거한 것이다. 이 옷술을 다는 겉옷은 모든 유대인들이 다 입었으나, 랍비와 같은 사람들은 이 겉옷을 길게 하고 다녔다. 아마 예수님은 마가가 기록한 것처럼 이렇게 긴 옷(옷술이 아니라)을 입고 다니는 랍비들의 관습을 지적하신 것으로 보인다.[25)]

"잔치에서는 윗자리에, 회당에서는 높은 자리에 앉기를 즐기고"(마 23:6).

유대인들은 자리예법이 분명했다. 자리는 신분에 따라서 다르게 배치되었다. 법정에서는 지혜에 따라 자리가 정해지고, 상에서는 나이에 따라 자리가 정해졌다. 손님이 왔을 때는, 의자가 두 개 있으면 더 귀한 손님이 먼저 자리를 잡게 하고 그 다음에 다른 손님을 앉게 했다. 의자가 세 개 있을 때는, 제일 귀한 손님이 가운데 자리에 앉고 그 다음 귀한 손님이 그의 오른쪽에 앉고 그 다음 사람은 왼쪽에 앉았다(T. Ber. 5:5; 예루살렘 탈무드 Ta'an 4, 68a; 탈무드 Ber. 46b).

바리새인들은 인사 받기를 좋아했다. 유대인들은 인사 예법도 엄격했다. 인사는 아랫사람이 윗사람(또는 더 많이 배운 사람, 학자)에게 먼저 해야 했다. 그러나 배운 사람이 겸손하게 먼저 인사하는 경우도 많이 있었다. 요하난(Johanan b. Zakkai)은 위대한 랍비였으나 항상 먼저 인사를 했으며, 시장에서 이방인을 만나도 먼저 인사를 했다고 한다(탈무드 Ber. 17a).

예수님은 으뜸되는 사람이 다른 사람들을 섬겨야 한다고 가르치셨다. 랍비들은 아브라함이 나그네를 대접했을 때, 그들이 우상을 숭배하는 이방인임을 알고서도 대접했다고 본다. 이처럼 위대한 아브라함도 비천한 이교도들을 섬겼으므로 위대한 사람은 다른 사람들을 섬겨야 한다고 가르쳤다(참조, Sifre Deut. 38; Mek. Exod. 18:12; 탈무드 Qid. 32b; 미쉬나 Avot 6:5; 탈무드 Ber. 7b, 47b; 탈무드 Ket. 96a). 한편 예수님은 "높아지고자 하는 자는 낮아지고 스스로를 낮추는 자는 높아질 것이다"라는 가르침을 주셨다. 랍비들도 똑같은 가르침을 주었다. "자신을 낮추는 자는 하나님께서 높여주실 것이고, 스스로를 높이는 자는 하나님께서 낮추실 것이다"(탈무드 Er. 13b; 탈무드 Sanh. 17a).

> "율법학자들과 바리새파 사람들아, 위선자들아, 너희에게 화가 있다! 너희는 사람들 앞에서 하늘나라의 문을 닫기 때문이다. 너희는 자기도 들어가지 않고, 들어가려고 하는 사람도 들어가지 못하게 한다"(마 23:13).

예수님은 율법학자들과 바리새파 사람들을 위선자로 몰아붙이면서 맹렬한 어조로 그들을 비난하셨다(참조, 13, 23, 25, 27, 29절). 랍비들 자신들도 위선자들에 대해서 격렬한 비난을 했다. 예를 들면 지옥에 떨어질 자들이라고 했다(탈무드 Sot. 41b). 하나님의 쉐키나(임재, 영광)를 받지 못하는 사람들 네 부류가 있는데, 조롱하는 사람(mockers), 위선자, 거짓말쟁이, 그리고 비방하는 사람들이 여기에 속한다고 했다(탈무드 Sot. 42a; 탈무드 Yom. 86b).

바리새인들은 자기들뿐만 아니라 다른 사람도 하늘나라에 들어가지 못하도록 방해하며, 개종자들을 그들보다 더 못된 지옥의 자식으로 만든다고 예수님은 통탄하셨다. 바리새인들이 하늘나라의 문을 막아놓는다는 것은 무엇을 뜻하는지 분명하지 않다. 유대 기독교인들을 회당에서 축출하는 것을 언급하는 것으로 보이기도 하며, 그리스도를 반대함으로써 하늘나라의 문을 막아놓고 있다는 뜻으로 보이기도 한다.

> "너희는 '누구든지 성전을 두고 맹세하면 아무래도 좋으나, 누구든지 성전에 금을 두고 맹세하면 지켜야 한다' 하고 말한다"(마 23:16-22).

랍비들은 성전의 금이나 제단의 제물을 두고 맹세하는 것은 지켜야 하나, 그렇지 않고 성전이나 제단만을 두고 맹세하면 지키지 않아도 괜찮다고 가르쳤다. 유대인들은 하나님의 이름으로 맹세를 하지 않았다. 그 대신 하나님에 대한 간접적인 칭호인 "은혜로우신 분", "자비로우신 분"과 같은 표현을 사용하여 맹세를 하였다.

그러다가 후에는 예루살렘이나 성전과 같은 것을 두고 맹세를 하였다. 그러나 나중에는 "맹세한다"는 말은 생략한 채 "예루살렘을 두고", "성소를 두고"라는 식으로 맹세를 하였다. 예수님은 그런 것을 두고 맹세를 하지 말라고 하시면서, 아예 맹세를 해서는 안 된다고 가르치셨다(이에 대해서는 제3장의 "맹세에 대하여"를 참조하라).

"너희도 겉으로는 사람에게 의롭게 보이지만, 속에는 위선과 불법이 가득하다"(마 23:28).

예수님은 바리새인들에게 겉은 깨끗하나 속은 더러운 잔과 같다고 책망하시면서, "먼저 잔 속을 깨끗이 하여라. 그러면 그 겉도 깨끗하게 될 것이다"라고 하셨다. 예수님 당시에 바리새파의 주류를 이루고 있던 샴마이 학파는 잔의 속은 더러울지라도 겉은 깨끗해야 한다고 가르쳤다. 반면에 나중에 바리새파의 주류가 된 힐렐 학파는 잔의 속이 먼저 깨끗해야 한다고 가르쳤다. 이 점에 있어서 예수님은 샴마이 학파보다 힐렐 학파에 더 가깝다고 볼 수 있다. 그러나 예수님은 여기에서 실제적인 잔을 의미하시는 것이 아니라, 마음을 잔에 비유하신 것이다.

유대인들은 해마다 예루살렘 가까이 있는 무덤들에 회칠을 했다. 이는 예루살렘에 명절을 지키러 올라오는 사람들에게 무덤을 분명하게 인식할 수 있게 하여 제의적으로 부정해지지 않게 하기 위함이었다. 예수님은 바리새인들과 율법학자들이 이러한 회칠한 무덤과 같다고 비난하셨다. 그들의 외적인 행동은 아름답게 칠한 무덤과 같으나, 겉보기와는 달리 내부는 부패했다는 책망을 하셨던 것이다. 이처럼 겉과 속이 다르기에 예수님은 그들을 위선자라고 부르셨다.

"그리하여 의인 아벨의 피로부터 너희가 성소와 제단 사이에서 살해한 바라갸의 아들 사가랴의 피에 이르기까지 땅에 죄 없이 흘린 모든 피가 너희에게 돌아갈 것이다"(마 23:35).

아벨은 성서에 나오는 최초의 희생자였다. 바라갸의 아들 사가랴가 누구인지에 대해서는 논란이 많다. 이 사가랴를 세례 요한의 아버지로 보는 사람도 있고, 예언자 사가랴로 보는 사람도 있다(슥 1:1, 7). 아마 그는 역대기하에 언급된 여호야다의 아들을 가리키는 것으로 보인다(24:20-22). 이렇게 볼 때 그를 예로 든 것은 그가 히브리 성서의 마지막 책인 역대기하(현재의 구약성서와 그 순서가 다르게 편집되어 있다)에 나오는 희생자이기 때문이라고 할 수 있다. 즉 성서에 나오는 최초의 무고한 희생자인 아벨로부터 시작해서 마지막 희생자인 사가랴까지 땅에 죄 없이 흘린 모든 피에 대한 대가를 받게 될 것이라는 것이다.

24 재난[또는 종말]의 징조 (마 24:3-14; 막 13:3-13; 눅 21:7-19)

재난의 징조 가운데 하나는 많은 사람들이 자신이 그리스도(메시야)임을 주장하면서 사람들을 미혹하는 것이다. 본디오 빌라도의 통치로부터 시작해서 예루살렘이 멸망될 때까지 그리고 코크바의 반란 때까지 많은 사람들이 일어나 이스라엘을 기적적으로 구원할 것을 약속하였다. 그러나 그들의 이름이나 주장은 별로 알려지지 않고 있다.

신약성서 가운데서도 이러한 실례들을 발견할 수 있다. 드다와 "이집트인" 등이 기적을 행할 수 있다고 주장하며 사람들을 미혹했다(행 5:36; 21:38). 이처럼 사람들을 미혹하는 자들이 많이 나타나긴 했으나, 자신을 메시야로 주장한 사람들에 대한 기록은 거의 없다. 한편 유대인들은 제2차 반란 사건을 주도한 코크바를 메시야로 믿기도 했다. 따라서 당시의 유대 기독교인들은 이 반란 사건에 참여하지를 않았으며, 그로 인해 유대교와 더욱 멀어지게 되었다.

또 다른 재난 또는 종말의 징조 가운데 하나는 전쟁이다. 유대인들은 마지막 때가 되면 이방인들이 이스라엘과 예루살렘을 공격해 들어올 것이라고 믿었다. 그들은 이 전쟁에서 이방인들이 하나님의 능력으로 완전히 패망하게 될 것이라고 믿었다. 예루살렘은 "새 예루살렘"이 되어 금과 온갖 보석으로 단장되며 더욱 확장될 것이고, 세계의 수도가 되며, 흩어져 살던 모든 유대인들이 이곳에 와서 살게 될 것이라고 기대했다.

랍비들도 전쟁이 일어나면 메시야의 발자국 소리에 귀를 기울여야 한다고 가르쳤다(창세기 랍바 42:4; 탈무드 Sanh. 97a). 그러나 끝없는 전쟁이 일어나도 아직 끝은 아님을 기억하라고 예수님이 말씀하셨다.

마지막 때에는 전쟁과 더불어 처처에 기근과 지진이 있을 것이다. 유대인들은 전쟁과 기근과 지진을 전형적인 하나님의 형벌로 이해하였다(사 8:21; 13:13; 14:30; 렘 14:12; 16:4; 24:10; 32:24; 겔 14:21; 희년서 23:13). 밧모 섬의 요한도 마지막 심판 때의 모습을 똑같은 모습으로 그리고 있다(계 6:8, 12).

그 때가 되면, 예수님을 따르는 사람들은 핍박을 받게 될 것이다. 사람들은 서로가 미워할 것이다. 위경과 랍비 문헌들도 마지막 때가 시작되면 사람들이 서로를 미워하게 될 것이라고 말한다(제4 에스드라 6:18ff; 탈무드 Sanh. 97a; 미쉬나 Sot. 9:5). 제4 에스드라서는 마지막 때에는 불법이 성할 것이라고 예견했다(5:1ff). 랍비들은 메시야의 발자국 소리가 들려오면, 억측이 난무할 것이고, 이단 사설이 판을 치고, 잘못을 책망하는 사람도 없고, 말할 수 없는 죄들이 성행하게 되며, 진리라고는 찾아볼 수 없게 될 것이라고 가르쳤다(미쉬나 Sot. 9:15).

그러나 이런 일들이 일어나도 아직 마지막은 아니다. 복음이 온 세상에 전파되고 난 다음에야 끝이 올 것이다(참조, 마 26:13). 예수님은 자신의 사역을 유대인들에 한정시키셨다(마 10:5-6). 예수님 당시의 제자들도 마찬가지였다. 그러나 예수님은 이방인들도 하늘나라에 포함될 것임을 말씀하셨다. 그렇게 하심으로 후에 사도들이 이방인들에게 복음을 선포할 수 있는 길을 열어 놓으셨다. 한편 대부분의 유대인들도 어떤 모양으로든지 이방인들도 하늘나라에 포함될 것이라고 믿고 있었던 것으로 보인다. 이방인들도 마지막 때에는 회개할 것이라고 생각했던 것이다.

25 가장 큰 재난(마 24:15-22; 막 13:14-20; 눅 21:20-24)

그러므로 너희는 예언자 다니엘이 말한 바 '황폐하게 하는 가증스러운 물건이 거룩한 곳에 선 것'을 보거든, (읽는 사람은 깨달아라) 그 때에 유대에 있는 사람들은 산으로 도망하여라(마 24:15-16).

"황폐하게 하는 가증스러운 물건"은 다니엘 8:13, 9:27, 11:31, 12:11을 배경으로 하고 있다. B.C. 167년에 시리아의 왕 안티오쿠스 4세는 성전 제단자리에 제우스 신상을 세워 놓았었다. 후에 유다 마카비가 일어나 이 신상을 치워 버렸다(마카비 상 1:54, 59; 6:7). 이 물건이 빌라도가 예루살렘으로 가져온 황제의 상을 의미한다고 보는 사람들도 있다. 제롬은 지성소에 세워 두었던 베스파니안 황제의 상이라고 보았다. 크리소스톰은 무너진 성전 터에 세운 티투스의 상이라고 생각했다.

예수님은 이런 가증한 물건을 성전에 두게 되면 산으로 피하라고 하셨다. 이 말씀에 따라서 기독교인들은 로마에 대한 유대인들의 제1차 반란 사건이 일어났을 때에, 유대인들과 함께 로마에 항거하지 않고 요단강 건너편 산악 지대인 베레아에 있는 벨라(Pella)로 피했었다.

이렇게 피난가야 할 일이 생겼을 때에 임신한 여자들은 위험하다. 이런 일이 겨울에 생겨도 어렵다. 겨울에 생기면 불행이 겹치게 되기 때문이다. 한편, 솔로몬 성전이 무너졌을 때 하나님께서는 기간을 연장하셔서 여름이나 겨울에 그 일이 일어나지 않게 하셨다고 랍비들은 생각했다(예레미야 애가 랍바 1:14[56a]). 또한 이런 일이 안식일에 일어나지 않도록 기도하라고 하셨다. 이는 안식일을 범하지 않도록 하기 위해서이다. 마가와 누가의 평행구절에서는 안식일에 대해서 언급하지 않고 있다. 따라서 어떤 학자들은 마태의 이 구절은 기독교인들이 아직도 안식일을 준수하고 있었을 마태 당시의 상황을 반영하는 것이라고 이해하기도 한다.[26]

이 환란은 다니엘이 예언했듯이, 전에도 없었고 후에도 없을 가장 큰 환란이 될 것이다(참조, 단 12:1). 그러나 다니엘도 예언했듯이 하나님께서는 구원받을 사람들을 보호하여 주실 것이다(단 12:1). 요한계시록의 기본적인 사상 가운데 하나가 하나님의 자녀들도 큰 환란과 고통을 당하지만 하나님께서 그들을 지켜주셔서 그러한 것들을 다 통과하게 하신다는 것이다.

26 거짓 그리스도의 미혹과 인자의 오심

(마 24:23-31; 막 13:21-27; 눅 17:23-28, 37)

거짓 예언자들은 표적과 기적을 가지고 사람들을 유혹할 것이다. 이적과 기적을 통하여 유혹하는 것은 거짓 예언자들의 특성이다(신 13:2-3; 마 7:22-23; 살후 2:9-11; 계 13:13, 14; 16:14. 참조, 마 24:11). 사도행전에 나오는 드다와 "이집트인"도 기적을 행할 수 있다는 거짓말로 많은 사람들을 미혹했다(행 5:36; 21:38). 그리스도(메시야)가 "광야"에 있다고 해도 믿지 말고 "골방"에 있다고 하여도 믿지 말아야 한다. 예수님은 메시야가 번개같이 오실 것이라고 하셨는데, 유대인들도 흔히 메시야가 오실 때 구름을 타고 오시며 번개 빛과 같은 것으로 세상을 다 비추며 오실 것이라고 생각했다(Apoc. Bar. 53:1ff; PR 36[162a], 15[71b]; 예레미야 애가 랍바 2:8[99b]; PRK 12[47b]).

메시야가 올 때에는 하늘의 천체들이 그 기능을 상실하게 될 것이라는 사상은 구약성서 뿐만 아니라 위경, 신약성서, 랍비 문헌에서 공통적으로 발견된다(사 13:10; 24:23; 34:4; 욜 3:3; 4:15; 제4 에스드라 5:4; 에녹 80:4-7; 레위의 유언 4:1; Asup. Mos. 10:5; 벧후 3:12; 레 6:12ff; 탈무드 Sanh.

91b; 탈무드 Pes. 68a; 탈무드 Suk. 29a). 메시야가 올 때에는 모든 사람이 가슴을 치며 울 것이다. 이는 스가랴 12:10-12의 예언을 반영한다. 그는 구름을 타고(단 7:13; 계 1:7) 천사들과 함께 오실 것이며 나팔 소리와 함께 임하실 것이다(참조, 사 27:13).

27 그 날과 그 때 (마 24:36-44; 막 13:32-37; 눅 17:26-30, 34-36)

때의 징조가 나타나긴 할 것이지만, 그 날과 그 때는 아무도 모른다. 그 때는 노아의 홍수의 때와 같을 것이다. 노아의 홍수 때 사람들은 홍수 심판이 임박한 것도 모르고 먹고 마시고 즐겼다. 여기에서 예수님은 그들의 방탕한 생활보다도 그들의 무방비 상태, 즉 심판의 임박성에 대한 무지를 지적하신 것으로 보인다. 노아 당시의 사람들은 홍수가 나기 전까지 홍수 심판이 임할 것이라는 사실을 전혀 알지 못했다. 그래서 그들은 노아가 만든 방주를 부수려고 했다는 이야기가 미드라쉬에 나오고 있다(창세기 랍바 32:7; Sifre Deut. 337). 이와 같이 홍수 이야기를 하신 목적은 "그러므로 너희도 준비하고 있으라. 너희가 생각지도 않은 때에 인자가 올 것이기 때문이다"는 말씀을 하시고자 하기 위함이었다.

그 날에는 한 사람은 남겨두고 한 사람을 데려감을 당할 것이다. 이 말씀은 로마 군인들이 유대인들에게 일을 시키기 위해 차출하는 관습을 배경으로 하고 있다. 예를 들면, 두 사람이 밭에서 일하고 있을 때, 갑자기 예고도 없이 로마인들이 와서 한 사람은 일을 시키기 위해 데려가고 한 사람은 그냥 놔두는 것처럼, 그 날도 그와 같을 것이라는 것이다.

도둑도 마찬가지다. 언제 도둑이 올지 안다고 하면 도둑맞지 않도록 준비할 수 있을 것이다. 도둑은 생각하시 않은 때에, 준비하고 있지 않을 때에 갑자기 온다. 여기에서도 예수님의 재림의 갑작스러움을 경고하고 있는 것이다. 노아의 홍수 때처럼, 갑자기 로마 사람들이 일을 시키고 데리고 가는 것처럼, 그리고 도둑이 갑자기 한 밤중에 들이닥치는 것처럼, 예수님도 그렇게 갑작스럽게 임할 것이므로 "준비하고 있어야 한다"는 것이 예수님의 메시지이다.

랍비들도 메시야는 생각지 않은 때에 임하게 될 것이라고 믿었다. 그들은 갑자기 생각지도 않은 때에 일어나는 일이 세 가지가 있다고 가르쳤다. 보물을 발견하는 일과, 전갈이 나타나는 일, 그리고 메시야가 임하는 일이 바로 그것이다(탈무드 Sanh. 97a).

CHAPTER 5 예수님의 비유

01 예수님의 비유와 하나님의 나라

다음은 예수님의 비유를 "하나님 나라"의 관점에서 해석한 헌터의 분류에 따라 정리한 것이다.[1] 우리는 여기에서 비유가 예수님의 가르침의 주제인 "하나님의 나라"와 어떤 관계를 갖고 있는지 발견할 수 있을 것이다.

1. 하나님 나라의 도래

1) "새 포도주는 새 부대에"(막 2:21-22)

헌 옷조각과 헌 부대는 옛 질서(유대교, 율법)를, 새 옷조각과 새 포도주는 새 시대(하나님의 새로운 질서)를 말하는 것으로서, 하나님 나라를 의미한다.

2) 겨자씨의 비유(막 4:30-32; 눅 13:18f)

하나님 나라의 확장을 나타내는 비유로서, 작게 시작하나 왕성하게 확장될 것임을 말해준다.

3) 누룩의 비유(눅 13:20-21; 마 13:33)

하나님 나라의 성장을 누룩이 부푸는 것에 비교하였다. 여기에서는 겨자씨와의 비유와는 달리 급속한 성장을 말하고 있다.

4) 씨가 자라는 비유(막 4:26-29)

하나님 나라의 확장에 대해서 말하고 있으나, 여기에서는 농부의 인내를 필요로 함을 가르치며 하나님 나라는 하나님께 맡겨야 함을 보여주고 있다.

5) 가라지 비유(마 13:24-30)

하나님의 나라가 아직 완전히 임하지 않았기 때문에 악인(가라지)과 의인(알곡)이 같이 있는 것이다.

6) 그물 비유(마 13:47-48)

가라지의 비유와 같이 "분리"의 때가 올 것이다.

7) 씨의 비유(막 4:3-8)

농사짓는 농부에게처럼 하나님 나라의 확장에는 여러 가지 장애물이 있겠지만, 마침내는 "추수"의 때가 올 것이며, 예상치 못한 수확을 거두게 될 것이므로 용기를 갖고 기다려야 한다.

8) 강한 자의 비유(막 3:23-27)

하나님 나라가 임하면서 사탄의 세력이 패배를 당할 것이다.

9) 빈 집의 비유(눅 11:24-26; 마 12:43-45)

하나님의 나라가 임하므로, 사탄의 세력에서 벗어난 자들이 하나님이 계속 그들을 다스릴 수 있도록 해야 한다.

10) "잔치 때는 금식하지 않는다"(막 2:19-20)

하나님 나라는 잔치와 같다.

이상의 비유들은 하나님 나라의 도래와 성장, 성공적인 진행과 기쁨을 비유하고 있다.

2. 하나님 나라의 은혜

1) 포도원 품꾼의 비유(마 20:1-15)

하나님의 나라는 일한 대가가 아니라 은혜로 주어지는 것이다.

2) 두 아들의 비유(마 21:28-31)

하나님 나라의 문을 죄인들(첫아들)에게도 열어준 것에 대해 불만스러워 하는 바리새인들(둘째 아들)에게 주신 비유.

3) 빚진 자의 비유(눅 7:41-43)

더 많이 탕감 받은 자가 더 감사한다는 이 비유도 죄인들에게 하나님 나라를 허락한 은혜에 대해 말하고 있다.

4) 큰 잔치와 청함을 받은 자의 비유(눅 14:16-24)

하나님 나라는 흔히 잔치에 비유된다. 이 잔치 자리에 어떻게 자격 없는 자들이 참여하게 되었는지를 이 비유는 보여주고 있다. 여기에서도 예수님은 죄인들과 이방인들을 염두에 두고 계신 것으로 보인다. 이 비유는 또한 하나님 나라를 거부한 사람들에 대해서 경고하고 있다.

5) "높이는 자는 낮아지고 낮추는 자는 높아지리라"(눅 14:7-11).

예절에 대한 가르침이 아니라 하나님 나라의 비유이다. V.I.P. 의식을 갖고 있는 사람들(하나님께서 자신에게 특별한 호의를 베푼다고 믿는 사람들)에 대한 경고이다. 하나님이 인정하시는 사람만이 하나님 앞에서 높임을 받는다는 메시지를 주고 있다.

6) 바리새인과 세리의 기도(눅 18:10-14a)

하나님은 죄인을 "의롭게 하시는" 분이심을 가르친다.

7) 잃은 양과 동전의 비유(눅 15:4-10)

양 한 마리, 동전 하나를 찾아도 그 주인이 그렇게도 기뻐하는데, 하물며 하나님께서 잃은 사람들(죄인)을 찾으시면 얼마나 기뻐하시겠는가를 보여주는 비유이다.

8) 탕자의 비유(눅 15:11-32)

둥지는 죄인들을, 큰 아들은 바리새인과 사두개인들을 대표하며, 이 비유 역시 잃은 자를 찾는 기쁨을 말하고 있다.

이상의 비유들은 하나님 나라에 죄인들도 참여하게 된다는 사실을 선포하고 있으며, 이에 대해 불만을 품고 있는 자들에게 그 정당성을 말해주고 있다. 이 비유들은 오직 하나님의 은혜로만 하나님의 나라에 참예할 수 있음을 보여준다.

3. 하나님 나라의 사람들

1) 감추인 보화와 진주의 비유(마 13:44-46)

하나님 나라를 소유할 준비가 되어 있는지를 묻는 비유. 하나님의 나라는 결단이 필요하다.

2) 망대 지으려는 사람과 전쟁 나가려는 왕의 비유(눅 14:28-32)

예수님을 따를 준비가 되어 있는지를 묻는 비유로서, 완전한 헌신(위임)을 요구하고 있다.

3) 새 것과 옛 것의 비유(마 13:52)

옛 것(예수님을 따르기로 한 서기관이 갖고 있던 율법 또는 옛 질서)을 새 것(하나님의 나라)에 적용시켜야 한다는 가르침.

4) 종의 임무의 비유(눅 17:7-10)

이 비유의 일차적인 타겟은 자신들의 행위를 공로로 여기는 바리새인들이었다. 하나님의 나라는 공로에 대한 보수가 아니다. 하나님의 나라의 사람들은 보수를 바라지 않고 순종해야 한다는 가르침.

5) 불의한 청지기의 비유(눅 16:1-8)

지혜의 중요성과 더불어 하나님을 위해서 물질을 어떻게 사용해야 하는가를 보여주고 있다. 즉 하나님께서는, 세상 물질을 잘 다루는 것과 마찬가지로 하나님의 일도 잘 다룰 수 있는 사람을 필요로 하신다는 것이다.

6) 밤중에 찾아온 친구의 비유(눅 11:5-8), 불의한 재판관의 비유(눅 18:2-8a), 좋은 것으로 자식에게 주는 아버지의 비유(마 7:9-11; 눅 11:11-13)

하나님은 기도하는 자들에게 응답해 주시므로 믿음으로 기도하라는 비유.

7) 용서의 비유(마 18:23-35)

천국을 소유한 사람들은 다른 사람을 용서해야 한다는 것을 가르치는 비유.

8) 선한 사마리아인의 비유(눅 10:30-37)

도움을 필요로 하는 모든 사람들에게 사랑을 베풀어야 함을 가르치는 비유.

9) 반석 위의 집 비유(마 7:24-27; 눅 6:47-49)

하나님 나라의 백성은 그리스도의 말씀대로 살아가야 한다는 것을 가르치고 있다.

이상의 비유들은 하나님 나라의 백성이 된 사람들이 어떻게 살아가야 함을 잘 보여주고 있다. 예수님은 이러한 비유들을 통해서 천국 백성에게는 헌신(결단)과 희생, 사랑, 용서, 믿음, 순종 등이 필요함을 가르치셨다.

4. 하나님 나라의 위기

1) 날씨의 징조(눅 12:54-56)

날씨의 징조는 알지만, 하나님께서 축복과 저주를 위해 오시는 것을 알지 못함을 책망하는 비유.

2) **장터에서 노는 아이들의 비유**(눅 7:31-32; 마 11:16-17)

반응이 없음을 책망하는 비유.

3) **어리석은 부자의 비유**(눅 12:16-20)

"때"에 관한 비유. 사람들이 돈에 집착하고 있을 때, 어느날 갑자기 대 파국이 일어날 것을 경고하는 비유.

4) **맛 잃은 소금의 비유**(눅 14:34-35), **등불의 비유**(마 5:15; 눅 11:33), **충성스런 종과 불충한 종의 비유**(눅 12:42-48), **달란트의 비유**(마 25:14-28)

신실하지 못한 사람들에게는 심판이 닥칠 것임을 경고하는 비유.

5) **열매 맺지 못하는 무화과나무의 비유**(눅 13:6-9), **피소자의 비유**(눅 12:57-59; 마 5:25-26), **부자와 나사로의 비유**(눅 16:19-31)

회개하지 않으면 하나님의 심판이 내릴 것이라는 비유.

6) **기다리는 종들의 비유**(눅 12:35-38), **도적의 비유**(눅 12:39), **열 처녀의 비유**(마 25:1-13)

"위기"가 곧 닥칠테니 "준비하라"는 비유들.

7) **주인의 아들의 비유**(막 12:1-11)

예수님 자신의 자전적인 이야기로서, 예수님의 고난에 대한 비유.

8) **양과 염소의 비유**(마 25:31-46)

"작은 자"에게 사랑과 관심을 베푸는 자가 하나님 나라를 소유한다는 사실을 보여주는 비유.

이 비유들은 전반적으로 어두우며 짙은 그림자가 드리워져 있다. 하나님 나라의 도래에 따른 심판이 중심 주제로서, 그 때를 "준비하라"

고 촉구하고 있다.

이상의 비유들을 통해서 예수님은 하나님 나라가 임했으며, 그 나라는 점차적으로 확장되어 나갈 것임을 선언하셨다. 이어서 하나님 나라를 가져오신 하나님의 은혜에 대해 선포하시고, 다음으로 하나님 나라를 이어받을 자들의 자격에 대해서 말씀하셨다. 그리고 마지막으로 "하나님 나라의 위기"에 관한 비유를 통해 심판을 선언하시면서 "준비"를 촉구하셨다. 마침내 예수님은 십자가와 부활 사건을 통해 "새언약"을 확립하시고, 하나님의 나라를 모든 믿는 자들에게 다 열어 놓으셨다.

02 땅의 비유 (마 13:1-9; 막 4:1-9; 눅 8:4-8)

농부는, 때로는 밭을 갈기 전에 씨를 뿌리기도 한다. 어떤 씨는 길가에 뿌려진다. 여기에서 "길가"는 사람들이 다니는 길이라기보다 밭에 농부가 다니도록 나 있는 길들을 말한다. 여기에 뿌려진 씨앗은 뿌리도 내리지 못하고 죽어버리게 된다. 또 어떤 것은 돌밭에 뿌려져서 조금 뿌리를 내리다가 말라 죽어 버리게 된다. 팔레스타인은 대부분 토양이 얕고 그 밑은 돌로 되어 있음을 반영하는 말씀이다. 어떤 씨는 조금 자라다가 가시떨기들 때문에 죽어버리고 말기도 한다. 가시덤불을 뿌리 뽑지 않고 잘라버리거나 태워버리게 되면 다시 살아서 씨앗보다 더 빨리 자라서 이런 결과를 낳게 된다. 그러나 어떤 씨는 잘 자라서 30, 60, 100배의 결실을 맺는다. 30, 60, 100배의 결실은 꽤 좋은 추수에 속한다. 그러나 기적적인 수확은 아니다.

학자들은 이 비유가 본래는 예수님의 사역에 대해 의혹의 눈길을 보내는 사람들에게 준 것이었다고 생각한다. 사람들의 눈에 예수님의 선교가 실패처럼 보였으며, 별로 성과가 없는 것에 대해 제자들은 낙심했을 것이다. 이 비유는 그들에게 주는 변호와 격려였을 것으로 보인다.

이 비유의 초점은 추수에 있다고 할 수 있을 것이다. 어떤 씨는 잘 자라서 30배, 60배, 100배의 결실을 거두어들이는 것처럼, 예수님의 선교활동도 결국은 큰 수확을 거두어들이게 될 것이라는 사실을 이 비유를 통해서 말씀하시고자 했던 것이다. '지금은 나의 선교 활동이 실패처럼 보이고 아무런 희망도 없는 것처럼 보이지만 그러나 마지막에는 큰 수확을 거두어들이게 될 것이다. 그러므로 온갖 역경 가운데서도 수확을 기다리며 씨를 뿌리는 농부처럼 나도 계속 씨를 뿌릴 것이다.'

조그만 겨자씨가 크게 자라듯이, 조그만 누룩이 온 밀가루 반죽을 다 부풀리듯이(마 13:31-33; 막 4:30-32; 눅 13:18-21), 그리고 한 알의 씨앗이 100배의 결실을 맺듯이 하나님의 나라는 계속적으로 성장하고 확장되어 나갈 것이라는 메시지가 이 비유 속에 담겨져 있다.

한편, 이 비유에 대한 해석 부분에서 씨는 하나님의 말씀을, 땅은 그것을 받아들이는 사람들의 마음의 상태를 나타내는 것이라고 말하고 있다. 하나님의 말씀을 모두가 다 받아들이는 것은 아니고, 그 말씀은 사람들의 마음의 상태에 따라서 다른 결과를 가져온다. 여기에서 중요한 것은 씨앗(하나님의 말씀)이 아니고 밭(사람들의 마음)이다. 하나님의 말씀이 열매를 맺지 못하면 이는 사람들의 책임이지, 하나님의 말씀이 능력이 없어서가 아니다. 예수님의 사역이 이렇다할만한 결실을 거두고 있지 못했던 것은 바로 사람들에게 그 원인이 있었음을 예수님은 말씀하시고 있는 것이다.

이는 농부에게 있어서도 마찬가지이다. 얼마나 결실을 맺느냐 하는 것은 밭에 달려있는 것이지 씨에 달려있는 것이 아니다. 그러기에 유대인들은 토지를 대단히 중요시 여겼다. 구약성서에는 땅을 위해서 7년에 한 번씩은 휴경기를 가져야 한다고 가르치고 있다. 지금도 유대인들 가운데는 토지 안식년을 지키는 사람들이 있다.

여기에서는 하나님의 말씀을 듣는 자들의 태도 또는 마음의 밭을 네 가지로 분류하고 있다.

1) 길가와 같은 마음
2) 돌밭과 같은 마음
3) 가시떨기와 같은 마음
4) 옥토

말씀을 듣고도 깨닫지 못하는 자가 있고, 환란이나 핍박이 일어나는 때에 넘어지는 자가 있고, 이생의 염려와 재리의 유혹과 기타 욕심이 들어와 말씀을 막아 결실지 못하는 자가 있다. 그런가 하면 30배, 60배, 100배의 결실을 거두는 자도 있다. 누가는 말씀을 즉시 빼앗기는 자, 잠깐 믿다가 말씀을 배반하는 자, 말씀이 온전히 열매 맺지 못하는 자, 그리고 말씀을 결실하는 자로 구분한다.

랍비들은 배움과 관련해서 네 종류의 사람들이 있다고 가르쳤다 (Avot 5:12).

1) 속히 배우고 금방 잊어버리는 사람
2) 천천히 배우고 천천히 잊어버리는 사람
3) 속히 배우고 천천히 잊어버리는 사람
4) 배우는 데는 느리며 잊어버리는 데는 빠른 사람

열심히 배우고 천천히 잊어버리는 사람이 가장 바람직하며, 배우는 데도 느리고 그 배운 것도 쉽게 잊어버리는 사람은 최악의 경우이다. 길가와 같은 마음을 가진 사람, 돌밭과 같은 마음을 가진 사람, 그리고 가시떨기와 같은 마음을 가진 사람은 시간의 차이는 있지만 다 하나님의 말씀을 끝까지 갖고 있지 못하고 잃어버리는(빼앗기는)

사람들이다.

하나님의 말씀이 결실을 맺기 위해서는 우리가 그 "말씀을 듣고 받아(accept)"야 한다(막 4:20). 또는 "말씀을 듣고 지켜(retain)"(눅 8:15)야 한다. 어떻게 말씀을 받아들이고(accept, receive) 그것을 지키느냐(retain, preserve) 하는 것이 관건이다.

랍비들은 현자 앞에 앉아서 배우는 사람들의 태도를 네 가지로 구분하였다(미쉬나 Avot 5:12).

1) 스펀지와 같은 사람
2) 깔때기와 같은 사람
3) 여과기와 같은 사람
4) 키와 같은 사람

스펀지와 같은 사람은 스펀지처럼 모든 가르침을 다 받아들여서 갖고 있는 사람이다. 깔때기와 같은 사람은 깔때기처럼 모든 것을 다 받아들이지만 동시에 그것들을 다 쏟아 내보내는 사람이다. 여과기와 같은 사람은 가치 없는 것만 남기고 좋은 것은 다 내보내는 여과기처럼, 좋은 것은 다 버리고 쓸데없는 것만 간직하는 사람이다. 마지막으로 키와 같은 사람은 곡식을 까불어 알곡만을 골라내는 키처럼, 쓸데없는 것을 다 걸러내고 좋은 것만 간직하는 사람을 두고 말하는 것이다.

말씀이 결실하는 데는 "착하고 좋은 마음"이 필수적이다(눅 8:15). 랍비 요하난 벤 자카이(Johanan ben zaccai)가 그의 다섯 제자들에게 바른 길을 가기 위해서 제일 중요한 것이 무엇인가를 물었다. 그들은 각각 좋은 눈을 갖는 것(Eliezer), 좋은 동료를 갖는 것(Jehoshua), 좋은 이웃을 갖는 것(Jose), 통찰력(Simeon)이라고 대답을 했다(미쉬나 Avot 2:9). 그러나 랍비 엘레아자르(Eleazar)는 좋은 마음을 갖는 것이라고 대답했다.

그러자 그 질문을 던진 랍비 요하난 벤 자카이는 엘레아자르가 가장 좋은 대답을 했다고 했다. 왜냐하면, 좋은 마음은 나머지 다른 사람들이 말한 모든 것을 다 포함하고 있기 때문이었다. 여기에서 좋은 눈은 관대함을, 좋은 동료는 우정을, 좋은 이웃은 동정(sympathy)을, 통찰력은 경험을 통해 배우는 것을 말한다. 좋은 마음은 이 모든 것을 다 포함한다.

03 가라지의 비유와 그물의 비유 (마 13:24-30, 36-43, 47-50)

봄에 이스라엘에 가면 가라지가 아무데서나 무성하게 자라는 것을 볼 수 있다. 나는 그 가라지가 처음에는 야생밀인 줄 알았다. 밀과 가라지가 그 정도로 유사하다. 그렇기 때문에 이 비유에서도 언급하고 있는 것처럼 가라지를 뽑으려고 하다가 밀을 뽑는 경우가 생길 수도 있다.

가라지의 비유는 마태복음에만 나오는 비유로서 밤중에 은밀히 자라는 씨의 비유(막 4:26-29)와 비슷하지만 다른 비유이다. 도마복음에도 다음과 같은 가라지의 비유가 나오고 있다.

> 예수님이 말씀하셨다. 아버지의 나라는 좋은 씨를 가진 어떤 사람과 같다. 그의 적이 밤에 와서 좋은 씨들 중에 가라지를 뿌렸다. 그 사람은 종들에게 가라지를 뽑아내지 못하게 하였다. 그는 그들에게 이렇게 말했다. '너희는 가라지를 뽑아버리자는 의도로 밭에 나가지 말라. 너희는 그것과 함께 곡식을 뽑으리라. 추수의 날에 가라지는 뚜렷이 드러나게 될 것이니 그 때 뽑아서 태워버릴 것이니라'(말씀 57).

이 비유는 마태복음에 나오는 비유와 상당히 유사함을 발견할 수 있다. 이 가라지 비유의 메시지는 인내를 가르치는 비유이다. 가라지를 뽑으려다 알곡까지 뽑을 염려가 있으므로 참고 기다렸다가 추수할 때에 뽑아야 한다는 것이 비유의 요점이다.

예수님 당시에 여러 종파에 속한 사람들은 자신들을 다른 사람들과 구별하는 경향이 있었다. 바리새인들은 자신들만이 의인이라 생각하고 자신들을 특별히 "죄인들"로부터 구분하려 하였다. 쿰란 종파 사람들은 자신들만이 "빛의 자녀"이고 그들과 함께 하지 않는 모든 사람들은 "어둠의 자식들"로 여겼다. 열심당원들은 당장에 알곡과 가라지를 구분하여, 가라지와 같은 로마인들을 유대 땅에서 뽑아내야 한다고 생각했다.

예수님의 제자들 가운데서도 성급한 구별과 심판을 추구하는 사람들이 있었다. 예수님은 이러한 시대적인 경향에 대하여, 이 비유를 통해 참고 기다리라고 말씀하시고 있다. 아직은 마지막 때(추수할 때)가 아니므로 그 때까지 참고 기다리면 하나님의 심판이 있을 것이라는 것이다.

예수님은 다음과 같이 이 비유의 의미를 설명하셨다. 좋은 씨를 뿌리는 자=인자, 밭=세상, 좋은 씨=천국의 아들들, 가라지-악한 자의 아들들, 가라지를 심은 원수=마귀, 추수 때=세상 끝, 추수꾼=천사.

추수 때에는 가라지들이 불살라질 것이다. 즉 불법을 행하는 자들은 음부에 던져져 거기서 울며 이를 갈 것이다. 그러나 의인들은 해같이 빛나게 될 것이다. 구약성서와 신구약 중간기 문헌에서도 추수를 심판의 때, 또는 종말로 비유하고 있음을 발견할 수 있다(제4에스드라 4:30-32; 제2바룩 70:2; 사 32:13-15; 렘 31:27-28; 호 2:21-23; 6:11).

이 비유와 직접적인 관련성은 없는 것이라 할지라도 가라지와 알곡에 관한 비유는 랍비들에게서도 발견할 수 있다. 밀이 잘 자라서 열매를 맺게 되었다. 그러자 줄기가 뽐내며 이렇게 말했다. "나를 위해서 씨가 뿌려졌지."
잎이 말했다. "나를 위해서 씨가 뿌려졌지."
그러자 밀알이 이렇게 말했다. "잘 봐라. 추수 때가 가까웠고, 이제 모두가 다 나를 위해서 씨가 뿌려졌음을 알게 될 것이다."
추수 때가 되자 줄기와 그루터기는 불살라지고, 가지와 잎은 바람에 날려 보냈다. 그리고 밀알만 곳간에 들였다(PRK Piska 10).

여기에서 밀은 이스라엘을, 그리고 다른 것들은 이방인들을 의미한다. 이 비유는 이방인들이 세계는 자기들을 위해서 만들어졌다고 하지만, 때가 되면 그렇지 않다는 것을 알게 될 것이라는 가르침을 주는 비유이다. 여기에서도 추수 때가 되면 알곡과 가라지가 분리되어 가라지는 불살라지게 될 것이라고 한다. 이는 하나님의 심판을 뜻하는 것으로서, 유대인들은 하나님의 심판을 불살라지는 것으로 보았다. 이는 구약성서나 사해사본, 위경, 그리고 많은 랍비 문헌들에서 발견되는데, 예수님의 가라지의 비유에서도 잘 나타난다. 최후의 심판 때에는 알곡과 가라지의 분리될 것이라는 사상도 랍비들의 비유에서와 마찬가지로 예수님의 여러 비유들에서도 잘 드러난다.

또 이런 비유도 있다. 가라지가 밀에게 말했다. "우리가 너희보다 훨씬 아름답지. 비는 우리와 너희들을 위해서 오고, 햇빛도 우리와 너희를 위해서 비추어 주지."
그러자 밀이 말했다. "너희들이 말하는 것은 하나도 중요하지 않아. 우리가 말하는 것도 중요하지 않지. 중요한 것은 풍구란다. 풍구가 곳간을 위해서 우리를 분리시킬거야. 그리고 너희들은 공중의 새가 와서 쪼아 먹게 될 거야"(Aggadat Bershit 23).

이 비유에서도 심판에 대한 비유의 소재로서 알곡과 가라지가 사용되고 있다. 풍구와 곳간은 마지막 심판을 뜻한다. 그러나 예수님의 비유에서와는 달리 알곡은 이스라엘을, 가라지는 이방인들을 상징한다.

이처럼 예수님과 랍비들은 현재는 가라지와 곡식이 함께 자라고 있으나, 추수 때가 되면 이들은 서로 분리되어 가라지는 불에 살라지거나 바람에 날려 보내지게 될 것이고, 알곡은 곳간에 들여지게 될 것이라는 비유를 가르쳤다. 즉 이 세상에는 알곡과 가라지, 선인과 악인이 함께 존재하고 있다. 그러나 심판 때에는 모든 것이 다 드러나게 될 것이다. 가라지들은 마지막 때에 심판을 받게 될 것이다.

그러나 랍비들의 비유에서는 예수님의 비유와는 달리 가라지들의 오만이 강조되고 있다. 랍비들에게 있어서 가라지는 이방인을, 알곡은 이스라엘을 가리키시만, 예수님에게서는 알곡은 하나님 나라의 자녀들을, 가라지는 악한 자들을 의미한다. 예수님에게서는 민족적인 이스라엘의 구원 개념을 발견할 수 없다. 한편, 랍비들의 비유는 이방인들의 심판에 초점이 주어져 있으나, 예수님의 비유에서는 심판보다는 심판 때까지 참고 기다려야 한다는 사실이 강조되고 있다.

가라지 비유와 짝을 이루고 있는 그물의 비유에서도 최후의 심판을 "구별하는 것"으로 규정하고 있다. 즉 최후의 심판은 그물에 잡힌 많은 물고기들 가운데서 작은 것은 다 내버리고 좋은 것만 골라 담는 것과 같을 것이라고 한다.

위에서 살펴본 것과 같이 하나님의 심판을 "구별"로 보며 악인을 불속에 집어 던진다는 사상은 랍비들에게서 흔히 발견되는 보편적인 사상이다.

04 겨자씨와 누룩의 비유 (마 13:31-33; 막 4:30-32; 눅 13:18-21)

마태가 이 두 비유를 짝으로 제시하고 있는 반면, 마가는 겨자씨 비유만을 기록하고 있다. 한편 이 두 비유는 도마복음에도 나오고 있는데, 거기에서는 각기 별개의 비유로 제시하고 있다.

이 두 비유는 같은 주제를 다루고 있다. 즉 하늘나라는 겨자씨나 누룩과 같이 점진적으로 확장되어 나간다는 것이다.

나무에 새가 와서 깃들인다는 표현은 구약성서에서 많이 발견된다(삿 9:15; 사 51:16; 겔 17:23; 31:6; 단 4:20-21; 1:12). 다니엘서와 에스겔 3장에서 이러한 표현들은 왕국의 번성과 왕들의 자만심을 의미한다. 그러나 에스겔 17장에서는 하나님 나라의 회복을 상징한다. 예수님도 하나님 나라의 번성을 무성하게 자란 나무에 비유하셨다.

한편, 예수님은 하늘나라의 성장을 설명하기 위해 누룩을 비유로 드셨다. 그러나 누룩은 유대인들에게 있어서 항상 부정적인 의미만을 갖고 있었다. 예수님이 바리새인의 누룩을 조심하라고 하셨을 때도 마찬가지였다(마 16:5 이하; 막 8:14 이하). 누룩이 긍정적인 의미로 사용된 것은 이곳뿐이다. 누룩은 악한 성향을 상징한다. 유대인들은 유월절

전날 누룩을 다 집어내는데, 이는 불결한 것들을 다 제거한다는 의미가 있다. 바울도 누룩을 부정적인 의미로 말했다(고전 5:6-7). 그에게 있어서 누룩은 죄를 상징하는 것이었다.

따라서 당시 사람들은 감히 누룩을 하늘나라와 비교하려하지는 않았을 것이다. 그러나 예수님은 이 누룩의 속성 때문에 누룩을 하늘나라 비유의 소재로 사용하셨다. 즉 누룩은 온 가루반죽에 파고들어 그것을 부풀린다. 하늘나라도 이처럼 큰 영향력이 있으며 또한 성장할 것이라고 하는 것이 예수님이 이 비유를 통해 들려주시고자 했던 메시지였다.

05 감추인 보화와 진주의 비유 (마 13:44-46)

흔히 쌍둥이 비유라고 불리는 이 두 비유는 성경에서는 마태복음에만 나오나, 외경인 도마복음에도 나온다. 그러나 마태복음에서와는 달리, 도마복음에서는 이 비유들이 따로 따로 나오고 있다.

> 하나님의 나라는 자기 밭에 그가 알지 못하는 숨겨진 보물을 갖고 있는 사람과 같다. 그는 그 밭을 자기 아들에게 넘겨주고 죽었다. 그런데 그 아들도 그것을 알지 못했다. 그는 그 밭을 팔아버렸다. 그런데 그것을 산 사람이 밭을 갈다가 그 보물을 발견했다. 그는 그가 원하는 사람들에게 이자를 받고 돈을 빌려주기 시작했다(말씀 109).
>
> 예수님이 말씀하시기를, 아버지의 나라는 상품을 가지고 있다가 진주 한 알을 발견한 어떤 상인과도 같다. 그 상인은 현명했다. 그는 상품을 팔아서 이 진주를 사들였다(말씀 76).

감추인 보화의 비유는 남의 밭에서 우연히 보화를 발견한 사람에 관한 이야기이다. 요셉푸스에 의하면, 1세기의 팔레스타인에서는 가치 있는 물건들을 땅에 묻어 두었다.[2] 그것이 전쟁이나 정치적 불안이

초래할지도 모르는 사태에 대비한 최선의 방법으로 여겨졌던 것이다(참조, 마 25:25).

그러나 그것을 감춘 자가 죽임을 당하거나 포로로 끌려가면 그것은 아무도 모르게 땅에 묻혀 있거나 다른 사람에 의해 우연히 발견되기도 하였다. 성서를 통해서도 귀중한 것들은 땅에다 감추어 두는 풍습이 있었음을 알 수 있다(수 7:21; 욥 3:21-22; 잠 2:4; 전 5:12; 사 45:3; 마 25:18; 렘 41:8).

감추인 보화의 비유에서는 어떤 사람이 이 보화를 우연히 발견하고는 그 보화를 합법적으로 소유하기 위하여 모험을 감행한다. 그 재산을 다 팔아 보화가 감추어져 있는 밭을 산다. 진주의 비유에 나오는 진주 장사도, 좋은 진주를 찾아다니다가 그것을 만나서 모든 재산을 다 팔아 그것을 산다.

이 비유를 통해서 예수님은 천국의 가치가 어떤 것이며, 또 그것을 위해서 어떤 대가를 치러야 하는가를 보여주시고 있다. 예수님의 입장은 극단주의적인 것이었다. "모든 것을 다 팔아" 보화와 진주를 사야 했다. 그 보화와 진주는 그만큼 가치 있는 것이었다. 예수님은 자기를 따르려는 자들에게 그들이 어떤 희생을 지불해야 하는가를 분명히 말씀하셨다. 그들이 치러야 할 대가를 먼저 계산하게 하신 다음에야 그를 따르게 하셨다. 제자들은 모두가 다 그들의 모든 것을 버리고 주님을 따른 사람들이었다(눅 18:28-31; 막 10:28-30; 마 19:27-29). 예수님은 그들에게 그에 따른 보상을 약속하셨다.

메킬타(Mechilta)에도 이 비유들과 매우 유사한, 짝을 이루고 있는 두 개의 비유가 나온다. 첫 번째 비유는 랍비 요세(Jose Hagalili)가 한 것으로, 어떤 사람이 그가 물려받은 땅을 하찮은 것을 사기 위해 팔아버렸다. 그것을 산 사람이 거기에 우물을 파고 밭을 일구고 나무를 심고 과수원을 만들었다. 이것을 보고 그것을 판 사람이 속상해 했다. 왜냐하면 그는 하찮은 것을 위해서 땅을 팔았기 때문이다.

또 다른 비유는 랍비 시므온(Simeon b. Yochai)의 것으로서, 어떤 사람이 유산으로 한적한 시골에 있는 집을 이어받았다. 그는 그것을 팔아서 하찮은 것을 구입했다. 그러나 그 집을 산 사람은 그 집에 감추어져 있던 금, 은, 보화들을 발견했다. 이것을 보고는 그 집을 판 사람은 후회하였다(MRS 출애굽기 14:6). 이 비유들은 왜 바로가 이스라엘을 자기 땅에서 나가게 한 다음 그것을 후회하고는 마음을 바꾸었는가(출 14:5)를 설명하는 비유이다.

또 다른 비유를 우리는 아가서 랍바(Song of Songs Rabba)에서 보게 된다. 여기에서 랍비 시므온(Simeon b. Yochai)은 이집트를, 거름간으로 사용한 작은 땅을 유산으로 물려받은 사람에 비유를 하고 있다. 게으른 이 사람은 별것 아닌 것들을 사기 위해서 그것을 팔아버렸다. 그것을 산 사람은 즉시로 그것을 파기 시작했다. 그리고 보물을 발견하고는, 그것을 팔아서 멋있는 집을 짓고 많은 종들을 두고 살았다. 그 땅을 판 사람이 이것을 보고는 한탄을 했다(아가서 랍바 4:12). 이 비유도 이집트인들이 이스라엘 사람들을 무시해서 그들에게 집짓는 일이나 시켰는데, 나중에 그들을 이집트에서 나가도록 허락한 다음에야 그들의 가치를 깨닫고는 후회하였다는 것을 말해주는 비유이다.

이러한 비유들은 "감추인 보화와 진주의 비유"와는 직접적인 연관성은 없다. 그러나 그들은 서로 먼 친척지간이라고 할 수 있을 것이다. 이 비유들은 다른 시대에 다른 목적으로 말해진 것들이다. 마태복음에서는 하나님 나라를 이야기하기 위해, 메킬타에서는 출애굽 사건을 이야기하기 위해 이 비유들이 사용되었다.

한편, 랍비들의 비유에서는 판 사람이 자신이 소유하고 있는 것의 가치를 모르고 너무 싸게 판 것을 후회하는 것이 강조되고 있지만, 예수님의 비유 속에서는 그것을 얻게 된 사람들의 기쁨이 강조되고 있다.

06 잃은 양과 동전의 비유 (마 18:10-14; 눅 15:3-7; 15:8-10)

누가는 잃은 양의 비유, 잃어버린 동전의 비유, 잃은 아들(탕자)의 비유를 나란히 제시하고 있다. 누가에 의하면 예수님이 세리 및 죄인들과 함께 음식을 드시는 것을 보고 바리새파 사람들과 율법학자들이 수군거렸다. 이것을 보시고 예수님이 이 비유들을 말씀하신 것으로 되어 있다. 이 비유에서 잃은 양, 잃은 동전, 잃은 아들은 세리들과 죄인들을 가리킨다. 이 비유들을 통해 예수님은 이러한 잃어버린 것들을 다시 찾기 위해 오셨음을 선포하신 것으로 되어 있다.

마태복음에는 잃은 양의 비유만 나온다. 마태에 의하면 이 비유는 "이 작은 사람들 가운데 하나라도 업신여기지 않도록" 조심하게 하기 위해서 주어진 것으로 되어 있다. 이 비유의 결론은 이렇다. "이와 같이 이 작은 사람들 가운데 하나라도 망하는 것은 하늘에 계신 너희 아버지의 뜻이 아니다." 마태복음에서 잃은 양은 "작은 사람들"을 가리킨다. 여기에서 작은 자들은 어린이들이 아니라 믿음의 공동체에 속해 있는 약한 자들을 말한다. 마태는 이 비유를, 그런 이들을 죄짓게 하는 자는 화가 있다(마 18:6-9)는 가르침 다음에 위치시키고 있다. 그에 의하면 이 비유의 초점은 그들을 업신여기거나 망하게 하지 않도록 해야 한다는 데 있다.

이 작은 사람들을 넘어지게 하거나(마 18:6) 업신여기거나(마 18:10) 망하게 하지 않도록 해야 하는 것(마 18:14)은 하늘에서 그들의 천사들이 하나님의 얼굴을 늘 보고 있기 때문이다(누가복음에는 이 구절이 나오지 않는다). 여기에서는 수호천사(guardian angels)를 지칭하는 것으로 보인다. 수호천사의 개념은 시편 91:10-11에 잘 나타나 있다. "그가 천사들에게 명하셔서 네가 가는 길마다 너를 지키게 하실 것이니 너의 발이 돌부리에 부딪히지 않게 천사들이 두 손으로 너를 붙들어 줄 것이다." 사람은 누구나 그 자신의 개인적인 수호천사를 갖고 있다는 믿음은 랍비들의 지배적인 사상 가운데 하나이다(T. Shab. 17:2f; T. AZ 1:17f; 탈무드 Shab. 119b; Tan. Mishpatim 19). 이 천사들이 항상 하나님의 얼굴을 보고 있다는 것은 그들이 하나님에게 직접 나아갈 수 있다는 의미이다.

천사들은 다음과 같은 사역들을 통해 하나님의 자녀들을 섬긴다(히 1:14):

(1) 하나님의 자녀들에게 하나님의 뜻을 드러내준다(단 7:15-27; 8:13-26; 슥 4:1; 5:5; 6:5; 행 7:52-53; 갈 3:19; 마 1:2-25; 눅 1:11-20; 2:8-12; 계 1:1; 22:6, 8).

(2) 인도한다(마 1:20-21; 행 8:26; 10:1-8; 11:13-14).

(3) 하나님의 자녀들에게 필요한 것을 제공한다(창 21:17-20; 시 78:23-25; 왕상 19:6).

(4) 하나님의 자녀들을 보호한다(창 32:1-32; 단 3:24-28; 6:20-23; 왕하 6:16).

(5) 하나님의 백성들을 구출해 준다(계 7:1-14; 행 5:17-20; 12:5-10).

(6) 힘을 주고 위로한다(마 4:11; 눅 22:43; 행 5:19-20).

(7) 기도응답의 대리자 역할을 한다(단 9:20-24; 10:10-12; 행 12:1-17; 계 8:2-4).

잃은 양의 비유에서 목자는 100마리의 양을 치고 있는 것으로 되어 있다. 한 마리 양을 잃었을 때 목자는 아흔 아홉 마리는 그대로 두고 한 마리를 찾으러 갔다고 했는데, 랍비들도 이처럼 100을 아흔 아홉과 하나로 나누어 무엇인가를 설명하곤 했다.

우리는 잃은 양과 아들의 비유에서 잃은 것을 찾으려고 애쓰는 것과 마침내 찾았을 때의 기쁨에 충분히 동의할 수가 있다. 그러나 잃어버린 동전의 비유는 그렇지 않다. 동전 하나를 잃었다고 그렇게 염려하며 온 방을 밤새도록 다 뒤져 가며 찾으려고 애썼다는 것은 잘 이해가 가지 않는다. 더군다나 그것을 찾았다고 기뻐하며 온 동네 사람들을 다 불러 모아 잔치를 했다고 하니, 말이 되는가?

바이스(G. Christian Weiss)는 여기에서 동전은 단순한 동전이 아니라, 결혼의 표증으로서 남편이 아내에게 준 선물이었다고 한다.[3] 결혼 시 남편이 아내에게 열 개의 은화가 달린 목걸이를 주었다는 것이다. 이 선물은 평생 동안 아내가 목에 차고 있어야 했으며, 어떤 경우에도 그것을 팔거나 잃어버려서는 안 되었다. 그렇게 하는 것은 곧 남편에 대한 모욕으로 여겼다. 이 은화는 빚을 준 사람도 취하여 갈 수 없으며, 다만 남편이 죽었을 때 생계를 위해서만 사용할 수 있었다. 그렇기 때문에 이 여인은 그것을 잃어버렸을 때 그토록 찾으려고 애를 썼던 것이며, 그것을 다시 찾자 너무 기뻐서 잔치를 벌였던 것이라고 한다.

키너(Craig S. Keener)는 이 은화가 여자가 결혼할 때 가지고 온 지참금이었을 것이라고 생각한다.[4] 고대 세계에서 지참금은 어떤 경우에도 여자의 것으로 남아 있었다. 지참금으로 가져온 것이 은화 10개(10 데나리온, 1데나리온은 하루치 노동 임금)였다고 한다면 이 여자의 집은 가난했을 것이며, 따라서 가난한 사람과 결혼했을 것으로 보인다. 가난한 사람이 자신의 몫으로 가지고 온 돈을 잃어버렸을 때, 밤을 새워가며 찾을 수밖에 없었을 것이다. 그러나 그것을 찾았다고 온 동네잔치를 벌이는 것은 그녀의 생활 형편과 어울리는 것으로 보이지 않는다. 이것이 사실이라면 이 비유의 마지막 장면—잔치—은 하나의 과장으로 밖에 볼 수 없다.

07 용서할 줄 모르는 종의 비유 (마 18:23-35)

신도가 죄를 범했을 때 얼마까지 그를 용서해주어야 하는가 하는 질문에 예수님은 일곱 번을 일흔 번까지라도 용서해야 된다고 가르치셨다. "일곱 번을 일흔 번까지"는 "일흔일곱 번까지"로도 번역할 수 있다. 누가복음에는 하루에 일곱 번까지라도 용서해야 된다고 되어 있다. 용서에 대한 랍비들의 가르침에 대해서는 제3장의 "주기도문"의 설명을 참조하라.

이런 용서에 대한 가르침을 주신 다음 이 비유를 베푸셨다. 이 비유에는 예수님의 다른 많은 비유에서처럼 "어떤 왕"이 등장하고 있다. 랍비들의 비유들에서도 "어떤 왕"이 많이 등장하는데, 이는 하나님을 지칭한다. 종들의 빚을 탕감해 준 왕은 결국 인간들의 죄를 용서해주시는 하나님을 말하는 것이다. 이 비유에서는 왕에게 빚을 진 사람들이 등장하고 있다. 죄를 지은 것을 왕에게 빚을 진 것으로 표현한 것이다. 주기도문에서도 죄지은 것을 빚을 진 것으로 비유하고 있다. "우리가 우리에게 죄지은 자를 용서해 준 것같이"(마 6:12. 참조, 눅 11:4)는 본래 "우리가 우리에게 빚을 진 사람들을 용서해준 것같이 우리 빚을 용서하여 주옵시고"이다. 누가는 빚이라는 상징적인 표현 대신에 죄라고 직접적으로 표현하였다. 이는 유대인들의 사고방식에 익숙하지 못한 이방인들을 염두에 두고 그렇게 한 것으로 보인다. 아람어로 hoba는 빚, 의무, 죄, 또는 죄책감의 의미를 갖고 있다. 죄를 빚으로 볼 때, 용서는 탕감으로 볼 수 있다. 이 비유는 이러한 사실을 잘 보여주고 있다.

이 비유는 이웃을 용서하지 않는 자들은 하나님께서도 그들을 용서하지 않는다는 사실을 강조하고 있다. 이 비유에서 무자비한 종은 많은 빚을 탕감 받았으면서도 자신에게 빚진 동료의 보잘 것 없는 작은 빚은 탕감해주려고 하지 않았다. "왕이 그 무자비한 종에게 은혜를 베풀 수 있겠는가?"라고 예수님은 반문하시고 있다. 시락서는 이렇게 가르치고 있다.

> 당신의 이웃이 당신에게 잘못한 것을 용서하라. 그러면 당신이 용서를 받기 위해 기도할 때, 당신은 용서받을 수 있을 것이다. 다른 사람에 대하여 분노를 참지 못하면, 어떻게 주님에게 치유해 달라고 할 수 있겠는가? 다른 사람에 대하여 자비한 마음을 갖지 못하면서 자신의 죄를 위해 어떻게 기도할 수 있는가?(28:2-4)

가말리엘 베랍비(Gamaliel Berabbi)는

> 다른 사람들에게 자비한 자는 하늘로부터 자비를 얻게 될 것이다. 그러나 다른 사람들에게 자비를 보이지 않는 자는 하늘로부터 자비를 얻지 못하게 될 것이다

라고 가르쳤다(탈무드 Shab. 151b).

이 비유에 보면, 빚진 사람에게 가족을 팔아서라도 빚을 갚으라고 강요하고 있는데, 구약 시대에 빚을 갚기 위해 자녀들을 종으로

팔았던 관습을 반영하는 것으로 보인다(왕하 4:1; 느 5:5; 사 50:1). 그러나 예수님 당시에는 그렇게 하지 않았다. 요셉푸스와 다른 랍비 문헌들은 도둑에게 변상을 시킬 때에 그 자녀들을 종으로 팔게 했었음을 보여주고 있으나, 빚을 갚도록 하기 위해 그렇게 하지는 않았었다. 도둑의 경우에도 아내는 팔지 않았다(미쉬나 Sot. 3:8).

또한 이 비유에서 빚을 갚지 못한 사람을 옥에 가두도록 했다고 했는데, 이는 로마의 법과 관습을 반영하고 있다. 그러나 유대 법은 이러한 것을 허락하지 않았다.

08 포도원 품꾼들의 비유 (마 20:1-16)

이스라엘에서 추수 때가 되면 큰 농장을 소유하고 있는 사람들은 일손이 달리기 때문에 장터에 나가서 일꾼들을 고용했다. 이렇게 고용된 일꾼들은 하루 종일 일을 했으며, 집에 돌아갈 때 삯이 지불되었다. 이는 모세의 율법에 따른 것으로서(레 19:13; 신 24:14-15), 그들은 가난한 사람들이었으므로 삯을 즉시로 지불하도록 되어 있었다.

포도원 주인은 자기 포도원에서 하루 종일 일한 사람과 반나절 일한 사람, 그리고 한 시간만 일한 사람 모두에게 똑같은 임금을 지불했다. 그러자 먼저 와서 일한 사람들이 주인에게 불평을 털어놓았다. 그 때 주인은 그들에게, 계약한대로 지불해 주었으므로 부당한 것이 없다고 하면서 이렇게 힐난하고 있다. "내 것을 가지고 내 뜻대로 할 것이 아니냐? 내가 선하므로 네가 악하게 보느냐?"

예루살렘 탈무드에 보면 유명한 랍비 히야의 아들 분(Bun b. Hiyya)이 죽자 랍비 제이라(Zeira)가 장례식 자리에서 이런 비유로 그를 추모했다.

랍비 분을 무엇에 비유할 수 있겠습니까? 그는 (포도원을 가진) 어떤 왕이 많은 일꾼을 고용했는데 그 중에서 다른 사람들보다 더 기술이 좋은 사람에 비유할 수 있을 것입니다. 왕이 어떻게 했을까요? 왕은 그 사람과 함께 여기저기 거닐었습니다. 저녁이 되어 일꾼들이 임금을 받기 위해 왔을 때, 그 왕은 그에게도 다른 사람들과 똑같이 지불했습니다. 그러자 일꾼들이 이렇게 불평했습니다. '우리들은 하루 종일 일했고 이 사람은 두 시간밖에 일하지 않았는데, 어떻게 우리와 똑같은 임금을 줄 수 있단 말인가?' 그러자 왕이 말했습니다. '이 사람은 당신들이 하루 종일 일한 것보다 두 시간 동안에 더 많은 일을 했소.' 마찬가지로, 랍비 분은 28년 동안 열심히 토라를 연구하여, 부지런한 학자가 백년에 걸쳐 배울 수 있는 것보다 더 많은 것을 배웠습니다(예루살렘 탈무드 Ber. 2:8, 5c. 참조, 전도서 랍바 5:11; 아가서 랍바 6:2).

이 두 비유에서는 공통적으로 공로와 은혜 그리고 보상의 주제를 다루고 있다.[5] 예수님의 비유에서와는 달리, 제이라의 비유에서 왕은 품꾼들과 사전에 품삯에 대한 계약을 하지 않았다. 또한 이 비유에서는 두 시간 일한 사람이 다른 사람들보다 훨씬 더 많은 일을 능률적으로 하였다. 그러므로 다른 사람들의 불평은 그 타당성이 없다.

그러나 예수님의 비유에서는, 맨 마지막에 와서 일한 사람이 더 능률적으로 일을 많이 한 것도 아니다. 그가 다른 사람들과 똑같은 품삯을 받은 것은 확실히 다른 사람들에게 불평을 살 수밖에 없는 것이었다. 이런 점에 있어서 이 두 비유는 다르다.

또 다른 하나의 랍비 비유를 들어보기로 하자.

어떤 왕이 두 사람을 고용했다. 그 중에 한 사람은 하루 종일 일하고 한 디나를 받았다. 다른 한 사람은 한 시간 일하고 한 디나를 받았다. 그러면 누가 그 왕에게 더 은혜를 많이 입었는가?

> 한 시간 일하고 한 디나를 받은 사람이다. 마찬가지로 우리의 선생인 모세는 120년간을, 그리고 사무엘은 52년간을 이스라엘을 위하여 일했다. 그러나 무소부재하신 하나님 앞에서는 둘 다 똑같다(미쉬나 Semahot Derabbi 3:2).

예수님의 비유에서처럼 여기에서도 왕은 관대한 사람으로 묘사되어져 있다. 그리고 한 시간만 일한 사람에게도 하루 종일 일한 사람과 똑같은 임금을 지불했다. 그것은 한 시간 일한 사람이 그럴만한 자격이 있어서가 아니었다. 여기에서 중심 주제는 하나님의 은혜(인간의 공로가 아니라!)이다.

이 비유는 120년간 하나님을 위해서 일한 모세나 52년간 일한 사무엘이나 하나님 앞에서는 똑같은 상급을 받는다는 사실을 강조하고 있다. 이 비유는 하나님께서 공로에 따라 보상하시지 않는다는 것을 잘 보여주고 있다. 모세가 사무엘보다 훨씬 오래 하나님을 섬기고 또 그보다 훨씬 많은 것들을 이루었음에도 불구하고 사무엘이 하나님 앞에서 모세와 똑같이 여겨지는 것은 하나님의 은혜로 말미암은 것이다.

미드라쉬 시편에 보면 이런 비유가 나온다.

> 어떤 왕이 일 잘하는 좋은 일꾼들을 고용해서 일을 시키고는 임금을 지불했다. 이 경우에 그 왕이 칭송받을 일이 무엇이 있겠는가? 그러나 일을 제대로 하지 못하는 일꾼들을 불러서 일을 시키고는 그들에게도 충분한 임금을 지불해 주었다면 이 때 왕은 칭송받을 만하지 않은가?(미드라쉬 시편 26:3)

여기에서도 하나님의 은혜가 중심 주제이다.

예수님의 이 비유는 자신들의 공로와 자격을 내세우며 자격 없는 사람들("죄인들"과 세리들)에게 특별한 은혜가 주어지는 것을 불평하는 사람들(바리새인이나 서기관 같은 종교 지도자들)에게 주어진 비유이다. 바리새인이나 서기관들은 자신들의 공로가 남다르므로, 다른 사람들보다 더 많은 상급(보상)을 받으리라고 믿었다. 그러나 하나님은 이 비유의 주인처럼, 자격 없는 사람들에게 은혜를 베푸시는 "자비로우신"(generous) 분이시다. 이 비유는 바로 하나님의 이러한 성품을 강조하고 있다. 그분은 마치 관대한 고용주와 같은 분이시다. 마지막에 와서 일한 사람이 하루 품삯을 다 받을 수 있었던 것은 고용주의 자비 때문이었다. 따라서 이 비유는 "포도원 일꾼의 비유"라기 보다 스타인이 명명했듯이, "자비로운 고용주의 비유"라고 부르는 것이 더 적절할 것이다.[6)]

이 비유는 하나님 나라에서의 상급은 사람들의 '공로'에 의해 결정되는 것이 아니라 하나님의 '은혜'에 의해 주어지는 것임을 가르치고 있다. 하나님의 나라는 일한만큼 보상받는(공로에 의해서 보상이 결정되는) 곳이 아니다. 자격이 없는 사람들을 위해서도 자리가 마련되어 있는 곳이 하나님의 나라이다.

그러나 맨슨에 따르면 초대 교회에서는 이 비유를 은혜보다 보상의 관점에서 이해했다고 한다. 처음부터 일한 열 두 사도나 당시에 뒤늦게 부름을 받고 일하던 제자들이나 하나님 앞에서는 똑같은 상급을 받는다는 교훈을 주는 비유로 이해했다는 것이다.[7)] 이 비유를 그렇게 해석함으로 당시에 어려움 가운데서 희생하며 일하던 많은 사람들이 격려와 위로를 받았을 것이라고 맨슨은 믿는다.

이 비유는 책망 섞인 질문으로 끝나고 있다. "내가 선하므로 네가 악하게 보느냐?" 이 구절을 문자적으로 옮기면 이렇다. "내가 선하므로 너의 눈이 악하냐?" 앞뒤가 잘 맞지 않는 표현이다. 무슨 말일까?

예수님 당시에는 악한 눈과 관대함은 서로 상반되는 개념이었다.

악한 눈이란 탐욕이나 인색함을 말하며, 선한 눈은 구제와 관대함을 뜻했다(이에 대해서는 제3장의 "성한 눈과 어두운 눈"을 참조하라). 여기에서 "악한 눈"의 반대 개념으로 사용된 "선함"은 "후함" 또는 "관대함"의 의미를 가지고 있다. 그래서 새번역 성서에서는 "내가 후하기 때문에, 그대 눈에 거슬리오?"라고 옮겼다. NIV 성서에서도 "나의 관대함을 네가 시기하느냐?"(Are you envious because I am generous?)라는 의미로 번역하였다. 따라서 이 구절을 의미를 살려 옮기면 이렇다. "너희가 탐욕스러우므로 나의 관대함이 눈에 거슬리는가?"

09 두 아들의 비유 (마 21:28-32)

마태복음에만 나오는 이 비유에는 두 아들이 나오고 있다. 큰 아들은 아버지의 말에 그렇게 하겠다고 답하고는 막상 그렇게 하지 않았다. 둘째 아들은 처음에는 아버지의 말을 거역하였으나, 나중에는 순종하였다. 여기에서 첫 번째 아들은 예수님을 따르지 않는 자들을, 두 번째 아들은 세리들과 창기들과 죄인들을 가리킨다.

랍비 문헌에는 이런 비유가 나온다. 왕이 자기 땅을 어떤 소작인에게 넘겨주려고 하였다. 첫 번째 사람을 불러서 물으니 그는 힘이 없어서 그렇게 할 수가 없다고 거절했다. 두 번째, 세 번째, 네 번째 사람도 마찬가지였다. 다섯 번째 사람은 왕에게 그렇게 하겠다고 대답했다. 왕은 그것을 잘 경작하겠다는 약속을 받고 그 땅을 그에게 넘겨주었다. 그러나 나중에 왕이 그 땅에 가보니 버려진 채로 있었다. 이 비유는 이러한 질문으로 끝맺고 있다.

> 왕이 누구에게 화를 내겠는가? 그 땅을 받을 수 없다고 말한 사람들에게 진노하겠는가? 아니면 그 땅을 받고서는 일도 하지 않은 채 내버려 둔 사람에게 진노하겠는가?(출애굽기 랍바 27)

10 포도원 주인의 비유 (마 21:33-46; 막 12:1-12; 눅 20:9-19)

로마의 통치 하에서 소수의 사람들이 많은 토지를 소유하고 있었다. 그들은 토지를 소작인들에게 맡겨 농사를 짓게 하였다. 이 소작인들은 자유농민이었다. 주인들은 대체로 그 소유하고 있는 토지로부터 멀리 떨어진 도시에 살았기 때문에 소작인들과 개인적으로 별로 접촉하지 않았다. 그들은 추수가 끝난 다음에 곡물을 세로 받았다. 주인이 소작인들에 대하여 사회적으로나 법적으로 힘을 가지고 있는 것이 사실이나, 이 비유에서는 마치 소작인들이 그러한 권한을 가진 것처럼 행동하고 있다. 이를 통해 예수님은 그들의 잘못을 지적하려 하셨던 것으로 보인다.

전통적으로 교회에서는 이 비유를 다음과 같이 알레고리적으로 해석해 왔다. 포도원=이스라엘, 집 주인=하나님, 농부들=유대 지도자들, 종들=예언자들, 아들=예수 그리스도, 농부들의 처벌=이스라엘의 배척, 다른 백성=이방인, 버린 돌이 모퉁이 돌이 됨=십자가에서 죽은 그리스도가 부활하심. 즉, 유대인들 또는 그 지도자들이 하나님이 보내신 예언자들을 핍박하고 죽였고 마지막에는 하나님의 아들마저도 죽였다. 그래서 이번에는 하나님께서 그들을 벌주시고 이방인들로 하여금 이스라엘을 대신하게 하셨다는 의미로 해석해왔다.

이 비유의 초점은 포도원에 있는 것이 아니라 포도원 일꾼들의 악함에 있다. 다시 말해, 포도원(하나님의 나라)을 누가 차지하게 되는가 하는 것이 이 비유의 핵심이 아니라는 것이다. 이 비유의 전반부의 초점은 포도원 농부들의 사악한 행동에 있다. 그들은 주인의 종들을 핍박했다. 그리고는 마침내 주인의 아들마저 죽였다. 주인의 종들이란 예언자들을 의미하며, 주인의 아들은 예수 그리스도를 의미한다. 그러나 이 포도원 농부들의 사악한 행동도 다만 전반부의 초점이지 전체 비유의 핵심은 아니다. 후반부의 스토리 없이는 이 비유는 그 본래의 의미를 잃어버리게 된다.

이 비유의 후반부는 돌에 관한 이야기로 되어 있다. 세 개의 복음서 모두 다, 버린 돌이 모퉁이 돌이 되었다는 시편 118:22-23을 예수님이 인용하신 것으로 되어 있다.

이 비유는 예수님 자신에 관한 비유이다. 십자가에 고난 당하시고 죽으실 것과 다시 살아나실 것을 이 비유를 통해 말씀하셨던 것이다. 이 비유의 포커스는 주인의 아들과 그의 승리에 있다. 이런 의미에서 이 비유는 “악한 포도원 농부들의 비유”보다는 “포도원 주인 아들의 비유”(헌터)라는 명칭이 더 적절할 것이다.[8]

이 주인의 아들은 어떤 아들이었는가? 마태복음에는 아무런 묘사 없이 단순히 주인의 아들이었다고 되어 있다. 반면 마가복음과 누가복음에는 그의 “사랑하는” 아들이었다고 되어 있다. 영은 “사랑하는” 아들은 “하나밖에 없는” 아들로 번역해야 한다고 주장한다. 그에 의하면, 헬라어 agapetos는 히브리어 יחיד의 번역으로서, 이 히브리어는 “사랑하는”이라는 의미뿐만 아니라 “유일한”의 의미도 가지고 있기

때문이다.[9)]

이 비유가 예수님의 자기 인식에 관한 비유라고 한다면, 기독론적으로 볼 때 "사랑하는 아들"이라는 표현보다는 "외아들"이라는 표현이 더 나을 것이다. 이 사실은 포도원 일꾼들이 그 아들을 상속자로 인식했다는 데서도 더 분명해진다. 그가 유일한 상속자였다는 사실은 그 아들의 이러한 신분을 잘 말해준다고 할 수 있을 것이다. 이런 의미에서 영은 "외아들의 비유"라는 명칭이 이 비유에 더 적절하다고 생각한다.

예수님은 시편 118:22-23의 말씀을 인용하면서 자신을 모퉁이 머릿돌로 주장하시고 있다. 이 비유에서 아들(ben)은 돌(eben)로 비유되고 있다. 히브리어로 로쉬 페나(Rosh Pena)라고 하는 이 돌은 건물의 기초를 이루는 돌이다. 건물은 이 돌에서부터 짓기 시작하며, 건물의 측량도 이 돌에서부터 시작한다.

다윗이 왕으로 기름부음 받게 된 일화는 주인이 내버린 돌이 어떻게 모퉁이 돌이 될 수 있었는가를 잘 보여준다. 사무엘이 이새의 아들들 가운데서 왕을 택하려고 이새의 집에 왔을 때, 이새는 다윗은 생각조차 않고 다른 아들들만 사무엘에게 보여주었다. 막내였으며 형들에 비해 보잘 것 없었던 다윗을 왕의 재목으로 생각지도 않았던 것이다. 그는 다윗을 "무시했다." 그러나 이처럼 건축자들(사무엘과 이새)에게 무시당한 그("버림받은 돌")가 왕으로 뽑히게 되고 모든 열왕들 가운데서도 가장 뛰어난 왕("모퉁이의 머릿돌")이 되었다(미드라쉬 Hagadol 신명기 1:17). 이러한 해석은 사해 사본에서도 발견된다.

"이 돌 위에 떨어지는 자는 깨어지겠고 이 돌이 사람 위에 떨어지면 저로 가루로 만들어 흩으리라"(눅 20:18). 에스더 랍바(Esther Rabba)에 이런 말이 나온다.

> 돌이 항아리 위에 떨어지면, 항아리에게 화가 있다. 만일 항아리가 돌 위에 떨어지면, 그 항아리에게 화가 있다. 어느 경우에 있어서나 항아리에게 화가 있다(7:10).

이 책에서 랍비 시므온(Simeon ben Jose)은 이스라엘 백성을 바위에 비교하면서 시편 118:22과 다니엘 2:45을 인용하고 있다. 이 책에서는 이스라엘 백성의 승리를 말하고 있다. 예수님이 돌에다가 붙인 이미지는 견고한 돌은 깨어지지 않고 모든 대적을 다 부술 것이라는 것이다. 이 비유에서 돌의 승리는 곧 그리스도의 승리를 상징한다. 이 비유는 모퉁이 돌이 되신 외아들(그리스도)의 승리(부활)가 그 주제이다.

한편 미드라쉬에 이런 비유가 나온다.

> 어떤 왕에게 땅이 있었다. 그는 그것을 소작인들에게 빌려주었다. 그러나 그들은 왕의 것을 훔치기 시작했다. 그래서 왕이 그들에게 빼앗아 그 자녀들에게 맡겼다. 그러나 그들은 그 아버지들보다 더 악하게 행하였다. 그래서 왕은 다시 그 땅을 빼앗아 그들의 자녀들에게 맡겼다. 그러나 이 사람들은 그들의 할아버지들보다 더 악한 것이 드러났다. 그런데 이 왕에게 아들이 하나 생겼다. 그러자 왕은 그들에게 이렇게 말했다. '다 내 땅에서 나가라. 내 것을 다 돌려주라. 그렇게 하여 나는 그것이 나의 것이라고 하는 사실을 다 알 수 있도록 하겠다'(Sifre Deut. 312).

이 비유는 예수님의 비유와 상당한 유사점과 아울러 상이점을 가지고 있다. 우선 이 두 비유에서 왕(또는 주인)이 등장하며 그 소유를 소작인들에게 맡긴다. 소작인들은 사악한 사람들이었다. 왕의 아들도 두 비유 모두에서 등장하고 있다. 그러나 예수님의 비유와 달리, 이 비유에서는 왕이 종들을 보내지 않는다. 소작인들은 단순히 왕의 것을 도적질했을 뿐, 그와 대결하려고는 하지 않는다. 또한 왕은 아들을 보내지 않았다. 그 대신 그는 땅을 아들에게 주기 위하여 소작인들에게서 땅을 취한다.

예수님의 비유에서 아들은 개인을 가리키나, 이 비유에서는 개인보다는 이스라엘 민족을 가리킨다. 사실 거의 대개의 경우, 랍비들의 비유 가운데서 아들은 이스라엘을 가리킨다. 이 두 비유는 서로 문학 양식은 비슷하나, 전혀 다른 컨텍스트에 위치하고 있으며, 비유의 적용이나 의도, 주제도 크게 다르다.

우리는 예수님의 비유를 랍비 요세(Jose Hagalili)의 비유와도 비교할 수 있다. 어떤 왕이 바다 건너 먼 곳으로 여행을 가게 되었다. 그는 여행을 떠나면서 사악한 사람에게 아들을 보호해 달라고 요청하려고 했다. 그러자 그의 친구들과 종들은 그렇게 하면 안 된다고 말했다. 그러나 왕은 그들의 말을 무시하고 아들을 사악한 자의 손에 맡겼다. 왕이 여행을 떠나자 이 사악한 보호자는 그의 도시를 다 부수어버리고, 왕의 집을 불질렀다. 그리고 왕의 아들을 칼로 살해했다. 왕이 한참 후에 돌아와서 이것을 보고는 자기 머리털과 수염을 뽑으면서 탄식을 했다. 그는 그 사악한 자에게 아들을 맡긴 것을 후회하며 한탄을 했다.

이 비유는 이스라엘의 고난과 예루살렘의 멸망과 관련해서 신정(神政, theodicy)의 문세를 다루고 있다. 예언자들은 이 비유에 나오는 친구들과 종들이 그랬던 것처럼, 하나님께 계속 이스라엘을 사악한 자들에게 맡기는 것의 위험성에 대해 이야기했다. 그러나 결국 사악한 자가 왕의 명과는 달리 예루살렘을 망치고 아들을 죽였다. 여기에서 하나님(왕)은 사악한 자(이스라엘의 원수들)에 의해 예루살렘이 패망하고(도시의 폐허) 그로 인해 수많은 사람들이 죽게 된 것(아들의 살해)에 대해 한탄하고 있는 것으로 되어 있다. 이 비유는 이처럼 특별한 역사적 사건(들)과 연관되어 있고 그렇게 해석해왔다.

예수님의 비유에서와 마찬가지로 이 비유에서도 왕 또는 주인과 그의 아들이 등장하며, 왕의 아들이 사악한 자들에 의해서 죽임을 당한다. 이 두 비유의 청중들은 주인(왕)이 그 아들을 사악한 자들의 손에 맡기고 결국은 그 아들이 죽임을 당한다는 이야기에 충격을 받는다. 그러나 예수님의 비유에서 아들은 포도원 상속자로서의 예수님을 가리키고 있다. 그의 죽음은 예언자들의 죽음과 같은 죽음이었다. 그러나 이 비유에서 예수님은 건축자들의 버린 돌처럼 취급당했으나 결국은 모퉁이 돌이 되신다. 이 비유를 통해 예수님은 앞으로 당하게 될 자신의 죽음과 부활을 알리시고 있다.

그러나 위의 랍비의 비유는 이미 일어난 역사적 사건(예루살렘의 패망과 수난)의 문제, 즉 어떻게 자기 백성을 사랑하시는 하나님이 이스라엘이 고통을 당하고 멸망하도록 내버려두실 수 있는가 하는 문제에 대한 하나의 답변이었다. 즉 그러한 비극과 관련해서 비난받아야 할 대상은 하나님이 아니라 사악한 보호자라는 것을 말하려는 것이었다. 그 사악한 자는 왕의 명을 어기고 그의 범주(boundary)를 넘어서는 행동을 했다는 것이다. 이처럼 예수님의 비유와 랍비의 비유들은 비슷한 소재와 내용, 플롯을 가지고 다른 컨텍스트에서 다른 의미를 전달하기 위해 사용되었다. 따라서 이 비유들의 테마와 초점도 각각 다름을 알 수 있다.

11 큰 잔치의 비유 (마 22:1-10; 눅 14:15-24)

관례적으로 잔치는 저녁때에 벌어졌는데, 누가복음에 "잔치"로 번역된 단어는 신약성서의 다른 곳에서는 흔히 "저녁 식사"로 옮겨져 있는 단어이다. 여기에서 언급되고 있는 잔치도 바로 저녁때에 행해진 잔치이다. 관습에 의하면 부자들은 손님을 두 번 초청한다. 잔치가 있기 전에 한 번 초청하고, 잔치가 다 준비된 다음에 한 번 더 초청한다. 누가복음에 나오는 비유는 이러한 관습들을 잘 반영하고 있다.

큰 잔치의 비유는 마태복음과 누가복음 외에도 도마복음에서도 소개되고 있다. 도마복음에 의하면, 주인이 잔치를 준비한 후에 종을 보내어 손님들을 초대했다. 그러나 사람들은 여러 가지 이유를 붙여 사양을 했다. 한 사람은 "나는 상인들에게서 돈을 받아야 하네, 그들이 저녁에 내게 올 텐데 내가 그들에게 지시를 해야 하네. 나는 잔치를 사양하겠네"라고 말했다. 다른 사람은 "나는 집을 한 채 샀는데, 그 일 때문에 하루를 보내야 하네"라고 거절했다. 또 다른 사람은 "내 친구가 장가를 가는데, 내가 잔치 음식을 준비해야 하네"라고 말했다. 마지막 한 사람은 "나는 소작료를 받으러 가야 하네"라고 대답했다.

이 사실을 주인에게 알리자 주인은 이렇게 말했다. "거리에 나가서 만나는 사람들을 다 데려다가 잔치에 참여하게 하라. 사는 자들과 파는 자들은 내 아버지의 집에 들어가지 못하리라"(말씀 64).

이 비유는 하나님의 나라에 관한 비유이다. 여기에서 잔치는 "메시야의 잔치"를 뜻한다(눅 14:15). 하나님의 나라는 흔히 잔치에 비유된다. 이러한 은유적 용법은 유대인들에게 잘 알려져 있었다.

이 비유의 요점은 하나님의 나라가 임하였으나, 원래 그것을 받아들일 것으로 여겨지던 사람들(유대인 지도자들, 혹은 유대인들)은 그것을 거부했고, 그래서 다른 사람들("죄인들"과 이방인들)이 그 나라에 참예하게 되었다는 것이다. 하나님은 사람들을 하나님의 나라로 초청하시고 있다. 그들의 구원은 이 초청을 받아들이느냐 거부하느냐에 달려 있다. 예수님은 이 비유를 통해 청중들에게 이렇게 말씀하시고 있다. "하나님 나라에서 너희들을 배제시킨 것은 하나님이 아니다. 너희들이 너희 자신들을 배제시킨 것이다."

초청받은 사람들은 다 나름대로 이유와 변명을 댔다. 그러나 예수님은 그들이 거절하는 이유를 제시하실 때 유머를 사용하셨다. 듣는 이들은 싱긋 웃었을 것이다. 그 이유는 이렇다. 누가복음을 보면, 첫 번째 사람은 밭을 샀으니 나가보아야 한다고 했다. 그러나 구입할 밭을 둘러보지도 않고 사는 사람이 있겠는가? 순서가 거꾸로 된 것이다. 두 번째 사람은 겨릿소 다섯을 샀으니 나가서 시험해보아야 한다고 했다. 그러나 일을 시킬 소를 시험해보지도 않고 사는 사람이 있는가? 이 사람도 순서가 거꾸로 된 것이다. 마지막 사람은 결혼을 해서 너무 바빠 갈 수 없다고 했다. 아내를 맞이한 사람이 저녁 초대에 갈 수 없을 만큼 바쁜 사람이 어디 있겠는가? 예수님은 그들이 참석하지 않는 이유를 비판적으로 그렇게 표현하셨던 것이다.

예루살렘 탈무드에 바 마얀(Bar Mayan)의 선행에 관한 이야기가 나온다. 바 마얀은 세리로서, 귀인들을 위해서 잔치를 베풀었으나 그들은 세리와 가까이하고 싶어 하지 않았기 때문에 오지 않았다. 그래서 그는 가난한 사람들을 데려다가 잔치를 베풀었다(예루살렘 탈무드 Sanh. 23c).

랍비 엘레아자르(Eleazar)는 이런 비유를 들었다. 한 왕이 "큰" 잔치를 열고는 종들에게 상인들만 초청하고 기술공들은 초청하지 말도록 시켰다. 그러나 종들이 돌아와서 보고하기를, 잔치를 너무 크게 차려서 상인들만 와서는 음식들을 다 먹을 수 없다고 했다. 그러자 왕은 기술공들도 초청하도록 했다(미드라쉬 시편 25:9).

누가복음에서도 "큰 잔치"를 열었음을 강조하고 있다. 그러나 손님들이 석어서 원래는 초청하시 않았던 사람들까지도 초청했다. 그래도 자리가 남자 다시 한 번 종들을 내보내어 사람들을 더 데려다가 자리를 채웠다.

이 비유는, 특별히 누가복음에서는, 하나님 나라가 유대인 사회에서 "죄인들"로 취급되거나 또는 소외된 자들에게도 허락되었으며, 더 나아가 이방인들에게도 열려져 있음을 선포하고 있다.

12 신실한 종과 신실하지 않은 종의 비유

(마 24:45-51; 눅 12:41-48)

주인과 종, 또는 왕과 신하는 유대의 비유들 가운데 가장 많이 등장하는 인물들이다. 이 경우 대개의 비유들은 부자인 주인이 종들에게 집안일을 맡겨 놓고 집을 떠났다가 돌아와서는 그들의 한 일에 대한 보응을 주는 내용으로 되어 있다. 왕과 신하의 경우도 마찬가지다. 이러한 비유들 가운데서 주인, 특별히 왕은 하나님을 가리킨다. 예수님의 비유들 가운데서는 달란트의 비유가 그 대표적인 예이다.

이 비유에서는 주인이 예기치 않을 때에 돌아왔다는 것이 그 초점이다. 이 비유에 나오는 악한 종은 주인이 늦게 돌아올 것이라고 생각한 것이 잘못이었다. 그렇지 않았더라면 그는 주인이 돌아올 것을 준비했을 것이다. 이렇게 악한 종들은 "주인"의 벌을 받고 "슬피 울며 이를 갈게" 될 것이다. 이러한 표현은 마태복음에 자주 나타난다(마 13:42, 50; 22:13; 25:30. 참조, 에녹서 40:12; 108:3, 5). 이 비유는 예수님의 재림은 언제 갑자기 임할 지 모르므로 준비하고 있으라는 교훈을 주기 위한 것이다.

13 열 처녀의 비유 (마 25:1-13)

유대인들은 신랑이 신부 집으로 가서 신부를 데려온다. 그리고 신랑 집에서 결혼식이 진행된다. 이 때 신랑과 신부를 대동하고 가는 사람들은 등불이나 횃불을 들고 가게 된다. 이러한 관습은 아주 오래된 것으로, "지붕 위의 바이올린"(Fiddler on the Roof)이라는 영화에 이러한 유대인들의 결혼식 장면이 생생하게 묘사되어 있다.

이 비유에는 신랑과, 그리고 신부 측에서 신랑을 기다리는 열 명의 처녀가 등장한다. 신부에 대한 언급은 없다. 열 명의 처녀가 등장하는 것은 아마도 결혼식을 하는 데 있어서 적어도 열 명이 필요했기 때문인 것으로 보인다. 유대인들은 의식을 거행하는 데 있어서 최소한 열 명은 참석하도록 되어 있었다.

이 신랑은 먼 곳에 살고 있었다. 그래서 그가 밤중에 오는 것은 확실하지만 언제 올는지는 아무도 알 수 없다. 늦은 밤이 되도록 신랑은 오지 않았다. 지혜로운 처녀들과 미련한 처녀들 모두 잠이 들고 말았다. 지혜로운 처녀들도 잠들었다는 것은 신랑(예수 그리스도)

의 도착(재림)이 얼마나 지연되었는가를 보여 줄 뿐만 아니라 신랑의 도착이 지혜로운 사람에게나 미련한 사람들에게나 모두 갑작스러운 것임을 강조하기 위한 것으로 보인다.

신랑을 기다리는 동안 신부의 친구들은 모두가 다 등을 준비했다. 아마도 대부분의 사람들이 생각하는 것과는 달리, 이들이 등불을 켜놓고 있지는 않았을 것이다. 왜냐하면 신부 집에서, 신랑을 기다리기 위해 그리고 경사스러운 날이므로 불을 훤히 밝혔을 것이기 때문이다. 아마 이 처녀들은 신랑이 왔다는 소리가 나자마자 잠에서 깨어나 등에 불을 켰을 것이다.

그러나 일반적으로 생각하는 것처럼 신랑을 기다리는 동안에 기름이 다 닳아서 미련한 다섯 처녀들의 등불이 막상 신랑이 왔을 때는 다 꺼져갔다고 보기보다는, 이들은 처음부터 등에 기름을 준비하지 않았던 것으로 보인다.[10] 즉 미련한 처녀들은 신랑(그리스도)이 오기를 기다리고는 있었지만 그를 맞을 개인적인 준비가 전혀 되어 있지 않은 사람들을 의미하는 것으로 보인다. 반면에 지혜로운 다섯 처녀들은 신랑을 기다리고 있었을 뿐만 아니라 그를 맞이할 준비도 충분히 하고 있는 사람들을 가리키는 것으로 보인다.

신랑이 도착했을 때 지혜로운 다섯 처녀는 안으로 들어가고 이어서 문이 닫혔다. 그래서 미련한 다섯 처녀는 들어갈 수가 없었다. 유대 사회에서는 공식적인 잔치의 경우, 초청받은 사람은 문 앞에 있는 종에게 자신이 초청받았음을 보여주는 증명서를 보여주어야 했다. 이는 초청받지 않은 사람을 잔치에 참여하지 못하게 하기 위해서였다. 시간이 되면 문은 닫히고 연회가 시작된다. 이렇게 일단 문이 닫힌 다음에는 누구도 연회에 참여할 수가 없게 되어 있다.[11] 이러한 관습은 다음과 같은 말씀에도 반영되어 있다. "집주인이 일어나서 문을 닫아 버리면, 너희가 밖에 서서 문을 두드리면서 '주인님, 문을 열어 주십시오'하고 졸라도, 주인은 '너희가 어디에서 왔는지, 나는 모른다'하고 대답할 것이다"(눅 13:25).

이 비유의 메시지는 이런 것이다: 신랑은 먼 곳에 있다(신랑은 그리스도를 나타낸다). 그는 늦은 밤이 되어도 오지 않았다(재림의 지연). 사람들은 그를 기다리다가 지쳐서 잠이 들었다(교인들의 상태). 그러나 그는 한밤중이 되어서야 도착했다(갑작스러운 재림). 그 때 모두가 다 놀라서 부랴부랴 그를 맞이할 준비를 했다. 그러나 어떤 사람들은 그를 기다리고는 있었지만 준비가 되지 않은 사람들도 있었다. 결국 그들은 하늘나라의 잔치 자리에 참석하지 못하고 만다.

14 달란트의 비유 (마 25:14-30; 눅 19:12-27)

이 비유를 종말에 관한 비유로 보는 학자들이 많이 있다. 그들은 이 비유를 알레고리적으로 해석하여, 주인은 그리스도를, 종들은 제자들을, 여행은 승천을, 오랜 후의 귀환은 재림의 지연으로, 돈 계산은 심판으로, 기쁨의 잔치는 구원의 잔치로, 그리고 어두운 곳은 지옥으로 해석한다.[12)]

그러나 이 비유를 청지기에 관한 비유로 볼 수도 있다. 이 부자는 자신의 재산을 종들에게 맡겼다. 재산을 맡은 종은 청지기이다. 하나님께서는 그의 자녀들에게 모든 것을 다 맡기셨다. 우리가 소유하고 있는 모든 것은 다 하나님께로부터 온 것으로서 하나님의 소유이다. 우리는 다만 그 소유를 관리하는 청지기일 뿐이다. 이것이 바로 성서적인 물질관이다.

유대인들도 같은 물질관을 갖고 있었다. 청지기는 주인의 재산을 잘 관리해야 할 의무가 있다. 첫째와 둘째 종들은 그 재산을 잘 관리하여 칭찬을 받았다. 그들은 작은 일에 충성하여 주인의 인정을 받았던 것이다.

랍비들은, 하나님께서는 어떤 사람이 작은 일에 신실함을 보이기 전까지는 그를 사용하시지 않는다고 가르쳤다. 그들은 모세가 위대한 하나님의 사람이 될 수 있었던 것은 그가 광야에서 그에게 맡겨진 작은 양떼들을 잘 관리했기 때문이라고 한다. 다윗도 그에게 맡겨진 양떼들을 잘 돌보는 것을 보시고 하나님께서 그에게 하나님의 백성을 맡기신 것이라고 한다(미드라쉬 랍바 출애굽기 11:3). "네가 작은 일에 충성하였으매 내가 많은 것으로 맡기리라"는 가르침은 유대인들에게 잘 알려져 있었다.

랍비들은 하나님께서 우리에게 맡겨주신 달란트로 하나님을 영화롭게 해야 한다고 가르쳤다. 한 구두쇠가 재산을 다 팔아서 금덩어리를 샀다. 그리고는 그것을 땅에다 파묻어 놓았다. 그는 매일 그것을 묻어놓은 곳에 가서 금덩어리를 확인했다. 하루는 그것을 보고 있던 사람이 금덩어리를 훔쳐가고 말았다. 그러자 그의 친구가 이렇게 말했다. "친구여, 자네가 그것을 소유했을 때 그것은 자네 것이 아니었네. 자네가 금덩어리를 갖고 있었을 때 자네는 그것을 사용하지 않았지. 하나님께서 주신 재능을 사용하지 않고 내버려 두면, 그것들을 하나님께서 도로 취하여 가신다네."

세 번째 종은 그것을 땅에 파묻어 놓았다가 결국은 도로 빼앗기고 말게 되었다. 그는 주인이 "굳은" 사람이라서 그렇게 했노라고 변명했다. 그는 하나님께 대해 잘못된 이미지를 갖고 있었다. 하나님은 자비로운 분이시지 결코 "굳은" 분이 아니다. 그 종은 주인을 두려워했다. 그래서 땅에다 그것을 묻어 놓았던 것이다. 그 당시에는 땅에다 묻어 놓는 것이 가장 안전한 방법이었고, 그 묻어놓은 것에 어떤 일이 생겼을 경우에도 책임을 모면할 수가 있어서 그렇게 한 것으로 볼 수 있다.

우리는 하나님을 두려워하는 그러나 불신실한 종의 이야기에 관한 비유를 랍비들에게서 들을 수 있다. 한 왕에게 두 종이 있었다. 한 사람은 그 왕을 두려워하면서 사랑하는 사람이었고, 다른 한 사람은 두려워하기만 하는 사람이었다. 왕이 먼 길을 가면서 두 종에게 그의 궁전과 모든 재산을 다 관리하도록 했다. 왕을 사랑하면서 존경하는 사람은 부지런히 왕의 궁전과 재산을 관리했다. 그는 궁전에다 나무도 심고, 꽃도 피우고 했다. 그러나 왕을 두려워하기만 하던 사람은 아무것도 돌보지 않고 내버려두어서 엉망이 되었다. 왕이 돌아와서 이것을 보고는 열심히 일한 종을 칭찬하고 그렇지 않던 종에게는 대단히 화를 냈다는 이야기다(Yal. 신명기 837).

이 비유의 요점은 하나님을 사랑하는 사람과 그렇지 않고 두려워하기만 하는 사람의 보응이 다르다는 것이다. 하나님을 두려워하기만 하는 사람은 신실한 청지기가 될 수 없음을 예수님의 비유와 이 비유는 잘 보여주고 있다.

이 불신실했던 종은 "바깥 어두운 데"로 내어쫓겨 거기서 슬피 울며 이를 갈아야 하는 벌을 받게 된다. "어두운 데"는 유대인들이게 매우 잘 알려진 개념으로서 형벌의 장소를 뜻한다.

> 죄인은 어둠을 유업으로 이어받는다(솔로몬의 시편 14:6).
> 하나님은 불경한 자들을 어둠 속으로 되돌려 보내실 것이다(Sib. Or. 4:43).
> 하나님은 게헨나(음부)를 어둠이라고 부르신다(레위기 랍바 27).
> 게힌놈에 있는 죄인들은 어둠에 덮일 것이다(출애굽기 랍바 14:2).
> 어둠에서 태어난 자들은 어둠 속으로 던져질 것이다(에녹서 103:8).

이 어두움(게힌놈, 음부)에서 고통당하고 있는 자들은 "이를 갈며 슬피 운다." 이는 마태복음에 자주 등장하는 전형적인 관용구로서

(13:42, 50; 22:13; 24:51; 25:30. 누가복음에는 13:28에 한 번만 나온다), 유대인들에게 널리 알려져 있었다(에녹서 40:12; 108:3,5).

15 최후 심판의 비유 (마 25:31-46)

이 비유는 "인자가 모든 천사와 더불어 영광에 둘러 싸여서 올 때에, 그는 자기의 영광스러운 보좌에 앉을 것이다"라는 묵시문학적인 표현으로 시작되고 있다. 이러한 묵시문학적인 표현은 마태복음에서 자주 발견된다(참조, 마 16:27-28; 19:28; 24:27, 29-31). 이러한 형태의 묵시문학적인 표현 가운데서 신약성서에서 가장 오래된 본문은 데살로니가전서 4:15-17이다.

> 우리가 주님의 말씀으로 여러분에게 이것을 말합니다. 주께서 오실 때까지, 살아남아 있는 우리가 이미 잠든 사람들보다, 절대로 앞서지 못할 것입니다. 주께서 호령과 천사장의 소리와 하나님의 나팔소리와 함께, 친히 하늘로부터 내려오실 것이니, 그리스도 안에서 죽은 사람들이 먼저 일어나고, 그 다음에, 살아남아 있는 우리가 그들과 함께 구름 속으로 이끌려 올라가서, 공중에서 주님을 영접할 것입니다. 그리하여 우리가 항상 주와 함께 있을 것입니다.

인자가 영광의 보좌에 앉아 심판할 것이라는 사상은 위경인 에녹서에도 나타난다. 여기에서는 모든 영들의 주님이 되시는 하나님께서 "택하심을 받은 분"을 그분의 영광의 보좌에 앉히시고 하나님의 자녀들과 그분의 택하신 분을 대적한 사람들을 천사들에게 넘겨주어서 그들에게 보응을 하시도록 한다고 되어 있다(61:6. 참조, 63:12; 62:10).

인자는 그 날에 모든 민족을 불러 모아 그들을 양과 염소로 구분하여 분리할 것이다. 모든 민족 앞에서 심판을 하시는 하나님에 대한 이미지는 랍비 문헌에도 잘 나타나 있다(탈무드 RH 16b-17a. 참조, 고전 3:15). 심판 때에 하나님은 사람들을 갈라놓으신다. 알곡과 가라지의 비유에서는 알곡과 가라지로 분리되어 알곡은 곳간에 거두어들이고 가라지는 불에 태워 버린다. 이 비유에서는 양과 염소로 분리된다. 양은 오른편에, 염소는 왼편에 세워진다. 오른편에 선 자들은 영생에 이르지만, 왼편에 선 자들은 영원한 형벌에 처해지게 된다.

샴마이 학파는 심판 때에 세 종류로 구분된다고 가르쳤다. 첫 번째 사람들은 그 이름이 생명록(참조, 시 69:28; 빌 4:3; 계 3:5; 13:8; 21:27)에 기록된 의로운 사람들로서 하나님 나라에 들어가게 된다. 두 번째 종류의 사람들은 죽음의 책에 기록되어진 사악한 자들로서 그들은 음부로 보내져서 영원한 고통을 받게 된다. 마지막 세 번째 사람들은 그 중간에 속한 자들로서 완전히 의롭지도 않고 사악하지도 않은 사람들이다. 이들은 일단 음부로 보내져서 그 곳에서 고통을 당하며 울부짖는다고 한다.

유대인들은 해마다 신년 축제 시에 열흘 동안 기도와 금식과 구제하는 일에 전념한다. 그리고 마지막 열흘째 되는 속죄일에 하나님께로부터 죄 사함을 얻는다. 이 때 완전히 사악하지도 않고 의롭지도 않은 사람들이 얼마나 신실하게 기도와 금식과 구제에 힘쓰는가에 따라서 그들의 이름이 생명록에 기록되어질 수 있다고 유대인들은 믿었다(T. Sanh. 13:3).

오른편에 세워진 "양"에 속한 자들은 주린 자에게 먹을 것을 주고, 목마른 자에게 마실 것을 주고, 나그네를 환대하고, 헐벗은 자에게 입을 것을 주고, 병든 자를 돌보아 주고, 갇힌 자를 찾아간 사람들이다. 이런 모든 일들은 구약성서와 신구약 중간기 문헌들, 그리고 랍비 문헌에서 선행(acts of kindness)에 속하는 행위들이다(사 58:7; 욥 22:7; 잠 25:21; 출 18:7; 토빗트 4:16; 시락서 2:35; 요셉의 유언 1; 탈무드 Suk. 49b; 미쉬나 Avot 1:2). 이런 일을 행하는 자들은 칭찬받을만한 사람들로 여겼으며, 그러한 선행들은 곧 하나님께 한 것으로 여겼다.

> 동료를 친절하게 받아들이는 자는 쉐키나(Shekinah, 하나님의 임재 또는 영광)를 받아들이는 자와 마찬가지다(탈무드 Shab. 127a; 탈무드 Shev. 35b; 미드라쉬 시편 18:29[78b]; 창세기 랍바 48:9).

유대인들은 환대를 가장 중요한 덕목 가운데 하나로 여겼다. 그래서 라브 유다(Rab Juda)는 나그네를 대접하는 것은 쉐키나를 환영하는 것보다 더 값진 것이라고 가르쳤다. 그들은 병문안과 환대와 더불어 기도, 명상, 미드라쉬의 집에 일찍 가는 것, 자녀에게 토라를 가르치는 것, 이웃의 좋은 점만 보는 것을 가장 큰 여섯 가지 덕목으로 보았다.

미드라쉬에 따르면, 죽게 되면 이 세상에서 무슨 일을 했는지 질문 받게 될 것이다. 그 때에 "가난한 자들에게 먹을 것을 주었습니다"하면 "여기에 하나님의 문이 있소. 배고픈 자들에게 먹을 것을 준 사람들은 이 문으로 들어가시오"라는 말을 듣게 될 것이다. 목마른 사람에게 마실 것을 준 사람들, 사랑의 친절한 행위를 한 자들에게도 마찬가지이다. 이런 모든 사람들은 하나님의 문으로 들어가게 될 것이다(미드라쉬 시편 118:19[234b]). 이처럼 지극히 작은 사람에게 한 것이 곧 하나님께 한 것이며 그들에게 하지 않은 것이 곧 하나님께 하지 않은 것이라는 사상은 인간이 하나님의 형상으로 창조되었다는 데 기반을 둔 것으로 보인다.

16 어리석은 부자의 비유 (눅 12:13-21)

랍비들은 물질(부)을 세상적인 것으로 정죄하지 않았다. 그러나 그들은 물질에 인생의 목표를 두어서는 안 된다고 가르쳤다. 인간은 결코 물질적인 만족을 누릴 수 없다.

결코 만족하지 못하는 것이 사람의 본성이다(탈무드 Sanh. 29b).

이 비유 가운데 나오는 부자는 곡식이 너무 많아서 다 보관할 수가 없자 새로 곳간을 크게 만들기로 마음먹고 그의 "영혼에게" 이렇게 말한다. "영혼아, 여러 해 동안 쓸 많은 물건을 쌓아두었으니, 너는 마음을 놓고, 먹고 마시고 즐겨라." 여기에서 "영혼에게"는 곧 "그 자신에게"를 뜻한다(탈무드 Ta'an 11a). 그러나 이 부자에게 하나님께서는 이렇게 경고하셨다. "오늘 밤에 네 영혼을 네게서 도로 찾을 것이다. 그러면 네가 장만한 것들이 누구의 것이 되겠느냐?" 랍비들도 같은 가르침을 주었다. 근검절약하고 열심히 일해서 부자가 된 사람은 마땅히 그들의 부를 누려야 한다. 그러나 "내가 갖고 있는 것들을 즐기자"라고 말하는 사람이 있으면 그는 언제 죽어서 그의 소유들이 남의 것이 될지를 알지 못하는 사람이다(시락서 11:18ff).

이 비유의 결론은 이렇다. "자기를 위해서는 재물을 쌓아두면서도 하나님께 대하여 인색한 사람은 바로 이와 같이 될 것이다." 이 비유는 물질의 바른 사용을 가르치는 비유이다. 이러한 비유들의 대표적인 예로는 불의한 청지기의 비유, 부자와 거지 나사로의 비유를 들 수 있다. 누가는 다른 복음서 기자들보다 물질의 바른 사용을 강조하고 있는데, 이는 위의 비유들이 누가에만 나온다는 사실에서도 드러난다. 물질의 바른 사용에 대해서는 다음에 나오는 "불의한 청지기의 비유"에 대한 설명을 참조하라.

17 선한 사마리아인의 비유 (눅 10:29-37)

길에서 강도를 만나 거반 죽게 된 사람을 제사장과 레위인은 그냥 지나쳤다. 그들은 예루살렘 성전에서 제사의 직무를 수행하고 집(여리고)으로 돌아가는 길이었을 것이다. 당시의 기록에 의하면 여리고에도 제사장이 살고 있었다고 한다. 제사장과 레위인은 사두개파 사람들로, 그들은 정결법을 중시했다. 그들은 강도만난 사람이 죽은 줄로 알고 그를 피하여 갔을 것이다. 죽은 사람을 만지는 것은 자신을 부정하게 하는 것이었기 때문이다(레 21장 참조). 이렇게 제사장들과 바리새인들은 정결법을 죽어가는 사람을 살리는 것보다 더 중요시 했다.

결국 이 거반 죽게 된 사람을 도와준 이는 사마리아인이었다. 예수님의 청중들은 이 이야기를 들었을 때 충격을 받았을 것이다. 예수님은 유대인(특히 바리새인)이 사마리아인을 도와주었다고 하지 않고, 사마리아인이 유대인(비유에는 단순히 "어떤 사람"이라고만 언급했지만 그가 예루살렘에서 여리고로 내려가던 사람이었음을 볼 때 그는 이방인이나 사마리아인이 아닌 유대인이었음에 분명하다)을 도와주었다고 말씀하셨기 때문이다. 유대인과 사마리아인의 반목에 대해서는 잘 알려져 있다. 이들 사이의 적개심은 역사적으로 뿌리 깊은 것이었다. 앗시리아의 통치(B.C. 8세기) 때에 그들은 정책적으로 사마리아인을 혼혈민족이 되게 하였다. 그때부터 유대인들은 사마리아인을 미워하기 시작했다. 주전 6세기에는 이스라엘이 바빌론 포로에서 돌아와 성전을 재건하려고 할 때 사마리아인들도 동참하려 했으나 유대인들이 거절했다.

결국 상호 적개심의 골은 점점 깊어가게 되었고, 마침내 사마리아인들은 자기들의 성전을 그리심산에 지었다(참조, 요 4:19ff). 이로써 그들은 독립적인 종교 생활을 하게 되었다. 그 후 유대인과 사마리아인들의 반목은 더욱 심화되었고, 서로 상종도 하지 않게 되었다(요 4:9). 유대인들은 노골적으로 사마리아인들을 저주하는 기도를 했다.

> 배교자들에게는 아무런 희망도 없게 하소서… [기독교인들과] *minimim*이 한 순간에 멸망당하게 하소서. 저들을 생명의 책에서 제하시고 의로운 자들과 저들의 이름을 함께 기록하지 마소서
> (Shemoneh Esreh 중 12번째 기도문).

이 기도문 중 [기독교인들과]는 후대의 삽입이며, *minimim*은 유대교의 여러 다른 종파들을 의미한다. 사마리아인들도 여기에 포함된다.

사마리아인은 강도가 한 일과는 정반대의 일을 했다. 강도는 그의 옷을 벗겼으나, 그는 입혔다. 강도는 그를 때려 거반 죽게 했으나 그는 싸매어 주었다. 강도는 그를 버리고 갔으나 사마리아인은 그를 치료하고 주막으로 데리고 가서 돌보아 주었다. 사마리아인은 위험을 무릅쓰고 이 거반 죽게 된 유대인을 돌보아 주었다. 제사장이나 레위인은 그들의 동족을 도와주지 않았다. 사마리아인은 자신들을 모멸하고 멸시하며 상종도 하지 않는 유대인이 거반 죽게 된 것을 보고는

그를 버려두고 가지 않고 잘 돌보아 주었다.

그렇다면, 유대의 전통은 이런 경우에 어떻게 하도록 규정하고 있는가? 유대인의 법에 의하면 그들은 강도만난 이 사람을 도와 주었어야 했다. 랍비들은 죽어가는 사람이 아무런 도움도 받지 못한 채 있으면, 누구든지 그를 도와 주어 더 잘 치료를 받을 수 있는 곳으로 옮겨 주어야 한다고 가르쳤다. 비록 그 사람이 살아날 가망이 없다고 할지라도 그렇게 하도록 했다. 분명히 죽을 것이 확실한 사람이라고 할지라도 모든 면에 있어서 산 사람처럼 대해야 했다(Sem. 1:1). 죽은 사람을 발견한 사람은 그를 묻어 주어야 했다(이를 met mitzvah라고 불렀다).

그러나 사두개인들(제사장)은 이러한 랍비들의 가르침을 받아들이지 않았다. 그들은 구약성서 전체와 구전법(Oral Tradition, 전통)을 믿는 바리새인들과는 달리 모세오경만을 믿었다. 그래서 그들은 아무 양심의 거리낌이 없이 강도를 만난 사람을 지나칠 수가 있었다.

사마리아인도 마찬가지였다. 그들도 구전법을 믿지 않았다. 그들에게도 사두개인처럼 정결법이 있었다. 이 사마리아인도 사실은 강도만난 사람에게 접근해서는 안 되는 그러한 입장이었다. 그러나 그는 그를 도와 주었다.

이 비유는 "네 이웃을 네 몸과 같이 사랑하라"(레 19:18)는 명령에 있어서 그 "이웃"이 누구인가를 알려주기 위해 주신 비유이다. 레위기 19장의 "이웃"(reya')의 범위에 대해서는 의견이 나뉘어 있다. 이웃은 동료 유대인을 의미하는 것으로 받아들이는 견해와 그렇지 않고 광범위한 의미로 받아들이는 견해가 있다.

랍비 문헌과 하가다(Haggadah)에서는 이웃을 보편적인 의미로 해석하는 반면, 할라카(Halakha)에서는 좁은 의미로 "동족"만을 의미하는 것으로 보고 있다. 그러나 확실한 것은 적어도 예수님 당시에는 사마리아인을 이웃으로 보지 않았다고 하는 것이다. 그러나 예수님은 오히려 그 사마리아인이 유대인의 이웃이 되어주었음을 강조하시면서, 이웃에 대한 정의를 사랑을 필요로 하는 모든 사람들이라고 내리셨다.

그러나 예수님은 단순히 기독교적인 사랑에 대해서만 가르치신 것이 아님을, 예수님이 의도적으로 사마리아인을 주인공으로 선택하셨다는 사실 속에서 발견하게 된다. 이 비유는 당시의 인종적인 갈등을 잘 반영해 주고 있다. 이 비유를 들었던 유대인들은, 유대인이 아니라 사마리아인이 유대인을 도와주었다는 사실에 충격을 받았을 것임에 틀림없다. 예수님은 자주 청중들을 당황시키고 그들의 가치관에 도전하는 비유를 많이 하셨다. 이 비유는 유대인들에게 고발과 도전과 경고로 받아들여졌을 것이다. 젤린이 잘 지적한 것처럼, 이 비유는 윤리적 관점이나 기독론적 관점에서가 아니라 사회학적인 관점이나 인종학적인 관점에서 보아야 한다.[13]

18 탕자의 비유 (눅 15:11-32)

이 비유는 두 부분으로 이루어져 있다. 전반부(1-24절)에서는 탕자의 움직임에 따라 카메라가 움직인다. 그러나 후반부(25-32절)에서는 주로 큰 아들에게 조명이 비쳐지고 있다. 그리고 "탕자"는 모습을 드러내지 않고 있다. 그렇다면 이 비유의 주인공은 누구일까? 대개는 둘째 아들을 주인공으로 보고 이 비유를 "탕자의 비유"라고 부른다. 그러나 예레미아스는 아버지를 주인공으로 보고, "아버지의 사랑에 대한 비유"라고 제목을 붙였다. 단커는 큰 아들을 주인공으로 보고 "기뻐하지 않는 형제의 비유"라고 불렀으며, 맨슨은 두 아들 모두를 주인공으로 보고 "두 아들의 비유"라고 불렀다.

그러면, 왜 우리는 둘째 아들을 탕자라고 부르는가? 그가 집을 나갔기 때문에? 아버지의 재산을 다 탕진했기 때문에? 아니면 "먼 나라"에서 허랑방탕한 생활을 했기 때문에? 꿈을 가지고 더 나은 미래의 삶을 위해서 집을 나갈 수도 있다. 아버지가 그의 몫으로 챙겨준 재산을 탕진했다고 해서 그를 탕자라고 부를 수도 없다. 그는 자신의 재산을 비록 낭비는 했지만, 그러나 아버지의 것이 아니라 자신의 것을 그렇게 한 것이다. 또한 그는 허랑방탕하기는 했지만, 이는 도덕적인 측면에서 그러했던 것이다. 그러나 단지 도덕적으로 방탕한 생활을 했기 때문에 그를 탕자라고 부르는 것은 아닐 것이다.

그러면, 왜 그는 탕자라고 불릴 수밖에 없는가? 이에 대한 대답을 얻기 위해서는 이 비유의 유대적 배경을 알아야 한다. 둘째 아들은 아버지에게 재산 중에서 자기에게 돌아올 분깃을 미리 달라고 요구했다. 이런 일이 실제로 있었다면 그의 아버지는 충격을 받을 수밖에 없었을 것이다. 예수님에게서 이 비유를 듣던 청중들은 혀를 차며 "뭐 그런 몹쓸 놈이 다 있나?"라고 분개했을 것이다.

당시 유대인들의 상속에 관한 전통과 법에 의하면 아버지의 재산은 그가 죽기 전까지는 자녀들에게 상속할 수 없게 되어 있었다. 아버지가 자녀에게 상속해 주기로 한 재산은 아버지가 팔 수 없게 되어 있었다(미쉬나 BB 8:7). 왜냐하면 그것은 자식에게 죽은 다음에 주기로 한 재산이기 때문이다. 아들도 아버지가 죽은 다음에 주기로 한 재산이라고 할지라도 그는 그것을 처분할 수가 없었다. 아버지가 죽기 전까지는 그것은 아버지의 소유이기 때문이다. 만일 아들이 아버지가 자기에게 주기로 한 재산을 팔았다고 할지라도, 그것을 산 사람은 그 아버지가 죽기 전까지는 그것에 대한 권리를 행사할 수가 없었다(탈무드 BB 8:7).

따라서 아버지가 아직 죽지 않은 상태에서 자신에게 돌아올 유산을 미리 달라고 하는 것은 있을 수 없는 일이었다. 이러한 요구는 단순히 자신의 재산을 달라는 요구가 아니라 "나는 아버지가 필요 없습니다. 내게 필요한 것은 재산입니다. 나는 아버지가 죽었다 그렇게 생각할 테니 나에게 유산을 물려주십시오"라는 뜻을 내포하고 있는 것이다.

아버지가 재산을 그 아들에게 나누어 주는 순간 그들의 관계는 끊어졌다. 재산을 분배해줌으로써, 이 아들에게는 아버지가 죽은 것이나 다름없으며, 아버지에게 그는 더 이상 아들이 아니었던 것이다. 이런 의미에서 이 아들은 탕자라고 불릴 수밖에 없는 것이다. 그는 단순한 도덕적인 탕자가 아니라, 아버지와의 관계를 끊어버린, 아버지를 아버지로 여기지 않은 그런 탕자였던 것이다. 그러기에 나중에 그가 아버지에게로 다시 돌아왔을 때, 아버지에게 "나는 아버지의 아들이라고 불릴 자격이 없습니다"라고 말할 수밖에 없었던 것이다.

이 비유가 관심하고 있는 것은 도덕적인, 외적인 행위에 관한 것이 아니라 아버지와 아들 사이의 내적인 관계이다. 이 비유에서 탕자는 아버지와의 관계를 깨뜨린 데 문제가 있었던 것이다. 하나님과의 관계 단절에 대해서 이 비유는 말하고 있는 것이다.

한편, 맏아들은 동생이 아버지의 재산을 요구할 때에 그것을 말렸어야 했다. 그는 당연히 아버지와 동생 사이에서 중재자의 역할을 했어야 했다. 그러나 그는 침묵만을 지켰다. 그렇게 함으로 그도 상속법에 따라 동생의 몫의 배에 해당하는 재산을 이어받았다(아버지는 자신의 재산을 "나누어 주었다"). 그도 또 다른 하나의 탕자였던 것이다. 그래서 우리는 둘째 아들을 집 나간 탕자라고 부르고, 큰 아들을 집에 있는 탕자라고 부르기도 한다.

둘째 아들은 재산을 분배받은 뒤 집을 떠나 "먼 나라"에 가서 허랑방탕한 생활을 통해 모든 재산을 허비했다. 때마침 그 나라에 흉년이 들어 먹을 양식도 구하기가 힘들게 되었다. 그는 돼지를 치면서 돼지가 먹는 쥐엄 열매를 먹었다. 유대인들은 잘 알려진 대로 돼지고기를 먹지 않는다. 그러므로 돼지 칠 일도 없다. 그래서 그들은 돼지 치는 직업을 가장 천한 것으로 여겼다.

> 돼지를 치는 사람은 저주를 받은 사람이다(창세기 랍바 63:8).

그리고 쥐엄 열매는 짐승이나 먹던 것으로 이런 말이 있다.

> 이스라엘이 쥐엄 열매를 먹을 수밖에 없게 될 때, 그들은 회개할 것이다(레위기 랍바 13:3).

이제 그는 "돌이켜"(17절, 개역성서) 아버지 집으로 돌아가기로 결정했다. "돌이켰다"는 말은 제 정신이 돌아왔다는 말이다. 영어 성경에서는 "그가 그에게로 돌아왔다"(He come to himself)로 번역했고, 새번역성서에서는 "그가 제정신으로 돌아왔다"고 번역했다. 인생의 흉년을 경험하고 정신이 번쩍 든 것이었다. 그리고 그는 자신의 죄를 깨닫게 된다. 탕자는 집에 돌아가 "아버지, 내가 하늘과 아버지 앞에 죄를 지었습니다"(18절)라고 용서를 구하기로 작정하고 집으로 "돌아갔다"(20절).

"돌아갔다"는 것은 방향을 바꾸었다, 생각을 바꾸었다, 태도를 바꾸었다는 의미이다. 뷘 상태에로의 회복의 첫 단계는 "돌아가는 것"이다. 집을 나왔던 그가 집으로 돌아가고 있다. 아버지를 버렸던 그가 아버지를 찾아가고 있다.

"돌아간다"(return)는 구약에서 회개를 나타내는 전형적인 표현이다.

"이스라엘아, 주 너의 하나님께로 돌아오너라"(호 14:1-2).

"이 모든 일이 너희에게 닥치면, 그 때에 가서야 비로소 너희는 주 너희의 하나님께로 돌아와, 그에게 귀를 기울일 것이다"(신 4:30).

"마음으로 돌이키고" 이어서 "방향을 바꾸어 돌아가는 것"−이것이 진정한 회개라고 하는 것을 이 비유는 잘 보여주고 있다.

이 이야기의 절정 부분은 탕자가 돌아오는 데 있지 않고 그가 돌아왔을 때 "아직도 먼 거리에 있는데, 그의 아버지가 그를 보고 측은히 여겨서, 달려가 그의 목을 껴안고, 입을 맞추고"(20절. 참조, 창 33:4) 잔치를 벌이는 장면이다. 아버지는 종으로서 받아달라는 탕자를 아들로 받아들였다. "나의 이 아들은 죽었다가 살아났고, 내가 잃었다가 다시 되찾았다"(24절).

아들이 회개하고 돌아왔을 때 아버지는 그를 용서하고 아들로 받아들였다. 아들(죄인)의 회개와 아버지(하나님)의 용서를 통해 깨어진 관계가 다시 회복되어진 것이다.

이 비유의 주인공은 탕자나 맏아들이 아니라 아버지라 할 수 있다. 이 비유는 집을 나간 탕자가 회개하고 돌아오는 장면이 클라이맥스가 아니라 그 아들을 기다리던 아버지가 그를 포옹하고 잔치를 베푸는 장면이 클라이맥스다. 사실, 비유 자체에는 "사랑"이라는 단어는 나타나 있지 않으나, 이보다 더 하나님의 사랑을 극적으로 표현한 곳도 없다고 할 수 있다. 이 비유의 메시지는 이런 것이다. "하나님은 잃은 아들이 돌아옴을 기뻐하여 잔치를 베푼 아버지처럼 자비롭고 은혜로우며 긍휼로 가득차고 사랑으로 넘치시는 분이다".

이 비유와 비슷한 유대의 비유는 없다. 그러나 아래와 같은 비유와 비교하는 것은 흥미로운 일일 것이다. 이 비유는 예수님의 비유의 주제이며 유대인들의 특징적인 신관(神觀)인 "자비로우신 하나님"(The Compassionate God)을 잘 반영하고 있다.

한 왕에게 아들이 있었는데 잘못된 길로 나갔다. 왕이 그의 개인 선생을 통해 이런 메시지를 그에게 보냈다. "내 아들아, 회개하라 [또는 '네 자신에게로 돌아가라']." 그러나 그 아들은 아버지에게 ['제가 무슨 낯으로'] 돌아갈[또는 '회개할'] 수 있습니까? 저는 너무 부끄러워 아버지께 [돌아갈 수 없습니다]"라고 말했다. 그 때 아버지가 그에게 사람을 보내어 말하기를, "아들이 아버지에게 돌아오는데 무엇이 부끄러우냐? 네가 돌아오면, 아버지에게 오는 것이 아니냐?" 그래서 하나님은 하나님에게 죄를 범한 이스라엘 사람들에게 예레미야를 보내셨다. 그는 예레미야에게 말씀하셨다. "내 자녀들에게 돌아오라[회개하라]고 말하라." 이스라엘 백성들이 대답하기를, "우리가 무슨 낯으로 하나님에게 돌아갈 수 있습니까?" 했다. 그 때 하나님께서 그들에게 이렇게 말씀하셨다. "내 자녀들아, 너희가 돌아오면, 너희 아버지에게 돌아오는 것이 아니냐?"(신명기 랍바 2:24)

19 불의한 청지기의 비유 (눅 16:1-13)

예수님은 가르침이나 비유를 통해서 돈 문제에 대해 많이 언급하셨다. 왜냐하면 돈이라고 하는 것은 일상적인 생활뿐만 아니라 영적인 생활과도 깊은 관계가 있기 때문이다. 돈을 어떻게 사용하는가 하는 것은 하나님과 우리와의 관계를 잘 반영해 준다. 대물 관계에 있어서의 실패는 곧 하나님과의 관계에 있어서의 실패를 의미한다. 그러기에 예수님은 물질을 어떻게 사용해야 하는가 하는 것에 대해서 많은 가르침을 주셨던 것이다. 물질을 땅에 쌓아두지 말고 하늘에 쌓아두라(마 6:19-21); 돈과 하나님은 겸하여 섬길 수 없다(마 6:24과 평행구절). 부자가 하늘나라에 들어가는 것은 낙타가 바늘귀로 들어가는 것보다 더 어렵다(마 19:1-26과 평행구절). 가이사의 것은 가이사에게, 하나님의 것은 하나님에게 바쳐야 한다(마 22:15-22).

누가는 물질의 올바른 사용에 대해 많은 관심을 가지고 있다. 누가복음에만 기록되어진 물질의 사용에 관한 비유들이 많다: 부자와 거지 나사로의 비유(눅 16:19-31), 어리석은 부자의 비유(눅 12:13-21), 불의한 청지기의 비유(눅 16:1-13). 탕자의 비유도 누가복음에만 나오는 비유로서, 탕자는 아버지의 유산을 미리 분배받고 그것을 허랑방탕하게 사용하였다. 선한 사마리아인의 비유도 누가복음에만 나오는데, 이 사마리아인은 자신의 소유를 강도만나 죽어가고 있는 사람을 위하여 "자비를 베푸는 데" 사용하였다.

부자와 거지 나사로의 비유, 불의한 청지기의 비유, 그리고 어리석은 부자 비유는 현재의 재물을 어떻게 사용하느냐에 따라서 영원한 운명이 결정되어진다는 점을 강조하고 있다. 어리석은 부자는 재물을 자신의 소유라 믿고 그것을 자신만을 위해서 사용할 생각을 했다. 부자와 거지 나사로의 비유에서 부자는 죽어서 지옥에 갔으나, 거지 나사로는 천국에 갔다. 그 이유는 명시되지 않았으나, 거지 나사로를 위해 재물을 바로 사용하지 못했기 때문이라는 암시를 주고 있다. 불의한 청지기의 비유는 "영원한 장막"을 소유하기 위해 재물을 어떻게 사용해야 하는가를 보여주고 있다.

이 비유에 나오는 청지기는 불의한 사람이다. 주인이 이 사실을 알고 그를 해고하려고 하자 이 사람은 해고당할 것을 대비해서 다시 한 번 불의한 일을 저지른다. 주인에게 빚진 사람들의 빚을 탕감해주는 방법으로 사람들에게 선심을 썼다. 그러나 주인은 이 사실을 알고도 오히려 그를 칭찬했다. 이 비유는 분명히 도덕적인 교훈을 주기 위한 것은 아니었다. 도덕적인 측면에서 보면, 이 청지기는 불의한 사람으로서 본을 받을 수 있는 사람이 아니다. 이 청지기가 행한 일은 결코 정당화할 수 없는 일이었다.

그러면 예수님이 이 비유를 통해 가르치시고자 한 것은 무엇이었겠는가? 8절과 9절이 이 비유 해석의 열쇠라고 할 수 있다. "주인은 그 불의한 청지기를 칭찬하였다. 그것은 그가 슬기롭게 대처하였기 때문이다. 이 세상의 아들들이 자기네끼리 거래하는 데에는 빛의 아들들보다 더 슬기롭다. 그러므로 내가 너희에게 말한다. 불의한 재물로 친구를 사귀어라. 그래서 그 재물이 없어질 때에, 그들이 너희를 영원한 처소로 맞아들이게 하여라."

이 세상의 아들들은 누구이며, 빛의 아들들은 누구인가? 예수님 당시에 빛의 자녀들은 종교 지도자들이었던 바리새인이나 사두개인들을 가리키는 것이 아니었다. 사해사본이 발견됨으로써 이 빛의 자녀들이 누구를 칭하는 것인지가 분명하게 드러났다. 빛의 자녀들은 엣세네파 사람들을 가리킨다. 그들은 이 세상의 종말이 가까웠다고 믿고 메시야를 기다리기 위해 광야에 나가서 따로 공동체 생활을 하며 금욕적인 경건생활에 힘썼다. 그들은 자신들과 함께 하지 않는 모든 사람들(유대인들을 포함하여!)을 어둠의 자녀들이라고 불렀고, 자신들을 "빛의 자녀들"이라고 불렀다.

그들은 "의의 교사"를 따르는 사람들이었다. 그들은 "어둠의 자식들"을 원수로 보았으며, 그들을 미워하도록 가르침을 받았다(1 QS 1:1-11). "이웃을 사랑하고 원수를 미워하라"(마 5:43)는 가르침은 바로 이 종파에서 나온 것이었다. 종말이 오면, "빛의 자녀들"과 "어둠의 자녀들"이 큰 전쟁을 치르게 될 것이고, 여기에서 그들이 승리하며, 그들은 구원받고 "어둠의 자녀들"은 심판을 받게 될 것이라고 믿었다.

영(Brad Young)은 예수님이 말씀하신 "빛의 아들들"은 그를 따르는 사람들을 두고 한 칭호가 아니고 바로 이 엣세네 종파 사람들을 가리키는 것이라고 한다.[14] 이 비유 가운데서 예수님은 "어둠의 자녀들"이라는 표현 대신에 "이 세상의 아들들"이라는 칭호를 사용하셨다. 그러나 이 칭호 역시 "빛의 자녀들"과 상반되는 개념으로 사용하신 것으로서 "어둠의 자녀들"이라는 칭호에 해당하는 것으로 볼 수 있다.

그러면, 엣세네 종파 사람들은 어떻게 재물을 사용했는가? 이 종파는 사유 재산을 인정하지 않았다. 일단 이 종파에 들어가기 위해서는 개인 재산을 다 포기하고 그것을 공동체에 헌납해야 했다. 그들은 세상에 속한 "어둠의 자녀들"과는 현금 이외에는 거래를 하지 못하도록 했다. 그래서 그들은 바깥 세상에 속한 것은 아무것도 먹지도 마시지도 말아야 했다(1 QS 5:14-20). 그들은 그들 이외의 사람들에게 속한 것들은 다 부정한 것으로 보았다.

예수님이 "불의한 재물"이라고 말씀하셨는데, 이는 재물이 본래 불의한 것이라는 의미가 아니다. 그러한 생각은 철저하게 비성서적인 것이다. 성서에서 부(富)는 하나님의 가장 큰 축복 가운데 하나로 여겨지고 있다. 예수님도 결코 재물을 불의한 것이라고 말씀하시지 않았다. 문제는 재물을 불의하게 사용하는 데 있는 것이지 재물 자체가 불의한 것은 아니다. "불의한 재물"은 엣세네 종파의 재물관을 반영하는 것이었다. 그들은 세상에 속한 사람들의 재물을 "불의한 재물"로 보았고, 그들의 소유를 "진실된 재물"로 여겼다. 그래서 그들은 자신들의 의로운 재물을 세상의 "불의한 재물"과 섞는 것을 용납하지 않았다(1 QS 9:8-10).

그들은 위에서 언급한대로 바깥세상 사람들과는 단절된 생활을 했다. 그들은 자신들 이외의 사람들을 원수로 여기며, 그들과 상대를 하지 않았다. 그들은 그 종파에 들어갈 때 형제를 사랑하고 바깥세상의 사람들을 미워할 것을 맹세했다(1 QS 1:1-11). "불의한 재물로 친구를 사귀라"는 가르침은 바로 이 엣세네 종파의 사람들을 염두에 두고 하신 말씀으로 보인다.

랍비들의 비유 가운데서 하나님은 자주 집주인으로, 부자로, 그리고 매우 관대하며 긍휼히 여기시는 분으로 나타나고 있다. 이 비유에서도 주인은 부자였으며, 잘못했던 청지기를 관대하게 용서해 주었다. 한편 청지기는 처음에는 재산을 잘못 관리하였으나, 나중에 그 태도를 바꾸었다. 그는 자신의 미래를 위하여 숨겨두거나 빼돌리지 않았다. 주인을 골탕 먹이기 위해 돈을 낭비하지도 않았다. 대신에 그는 돈을 필요로 하는 사람들에게 나누어주었다. 가난한 사람들을 도와주었으며, 사람들에게 관대한 태도를 보였다. 주인은 비록 청지기가 자신을 속이며 그런 일을 했지만, 이러한 그의 태도를 보고 그를 용서해주고 오히려 칭찬까지 하였다. 그가 가난한 사람들에게 관대하게 빚을 탕감해줌으로써, 그들은 그의 친구가 되었을 뿐만 아니라 주인을 존경했을 것이기 때문이다. 이런 맥락에서 주인이 불의한 청지기를 칭찬한 것이 이해될 수 있을 것이다.

예수님은 재물을 잘 사용함으로써 "영원한 처소"를 얻을 수 있다고 말씀하셨다. "그들이 너희를 영원한 처소로 맞아들이게 하여라." 여기에서 그들이 누구를 지칭하는 것인지는 분명치 않다. 문맥상 친구들로 볼 수도 있으나, 하나님만이 우리를 영원한 처소로 영접할 수 있다. 많은 랍비 문헌들 가운데서 하나님을 지칭할 때 "그들"이라는 표현을 사용하였다(미쉬나 Sot. 1:7; 미쉬나 Qid. 1:10; T. Ta'an 4:9; 미쉬나 Avot 4:5; 3:8; 4:4). 이는 하나님의 이름을 직접 부르지 않는 유대인들의 관례 때문이다.

랍비들도 물질을 잘 사용함으로써, 즉 관대하게 다른 사람들을 도와줌으로써 이생과 내생을 얻을 수 있다고 가르쳤다(Derech Eretz Zuta 4[Higger, p. 99-100]). 헬무트 틸리케는 이 비유에 관한 설교의 결론으로서 이런 말을 하였다. "우리의 돈지갑이 찬송가 책보다 천국과 지옥에 대해서 더 많은 관계를 맺을 수 있다."[15]

20 부자와 거지 나사로의 비유 (눅 16:19-31)

부자와 그 집 문 앞에서 구걸하며 살던 나사로('엘리에제르'의 헬라적 표기로서 "하나님이 도우시는 사람"이라는 뜻)가 있었다. 그러다가 둘 다 죽었다. 거지 나사로는 "천사들에게 이끌려 가서 아브라함의 품에 안기게 되었다."

사람이 죽으면 죽음의 천사 또는 사탄이 그의 영혼을 취해간다고 유대인들은 믿었다. 의인은 가브리엘과 미가엘 천사에 의해 인도함을 받는다고 한다. 모세가 죽었을 때 그들이 모세의 영혼을 호위하였다고 전한다(신명기 랍바 1; 민수기 랍바 11; 탈무드 Ket. 104a; PR 2[5a]; Sifrd Deut 357; 전도서 랍바 12:13; 탈굼 아가서 4:12). 유대인들은 사람들이 죽을 때 그가 의로운 사람이었는지 아닌지를 알 수 있다고 생각했다. 그들에 따르면 의인들은 죽을 때 기쁨 가운데 평안히 죽는데, 이는 그들이 죽을 때 평화의 천사들이 와서 그들을 영원한 생명에로 인도하기 때문이라고 한다(아셀의 유언 6:4-6).

이처럼 나사로는 죽어서 천사의 인도함을 받아 "아브라함의 품"에 안겼다. 랍비 문헌은 죽어서 아브라함의 품에 안긴 많은 순교자들에 대해 언급하고 있다(탈무드 Git. 57b; PR 43[180b]; 탈무드 Qid. 72a; 예레미야 애가 랍바 1:85). 아브라함의 품은 이와 같이 의로운 사람들이 거하는 곳을 상징한다. 부자는 음부에 가게 되었다. 음부에서 부자는 아브라함에게 "아브라함 조상님"이라 불렀다. 아브라함도 그를 "얘야"라고 불렀다. 이로 보아 이 부자는 유대인이었음을 알 수 있다.

그 부자는 아브라함에게 나사로의 손가락에 물 한 방울만 찍어서 자기에게 달라고 간청을 했다. 그러나 아브라함은 그를 도울 수가 없었다. 그와 부자 사이에는 큰 구덩이가 있었기 때문이었다.

랍비 문헌에도 이런 이야기(비유)가 나온다. 토라를 열심히 공부하던 사람과 한 세리가 죽었다. 그런데 토라를 열심히 공부하던 사람의 장례식에는 아무도 오지 않았다. 그러나 세리의 장례식은 성대히 치러졌다. 토라를 열심히 공부하던 사람의 친구가 꿈을 꾸었다. 꿈속에서 그는 그의 친구가 나무가 우거지고 샘들이 있는 낙원을 거니는 모습을 보았다. 그리고 세리도 보았는데, 이 세리는 강가에서 물 한 모금을 애타게 먹고 싶어 하고 있었다. 그는 물을 먹으려고 안간힘을 다 썼지만 그의 손은 물에 닿을 수가 없었다(예루살렘 탈무드 Sanh. 6:9, 23c; 예루살렘 탈무드 Hag. 2:2, 77d).

이 랍비는 음부의 고통을 목마름으로 표현하였다. 음부에서 고통당하는, 세리였던 부자는 물 한 모금 얻어먹지 못해 고통당하고 있다. 반면에 천국에 간 경건한 사람은 강가를 거닐고 있다. 예수님의 비유에서도 음부에 간 부자가 목이 말라 애타는 모습이 잘 그려져 있다. 많은 유대 민담과 문헌에서 천국은 에덴동산처럼 물이 풍부한 곳으로, 음부는 물이 없어 고통당하는 곳으로 나타나 있다(사 5:13; 에녹 22:9; 제4에스드라 8:59; 미드라쉬 시편 11:6[51a]).

이런 비유도 있다. 서로 가까이 지내던 악한 사람 둘이 있었다.

한 사람은 죽기 전에 그의 악한 행실들을 회개하였지만, 다른 한 사람은 그러지 않았다. 그래서 회개하지 않고 죽은 사람은 의인의 반열에 선 그의 친구를 보고 말했다. "오, 내게 화로다. 우리는 같이 강도질을 하고 사람을 죽였는데, 저 친구는 의인의 반열에 서고 나는 여기 이렇게 악인의 반열에 서다니!"

그러자 의인의 반열에 서있는 사람들이 대답했다. "이 어리석은 자여! 네가 죽었을 때 사흘 동안이나 버려져 있었다. 사람들이 너를 밧줄에 묶어 무덤으로 옮겨 너를 묻지 않았느냐? 이것을 보고 네 친구는 깨달은 것이 있었다. 그래서 그는 악한 길에서 돌아서고 회개했다. 그러나 너는 기회가 있었음에도 불구하고 회개하지 않았었다."

이런 대답을 듣고는 이 사람은 "나로 하여금 돌아가서 회개할 수 있도록 해주십시오"라고 했다. 그러자 그들은 이렇게 대답했다.

> 이 가련한 자여! 네가 지금 있는 이 세상은 안식일과 같고 네가 떠나온 저 세상은 안식일 이브와 같은 것을 모르느냐? 안식일 이브에 먹을 것을 준비해놓지 않으면 안식일에 아무것도 먹을 수 없느니라(룻기 랍바 3:3).

이 비유는 회개한 사람과 회개하지 않은 사람의 궁극적인 운명에 대해 말하고 있다. 회개한 사람은 의인의 반열에 서게 되나 회개하지 않은 사람은 악인과 함께 영원히 거하게 되므로, 회개할 기회를 놓치지 말라는 가르침을 주고 있다. 이 세상에서 회개할 기회를 놓쳐버린, 음부에 간 악인은 다시 한 번 이 세상으로 돌아가서 회개할 수 있게 해 달라고 간청을 했으나 소용이 없는 일이었다. 예수님의 비유에서도 음부에 간 부자는 나사로로 하여금 다시 이 세상으로 돌아가게 해서 그의 형제들이 회개하고 음부에 오지 않게 해 달라고 간청을 하였다. 그러나 아브라함은 이 세상에서 모세와 예언자들의 말을 듣지 않는 사람들은 죽은 자가 다시 살아서 이야기를 해도 듣지 않을 것이라고 하면서 그의 간청을 거절했다.

두 비유 모두 회개의 중요성을 강조하고 있음을 알 수 있다. 이 비유들은 이 세상에 있을 때 회개하여 음부의 고통을 당하지 않도록 해야 한다는 교훈을 주고 있다.

21 기도에 관한 비유들 (눅 11:5-13; 18:1-8; 마 7:9-11)

누가는 다른 복음서 기자들보다 기도에 더 많은 관심을 가지고 있다. 누가복음에서는 예수님의 기도 생활에 대해 다른 복음서보다 더 강조하고 있으며, 사도행전에서는 초대교회의 기도 생활에 대해 관심을 갖고 기록하고 있다. 몇 가지 예를 들자면, 마태와 마가는 예수님이 세례를 받을 때 성령이 비둘기 같이 그의 위에 임하고 하늘에서 "이는 내 사랑하는 아들이라"는 음성이 들려왔다고 기록하고 있다. 그러나 누가는 예수님이 세례를 받고 올라오셔서 "기도하실 때" 성령이 임하셨다고 기록하고 있다(눅 3:21). 다른 복음서와는 달리 누가복음은 예수님이 특별히 제자들을 선택하기 위하여 밤을 새워가며 산에서 기도하셨다고 한다(눅 6:12 이하). 변화산상의 사건에서도 누가의 관심이 잘 반영되어 있다. 다른 복음서에서는 예수님이 세 제자와 함께 산에 올라가셔서 그들에게 자신의 변모된 모습을 보여주신 것으로 되어 있다. 마치 예수님이 산에 올라가신 이유가 자신의 변모된 모습을 제자들에게 보여주시기 위함이었던 것 같은 인상을 준다. 반면에 누가는 예수님이 높은 산에 세 제자와 함께 따로 올라가신 것은 "기도"하시기 위해서였다고 분명히 밝히고 있다(눅 9:28 이하). 또한 예수님이 변모되신 것도 "갑자기"가 아니라 "기도하실 때"였음을 강조하고 있다(눅 9:29).

여기에서 우리는 누가가 다른 복음서 기자들보다 훨씬 "기도"라는 단어를 많이 사용하고 있음도 지적할 수 있을 것이다. 물론 다른 복음서들도 기도에 관해 강조를 하고 있는 것은 사실이다. 마가도 기도에 대해 많이 언급하고 있으나 기도 자체보다는 기도에 관한 가르침에 더 관심을 갖고 있다. 마태도 기도에 관심을 갖고 있었으나 특별한 관심은 아니었던 것으로 보인다. 요한은 기도에 대해 비교적 덜 언급하고 있다.

한편 예수님의 비유는 대부분이 천국에 관한 것이나, 기도에 관한 비유도 몇 가지 있다. 이 비유 중 마태복음은 1개를 전해주고 있으며, 마가와 요한복음에는 기도에 관한 비유가 없다. 반면 누가는 3개("바리새파 사람과 세리의 비유"를 포함하면 4개가 된다)의 비유를 전해주고 있다. "기도"에 관한 누가의 관심은 여기에서도 잘 드러난다. 이런 관점에서 우리는 누가복음을 "기도의 복음서"라고 부를 수 있는 것이다.[16]

1. 밤중에 찾아온 친구의 비유(눅 11:5-8)

누가는 이 비유를 기도에 관한 가르침의 컨텍스트(11:1-13)에 위치시키고 있다. 이 컨텍스트에는 이 비유 말고도 또 하나의 비유가 제시되어 있다. 2-4절(주기도문)에서는 "무엇을" 기도해야 하는지를 가르치고 있으며, 5-13절에서는 "어떻게" 또는 "왜" 기도해야 하는지를 가르치고 있다. 이 비유가 "어떻게" 기도해야 하는지에 대한 것인지 아니면 "왜" 기도해야 하는지에 관한 것인지는 이제 살펴보게 될 것이다.

이 비유의 주인공을 빵을 빌리러 간 사람으로 보는 사람은 이 비유를 "밤중에 찾아온 친구의 비유" 또는 "귀찮게 졸라대는 친구의 비유"라고 부른다. 반면 예레미야스처럼 주인공을 이웃집 친구로 보는 사람은 "도움을 청하는 소리를 듣고 밤중에 일어난 친구의 비유"라고 부른다.[17] 헌터는 "인색한 집주인의 비유"(The Churlish Householder)로 불렀다.

이 비유의 주인공을 도움을 청하러 간 사람으로 보게 되면 이 비유는 기도 응답이 없어도 낙심하지 말고 끈질기게 기도하라고 하는 가르침을 주는 비유가 된다. 그러나 이웃집 친구를 주인공으로 보게 되면 이 비유는 좋은 친구라 할 수 없는 사람도 자기에게 도움을 청하는 친구에게 도움을 주었거늘 하물며 좋으신 하나님께서 그에게 구하는 자들에게 좋은 것으로 주시지 않겠느냐는 메시지를 담고 있는 비유가 된다.

어떤 해석이 맞을까? 예수님이 본래 의도하셨던 것은 무엇일까? 이에 대한 대답은 8절의 "그 강청함을 인하여"(because of his importunity)를 어떻게 해석하느냐에 따라 달라진다. 우리말 성서에서는 도움을 청하는 자의 강청을 의미하는 것으로 옮겼다. 그러나 문제는 그렇게 간단하지 않다. 본문에는 "그의"(autou)가 누구를 가리키는지 분명하게 밝히지 않고 있다. 이 인칭대명사는 도움을 청하는 사람을 가리킬 수도 있고 도움을 준 사람을 가리킬 수도 있다.

다음으로는 우리 성서에서는 "강청"으로 옮겨진 "*anaideian*"의 의미가 무엇인가 하는 것도 문제다. 〈유대인을 위한 신약성서〉(Jewish New Testament)는 이를 "후츠파"(chuzpah)라는 히브리어로 옮겼다. 이 히브리어는 "뻔뻔스러움, 대담무쌍"(audacity, bold tenacity)을 의미한다. 이

번역에 따르면, 이웃에게 빵을 구하러 간 사람이 뻔뻔할 정도로 이웃에게 매달려서 결국은 빵을 얻었다는 것이 이 비유의 초점이라는 것이다. 여기에서 예수님은 "대담한" 기도의 중요성을 말씀하고 있다고 보는 것이다.

"불의한 재판관의 비유"도 이 비유와 짝을 이루고 있는 것처럼 보인다. 누가는 "불의한 재판관의 비유"를 "항상 기도하고 낙망치 말 것"을 보여주는 비유라고 해석한다. 이 비유에서도, 한이 있는 과부가 불의한 재판관을 끊임없이 "귀찮게 하니" 할 수 없어 그 원한을 풀어준 것으로 되어 있다(눅18:5). 〈유대인을 위한 신약성서〉에서는 그 과부가 "*nudnik*"하므로 불의한 재판관이 그 청을 들어준 것이라고 번역했다. 히브리어 *nudnik*은 "싫증나게 하는 사람", "골칫거리"를 뜻한다.

영(Brad Young)은 예수님이 말씀하신 믿음을 "대담함, 불굴의 의지, 또는 강한 의지적 결단"으로 정의한다.18) 사람들이 한 중풍병자를 데리고 예수님에게 갔으나 무리들이 운집하여 예수님에게 접근할 수 없게 되자 그들은 대담하게도 지붕을 뚫고 중풍병자를 위에서 아래로 달아 내렸다. 예수님은 "저희의 믿음을 보시고" 그 병자를 고쳐주셨다(눅 5:20). 예수님은 그들의 대담함과 중풍병자를 고쳐야겠다는 강한 의지를 보시고 고쳐주셨던 것이다. 성서는 그들의 그러한 태도를 "믿음"으로 표현하였다.

열두 해를 혈루증으로 앓던 한 여인이 많은 무리들의 틈바구니로 밀고 들어가 예수님의 옷가에 손을 대어 나았다(눅 8:43ff). 이 때 예수님은 그 여인에게 "네 믿음이 너를 구원하였다"고 말씀하셨다. 여기에서 그녀의 행동은 대담한 것이었다. 당시에 혈루증 환자는 사회에서 단절되었다. 그들의 병은 부정한 것으로 여겨졌기 때문이다. 그러나 이 여인은 제의법과 사회적 관습을 깨뜨리면서까지 예수님에게 나아왔다. 그것은 그녀의 강렬한 의지의 결과였다. 예수님은 바로 이 여인의 그와 같은 태도를 "믿음"이라고 정의하셨다. "네 믿음(담대함, 강한 의지)이 너를 구원(치료)하였느니라."

한 소경이 지나가는 예수님을 향하여 도와달라고 외쳐댔다. 군중들이 조용히 하라고 꾸짖었다. 그러나 그는 더욱 큰 소리로 외쳐댔다. 예수님은 그를 고쳐주시면서 "네 믿음이 너를 구원하였느니라"고 말씀하셨다(눅 18:42). 예수님은 포기하지 않고 끈질기게 매어달리는 것(chuzpah)을 통해서 그의 믿음을 보셨던 것이다.

가나안 여인은 딸을 고치기 위해 예수께 간청했다가 "개 취급"을 받는 수모를 겪었으나, 어떻게 해서든지 딸을 고치겠다는 일념으로 예수님에게 끝까지 매달렸다(마 15:21-28; 막 7:24-30). 그러자 예수님은 "참으로 네 믿음이 크다. 네 소원대로 될 것이다"라고 말씀하셨다. 이 경우도 마찬가지다. 이 여인도 비유에 나오는 사람처럼 그녀의 "후츠파" 때문에 소원을 이룰 수가 있었다. 이처럼 예수님은 "후츠파"를 믿음으로 보셨다.

이러한 "후츠파"의 기도의 예들을 우리는 예수님과 동시대 인물들에게서 발견할 수 있다. 유대 세계에 가장 잘 알려진 카리스마적인 인물로는 호니(Honi)를 들 수 있다. 그는 1세기 사람으로서, 랍비들은 그를 "원을 그린 사람 호니"(Honi the Circle-Drawer)라고 불렀으며, 역사가 요셉푸스는 "의인 오니아스"(Onias the Righteous)라고 불렀다. 그는 기도의 능력을 통해 많은 기적들을 행한 사람으로 알려져 있다. B.C. 63년에 폼페이우스에 의해 예루살렘이 무너지기 전, 이스라엘은 극심한 가뭄에 시달리고 있었다.

그 때 사람들이 호니에게 비가 올 수 있도록 기도해달라고 청했다. 그는 기도했다. 그러나 비는 오지 않았다. 그 때 호니는 무엇을 했는가? 원을 그리고는 그 원 안에 들어가 서서 하나님께 말했다. '세상의 주님이시여, 당신의 자녀들이 저를 의지하고 있습니다. 왜냐하면 저는 당신 앞에서 그 집의 아들이기 때문입니다. 저는 당신이 당신의 자녀들에게 자비를 베풀어주실 때까지 [이 원 안에서] 나가지 않을 것을 당신의 크신 이름을 받들어 맹세했습니다.' 그러자 이슬비가 내리기 시작했다. 그는 이렇게 말했다. '제가 간구한 것은 이런 비가 아닙니다. 개울을 채우고 웅덩이와 바위 구멍을 채울 수 있는 비를 내려 주십시오.' 그러자 폭우가 내리기 시작했다. 그는 다시 말했다. '이런 비를 원한 것이 아닙니다. 제가 구하는 것은 은혜의 비, 복과 선물의 비입니다.' 그러자 비가 정상적으로 내렸다(미쉬나 Ta'an 3:8).

이 유명한 이야기에 나오는 호니의 행동은 무례한 것이었다. 하나님에 대한 그의 태도는 무례하고 담대한 것이었으며, 하나님을 번거롭게 하는 것이었다. 이러한 태도를 "후츠파"라 부르며, 예수님은 기도에 관한 비유들을 통해서 그런 기도를 해야 한다고 가르치셨던 것이다. 호니 당시의 바리새파 지도자였던 시므온(Simeon b. Shetah)은 이렇게 말했다.

어떤 사람에게 후원자가 있다고 하자. 그가 후원자를 너무 귀찮게 하면, 그 후원자는 '그를 잊어버리자, 너무 나를 괴롭히니까'라고 말할 것이다. 그러나 하나님은 그렇지 않다. 아무리 당신이 하나님을 귀찮게 해도 하나님은 당신을 받아주신다(미쉬나 Ta'an 3:8).

한편, "그 강청함을 인하여"(auto anaideian, 눅 11:8)를 다르게 해석할 수도 있다. *anaideian*은 "부끄러움 당하지 않음"(shamelessness)으로 옮길 수도 있다.[19] 이 경우에 그 주체는 이웃집 친구가 된다. 즉 이웃집 친구가 떡을 꾸러 온 사람에 떡을 빌려주지 않음으로 해서 다른 사람들에게 부끄러움을 당하게 될까봐 떡을 꾸어주었다는 것이다.

유대적 관습에 의하면 이 비유에 나오는 이웃집 친구는 떡을 꾸어줄 의무가 있다. 고대 근동에서 "환대"(hospitality)는 중요한 덕목 가운데 하나였다. 랍비 요하난(Johanan)과 디미(Dimi of Nehardea)는 손님을 잘 대접하는 것은 "미드라쉬의 집"(beth Hamidrash)에 일찍 가는 것만큼 좋은 것이라고 가르쳤다. 랍비 유다(Rav Judah)는 나그네를 대접하는 것은 쉐키나(Shechinah, 하나님의 임재, 곧 하나님)를 환영하는 것보다 더 값진 것이라고 가르쳤다. 랍비 유다는 다음과 같은 여섯 가지 덕목을 중요시하였다. 손님 환대, 병문안, 기도, 명상, 미드라쉬의 집에 일찍 가는 것, 아이에게 토라를 가르치며 키우는 것, 이웃의 좋은 점만 보는 것.

이처럼 유대인들은 환대를 가장 중요한 덕목들 가운데 하나로 여겼다. 유대인들에게 있어서 환대는 의무였다. 이 비유에서 이웃 친구가 떡을 꾸어주지 않았다는 사실이 밝혀지면 그는 사람들 앞에서 부끄러움을 당하게 될 것이다. 그는 벗됨을 인하여서가 아니라, 그리고 "그의 강청함을 인하여"가 아니라 자신이 부끄러움을 당하지 않기 위해서 친구의 청을 들어주었다는 것이다.

우리가 이러한 해석을 받아들인다면, 이 비유의 메시지는 이런 것이 된다. 그 친구는 우정 때문에 청을 들어준 좋은 친구도 아니었고 좋은 이웃도 아니었고, 다만 의무에서 할 수 없이 떡을 빌려준 사람이었다. 그러나 그런 사람도 친구의 청을 들어주거늘 좋으신 하나님께서는 당신의 자녀들이 기도할 때 얼마나 더 잘(how much more) 들어주시겠느냐?

2. 과부와 재판관의 비유(눅 18:1-8)

이 비유는 앞의 비유와 매우 유사하다. 이 두 비유는 서로 "짝"을 이루고 있다. 맨슨과 헌터는 비유의 주인공을 과부라고 생각한다. 한편 예레미아스나 페린(Perrin), 린네만(Linnemann), 크로싼(Crossan)은 주인공을 재판관이라고 본다. 전자의 관점에서 보면, 이 비유는 과부처럼 우리는 하나님 앞에 끈질긴 기도를 해야 한다는 교훈을 주는 비유가 된다. 반면, 후자의 관점에서 보면 이 비유는 불의한 재판관도 과부의 청을 들어주거늘 "하물며" 정의로우신 하나님께서 우리의 기도를 속히 들어주시지 않겠느냐라는 메시지를 주는 비유가 된다.

예레미아스가 주장한대로 적어도 이 비유에 있어서 적용 부분이 본래의 것이라고 한다면, 이 비유의 메시지는 분명하다. "하물며 하나님께서 그 밤낮 부르짖는 택하신 자들의 원한을 풀어주지 아니하시겠느냐… 속히 그 원한을 풀어주시리라"(7-8a). 이 경우 이 비유의 제목으로는 "불의한 재판관의 비유"가 적합할 것이다.

그러나 이 비유에서 예수님은 하나님이 불의한 재판관과 같은 분이라고 말씀하시는 것이 아니다. 예수님의 말씀의 의도는, '사람을 무시하고 하나님도 두려워하지 않는 이 불의한 재판관도 힘없는 과부의 청을 들어주었거늘, 하물며 정의로우시고 자비하신 하나님께서는 얼마나 더 잘, 그리고 빨리 그의 사랑하시는 자녀들의 기도에 응답해 주시겠느냐!'하는 것이다.

3. 자녀에게 좋은 것으로 주는 아버지의 비유(마 7:9-11; 눅 11:9-13)

이 비유의 메시지는 분명하다. '인간의 부모(비록 그가 악한 자일지라도)도 자식에게는 좋은 것으로 주거늘 하물며 하늘 아버지께서 그 자녀들에게 그 구하는 것보다 더 좋은 것으로 주시지 않겠느냐!' 이 비유의 초점도 역시 기도하는 사람이 아니라 기도에 응답하시는 하나님이다. 어떻게 기도해야 하는가가 아니라 하나님이 어떻게 응답하시는가를 보여주고 있다.

이상에서 우리는 예수님의 기도에 관한 세 비유에서 공통적으로 "하물며"가 열쇠 역할을 하고 있음을 알 수 있다. 그러면, 이제 이 비유들에 사용된 예수님의 가르침의 방법에 대해 알아보기로 하자.

예수님은 이 비유들에서 당시의 랍비들이 성서를 해석하는 데 있어서 널리 사용한 "*kal vechomer*" 방법을 사용하셨다. 이 해석 방법은 소전제에서 출발하여 대전제로 나아가는 것이다. 예를 들면, 예수님은 염려에 대해 가르치면서 "오늘 있다가 내일 아궁이에 들어갈 들풀도 하나님께서 이와 같이 입히시거든, 하물며 너희들을 입히시지 않겠느냐!"(마 6:30)라고 하셨다. 여기에서 소전제는 하나님이 들풀도 돌보신다는 것이다. 이것이 대전제로 나아가게 되면 하나님께서는 사람도 돌보신다가 된다. 들풀도 돌보시는 하나님께서 사람을 돌보시는 것은 당연한 것이라는 논리이다.

이런 해석 방법은 랍비의 아버지라 불리는 힐렐(Hillel)에 의해 시작되었으며, 많은 랍비들이 성서를 해석하고 기르칠 때 이 방법을 사용하였다. 랍비 가말리앨의 문하생이었던 바울도 이런 성서 해석 방법을 잘 알고 있었음을 그의 서신들이 보여주고 있다(예, 롬 11:12, 24). 예수님도 이러한 방법에 익숙해 있었음이 분명하며, 이런 해석 방법을 사용하여 기도에 관하여 비유로써 가르치셨던 것이다. 이 비유들 외에도 예수님은 이와 같은 방법으로 가르치신 것들을 많이 발견할 수 있다(마 12:11-12; 눅 13:15-16; 요 7:22-23 등).

22 바리새인과 세리의 비유 (눅 18:9-14)

바리새인과 세리는 그들의 기도가 말해주듯이 대조적인 사람들이다. 바리새인은 의롭고 존경받는 사람들이었던 반면 세리들은 대표적인 죄인이었다.

이들이 기도하기 위해 간 곳은 성전이었다. 그러나 성전은 기도의 장소라기보다는 예배(희생 제사)를 드리는 곳이었다. 물론 제사가 드려지는 동안 성전 밖에서 사람들이 모여 기도하긴 했지만(참조, 눅 1:10), 유대인들은 회당에 모여 기도하거나 아니면 집에서 기도를 하였다(마 6:5-6). 그들은 기도 시간이 되면 어디에서나 그들이 있는 곳에서 기도를 했다.

이 비유에 나오는 바리새인은 일주일에 두 번씩 금식을 했다. 이는 율법이 요구하는 것은 아니었다. 율법은 일 년에 한 차례씩 속죄일에 의무적으로 금식을 하도록 했다. 개인적인 금식은 대개 월요일과 목요일에 행해졌다. 이는 모세가 시내산에 올라간 것이 월요일이었고 내려온 것이 목요일이었다는 데서 연유된 것이다. 경건한 사람들은 이 바리새인이 기도한대로 이렇게 두 번씩 금식을 했다

(Tan. B. Vayera 43b; 탈무드 Git. 56a).

그는 "모든 소득의 십일조"를 냈다고 한다. 율법은 오직 곡물과 포도주, 기름의 십일조를 규정하고 있을 뿐이다(신 14:22-23; 민 18:12; 레 27:30). 그러나 바리새인들은 예수님도 지적하신대로 박하와 회향과 근채의 십일조도 드렸다(마 23:23). 랍비들은 때로는 채소와 잎사귀 또는 씨앗의 십일조까지도 바쳐야 한다고 가르쳤다(미쉬나 Masser. 4:5).

하나님에 대한 이러한 그들의 열심이 잘못된 것은 아니다. 이 바리새인은 자신을 세리와 비교를 하면서, 세리를 정죄하고 자신을 의롭게 여겼다. 이것이 바리새인들의 근본적인 문제였던 것이다. 바리새인에 대한 예수님의 책망에 대해서는 제4장 "율법학자들과 바리새인들에 대한 책망"을 참조하라. 바리새인과는 달리 세리는 하나님 앞에 회개하면서 자비를 구하는 기도를 드렸다.

이 비유에서 예수님은 스스로 의롭다고 여기는 사람이 아니라 겸손하게 죄인임을 고백하고 자비를 구하는 사람이 의인으로 인정받는다고 가르치시고 있다. 율법의 준수 또는 경건 생활 자체보다 하나님에 대한 우리의 태도가 중요한 것임을 이 비유는 강조하고 있다. 랍비들도 형식적인 순종이나 의무적으로 하는 순종이 아니라, 하나님에 대한 사랑과 은혜에 대한 감사의 마음으로 하는 자발적인 순종을 강조했다.

다음과 같은 랍비들의 기도도 예수님의 비유에 나오는 바리새인의 기도와 비슷하다. 랍비 네후냐(Nehunya b. Haqaneh)는 미드라쉬를 배우는 집에서 나올 때 자주 이런 기도를 했다고 한다.

> 오 나의 주님이시여, 우리 조상들의 하나님이시여! 저로 하여금 길거리 어귀에 있는 자들이 아니라 하나님의 말씀을 연구하기 위해 모인 자들과 함께 유업을 받게 하심을 감사하나이다. 저도

그들과 함께 아침 일찍 일어납니다만, 저는 토라의 말씀들을 위해서 그렇게 하는 것이고 저들은 쓸데없는 일을 위해서 그렇게 하는 것입니다. 저나 그들이나 다 같이 일을 합니다마는, 저는 일을 하고 보상을 받습니다. 그러나 저들에게는 아무런 보상도 없습니다. 저나 그들이나 다 같이 달려가고 있습니다만, 저는 내세의 생명을 향해서 달려가고 있고, 저들은 멸망의 구덩이를 향해 달려가고 있습니다(탈무드 Ber. 28b).

야브네(랍비들의 본거지)의 랍비들은 이렇게 말하기를 좋아했다고 한다.

저도 하나님의 피조물이고 저의 이웃도 마찬가지입니다. 저는 성읍에서 일하고 그는 들에 나가서 일합니다. 저는 저의 일을 하기 위해 일찍 일어나고 그는 그의 일을 하기 위해 일찍 일어납니다. 그가 제가 하는 일을 저보다 더 잘 할 수 없듯이 저도 그가 하는 일을 그보다 더 잘 할 수는 없습니다. 그러나 아마 당신께서는 저는 위대한 일을 했고 그는 작은 일을 했다고 하실 것입니다. 저는 우리의 마음이 하나님을 향해서 있기만 하면 얼마나 많은 일을 했느냐 하는 것이 문제가 안 된다고 하는 것을 배워서 알고 있습니다(탈무드 Ber. 17a).

CHAPTER 6 예수님의 치유 이적들

01 예수님의 치유 사역

복음서는 예수님의 생애에 대해서 기록하면서 특별히 예수님이 행하신 치유 이적들에 초점을 모으고 있다. 복음서 가운데 1/5정도가 예수님의 치유 사역을 설명하는 데 할애되었다. 복음서에는 30여개에 달하는 구체적인 치유 사건들이 기록되어 있으며, 많은 군중들을 고쳤다는 요약적인 보고도 많이 나와 있다(마태 10회, 마가 5회, 누가 5회, 요한 1회). 예수님이 행하신 많은 기적과 이적들 가운데는 자연과 관계된 것들도 있으나(풍랑을 잔잔케 하신 사건이나 오병이어의 기적 등), 거의 모두가 다 치유 이적이다.

마가복음은 1장에서 10장까지는 예수님의 공생애에 대해서, 그리고 나머지 부분에서는 예수님의 마지막 1주일 동안의 예루살렘에서의 생애를 기록하고 있다. 마가복음에서는 예수님이 마지막 1주일 동안은 아무 이적도 행하지 않으신 것으로 기록되어 있다. 한편 1-10장에서는 4장을 제외하고는 매 장에서 예수님의 치유 이적에 대해 기록하고 있다(4장에서는 바다를 잠잠케 하신 자연 이적만 기록되어 있다). 마가는 자주 예수님의 치유 목회에 대해서 다 상세히 기록하지 않고 요약해서 설명함으로써, 예수님의 치유 사건에 대한 자신의 기록은 다만 특별한 예들에 지나지 않음을 말해주고 있다(1:32, 39; 3:10; 6:5, 55).

마태복음은 예수님의 치유 사건을 보다 체계적으로 기록하고 있다. 마태는 예수님의 사역에 대해 그의 사역의 첫머리에서 다음과 같이 장엄하게 요약하고 있다

> 예수님이 온 갈릴리에 두루 다니시면서, 그들의 회당에서 가르치시며, 하늘나라의 복음을 선포하며, 백성 가운데 모든 질병과 모든 아픔을 고쳐주셨다. 예수님의 소문이 온 시리아에 퍼졌다. 그리하여 사람들이 갖가지 질병과 고통으로 앓는 모든 환자들과 귀신 들린 사람들과 간질병 환자들과 중풍병 환자들을 예수께로 데려왔다. 예수님은 그들을 고쳐주셨다. 그리하여 데가볼리와 예루살렘과 유대와 요단 강 건너편으로부터, 많은 무리가 예수님을 따라왔다(4:23-25).

8장과 9장에서는 10개에 이르는 이적을 연속적으로 기록하고 있으며, 특정한 사람들에 대한 치유의 사건들이 15개 나타나 있다. 한편 마태는 복음서 기자들 가운데 가장 많이 치유 사건을 요약적으로 보도해 주고 있다(4:23; 8:16; 9:35; 11:4; 12:15; 13:58; 14:14, 34; 15:30; 19:2).

누가도 공생애의 시작 부분부터 수난 주간 전까지의 기록인 4장부터 18장까지 12, 15, 16장을 제외하고는 매 장에서 치유 사건을 기록하고 있다. 여기에서 15장과 16장은 예수님의 비유들을 모아놓은 것임을 고려할 때 사실상 누가도 치유 사건을 매 장 기록하고 있다고 할 수 있다. 누가복음에는 특정한 치유 사건들에 대한 기록이 다른 복음서들보다 더 많이 나와 있다(19회).

요한은 5개의 치유 이적만을 설명하고 있는데, 그 중 4개는 공관복음서에 나와 있지 않은 것들이다. 요한은 의도적으로 기적이라는

용어대신 "표적"(sign)이라는 용어를 사용하고 있다. 요한복음은 긴 강화(discourse)가 그 특징인데, 여러 차례에 걸쳐 예수님의 이적("표적")이 이러한 강화의 기회를 제공해주는 역할을 하고 있다.

예수님의 사역은 크게 세 가지로 요약된다. "예수님이 모든 성읍과 마을을 두루 다니시면서, 유대 사람의 회당에서 가르치며, 하늘나라의 복음을 선포하며, 모든 질병과 모든 아픔을 고쳐주셨다"(마 9:35). 가르침과 선포, 치유—이것이 예수님의 3대 사역이었다. 복음서 기자들은 이 세 가지 사역이 서로 밀접하게 연관되어 있음을 강조하고 있다. 예수님의 사역을 보면, 말씀을 선포하시고 치유의 이적을 행하시든가, 아니면 치유의 이적을 행하신 다음에 말씀을 선포하셨다. 즉 말씀의 선포 또는 가르침과 치유의 사역은 불가분의 관계를 갖고 있었다.

> 예수님이 온 갈릴리를 두루 다니시면서, 그들의 회당에서 가르치며, 하늘나라의 복음을 선포하며, 백성 가운데서 모든 질병과 모든 아픔을 고쳐주셨다(마 4:23).
> 어느 날 예수님이 가르치시는데… 예수님은 주의 능력으로 병을 고쳐주고 계셨다(눅 5:17).

한편 사람들도 예수님의 말씀도 듣고 병고침도 얻고자 하여 예수님에게 나아왔다.

> 예수님의 소문이 더욱더 퍼지니, 큰 무리가 그의 말씀도 듣고, 또 자기들의 병도 고치고자 하여 모여들었다(눅 5:15).
> 온 유대와 예루살렘과 두로와 시돈 해안지방에서 모여든 백성이 큰 무리를 이루었다. 그들은 예수님의 말씀도 듣고, 또 자기들의 병도 고치고자 하여 몰려온 사람들이었다(눅 6:17-18).

예수님은 제자들에게도 병을 고칠 수 있는 능력을 주시고, 그들에게 복음을 전파하며 병을 고치라고 하셨다(마 10:1, 7-8; 막 6:7; 눅 9:1-2; 10:9). 이에 제자들은 "마을마다 두루 다니면서, 곳곳에서 복음을 전하며, 병을 고쳤다"(눅 9:6; 막 6:12 13). 초대교회 신도들은 이렇게 기도했다. "주님의 종들이 참으로 담대하게 주님의 말씀을 말할 수 있게 해주십시오. 그리고 주께서 능력의 손을 뻗치어 병을 낫게 해주시고, 주님의 거룩한 종 예수님의 이름으로 표적과 기적이 일어나게 해주십시오"(행 4:29-30). 사도들은 계속하여 말씀을 전하였고 그들에게 치유의 역사가 계속 뒤따랐다(행 3:6-9과 11-26; 4:2과 10, 29-30, 33; 5:12, 15, 16, 20-21; 14:7-10; 15:18-20; 18:1, 5). 바울은 "말과 행동으로, 표적과 이적의 능력으로, 성령의 권능으로" 복음을 증거했다(롬 15:18-19). 이처럼 예수님과 제자들, 그리고 초대교회에서 볼 수 있는 사역의 표준적인 형태는 치유의 역사가 따르는 말씀의 선포였다.[1)]

다음은 예수님의 치유 이적의 특성들이다.

1) 그에게 고침받기 위해 나아 온 모든 사람들의 갖가지 질병들을 다 고쳐주셨다(육체적, 정신적, 영적 질병들[마 15:30-31; 막 7:31-37], 귀신들린 자들[마 17:14-21], 죽은 자[요 11:43-44], 모든 사람들[마 8:16]).

2) 많은 사람들을 "민망히 여기사"(compassion) 고쳐주셨다(마 9:36; 14:14; 20:34).

3) 자신에 대한 믿음이 있는 사람들은 더 쉽게 고쳐주셨던 것처럼 보인다(마 8:8-13; 9:2, 28-31; 막 5:28-34, 35-43; 9:14-29; 눅 4:23-28).

4) 그에게 믿음을 가지고 나오는 사람들을 언제나 기꺼이 치유해주시려 하셨다(나병환자[마 8:1-4], 백부장의 종[마 8:5-7], 가나안 여인의 딸[막 7:24-30]).

5) 시험하려고 하는 사람들에게는 치유의 이적을 나타내지 않으셨다(바리새인과 서기관들[마 12:38-42]).

6) 여러 가지 다양한 방식으로 치유해주셨다(p. 342-345의 도표참조).

7) 대개 많은 사람들 앞에서 치유를 행하셨으나, 때로는 개인적으로 고쳐주시기도 했다(야이로의 딸[막 5:39-43], 베다니의 소경[막 8:23], 베드로의 장모[눅 4:38-39]).

8) 자주 병자에게 고침받기를 원하는지 물어보셨다(눈먼 자에게[막 8:23], 귀신들린 아이의 아버지에게[막 9:21-22], 바디매오에게[막 10:51]).

9) 병이 나은 증거를 보여주라고 말씀하셨다(나병 환자에게[마 8:1-4], 10명의 나병환자에게[눅 17:14]).

10) 항상 죄와 질병을 동일시하지는 않으셨다(날 때부터 소경된 사람[요 9:1-3], 벳새다 연못가의 중풍병자[요 5:14]).

11) 그의 치유의 사역을 악령의 역사로 보는 것에 대해 강하게 경고하셨다(마 12:22-31; 막 8:15).

02 귀신 축출로 치유 받은 사람들

"사람들이 귀신들린 사람을 많이 예수님에게 데리고 왔다. 예수님은 말씀으로 귀신을 내쫓으시고, 또 병자를 모두 고쳐주셨다"(마 8:16).

예수님의 특별한 치유 방법 가운데 하나는 귀신을 내어 쫓는 것(逐邪)이었다. 복음서들은 예수님 당시에 많은 사람들이 귀신에 사로잡혀 고통당하고 있었음을 말해주고 있다.

고침 받은 사람들	마태복음	마가복음	누가복음
1. 가다라 지방의 귀신들린 자	8:28	5:1	8:26
2. 가나안 여인의 딸	15:22	7:24	
3. 귀신들려 간질로 시달리던 아이	17:14	9:14	9:38
4. 가버나움의 귀신들린 아이		1:23	4:33
5. 막달라 마리아와 다른 사람들			8:2
6. 귀신들려 말 못하는 사람	9:32		
7. 귀신들려 소경되고 말 못하는 사람	12:22		11:14
8. 많은 사람들		1:32, 39	
9. 많은 사람들	4:24		
10. 많은 사람들	8:16		

고침 받은 사람들	마태복음	마가복음	누가복음
11. 많은 사람들		3:10; 6:13	
12. 많은 사람들			4:41
13. 많은 사람들			6:18
14. 많은 사람들			7:21

악령에 사로잡혀 고통당하던 사람들의 모습도 다양하다. 거라사의 광인은 옷도 입지 않고 거리를 배회하며 자신의 몸에 상해를 입히곤 하여 사슬로 묶어놓을 수밖에 없었다. 가나안 여인(수로보니게 여인)의 딸의 상태에 대해서는 언급이 없다. 제자들이 고치지 못해 결국 예수님이 고쳐주신 아이는 간질로 시달렸었다. 막달라 마리아는 일곱 귀신이 걸렸었던 여인이다. 또한 귀신들려서 벙어리가 된 사람도 있었고, 소경과 벙어리가 된 사람도 있었다.

예수님은 귀신들려 시달리던 자들을 고치실 때 오직 한 가지 방법, 명령하심으로써 귀신을 내쫓으셨다. "악한 귀신아, 그 사람에게서 나가거라!"(막 5:8); "입을 다물고 그 사람에게서 나가거라"(눅 4:35); "가라"(마 8:32).

예수님의 명령에 귀신들이 순종하는 것을 보고는 많은 사람들이 놀랐다. "이게 어찌된 일이냐? 권위 있는 새로운 가르침이로다. 그가 악한 귀신들에게 명하시니, 그들도 복종하는구나"(막 1:27). 귀신들은 한결같이 예수님을 두려워하였으며, 그에게 빌기도 했다.

한편, 예수님의 귀신 축출의 의미는 마태복음 12:28-29에서 발견된다. "내가 하나님의 영을(또는 "손을." 참조, 눅 11:20) 힘입어 귀신을 내쫓는 것이면, 하나님의 나라가 너희에게 왔다. 사람이 먼저 힘센 사람을 묶어 놓지 않고 어떻게 그 사람의 집에 들어가서 세간을 털어 갈 수 있느냐?"

예수님의 사역의 주제는 한 마디로 "하나님의 나라" 또는 "하늘나라"이다. 예수님은 하나님의 나라를 선포하셨다. 그의 가르침의 핵심은 하나님의 나라였으며, 그의 비유 가운데 대부분이 하나님의 나라에 관한 것이었다. 치유 이적, 특별히 귀신 축출을 통한 치유는 하나님의 나라가 임하였음을 보여주는 증거였다. 이 땅을 지배하고 있던 사탄을 하나님의 능력을 통해 축출하심으로 하나님의 나라가 임하였음을 보여주셨다. 사탄에 대한 예수님의 정복은 곧 하나님의 구원의 능력의 현시(demonstration)였다. 예수님의 하나님 나라의 선포와 가르침은 그의 귀신축출과 치유 이적을 통해 확인(보증)되었다.

예수님 당시의 유대인들은 악한 영의 세력이 병의 요인이 된다고 믿었다. 이러한 사상은 바벨론 포로 기간 동안 바벨론의 이원론적인 사상의 영향을 받은 것으로 보인다. 악의 세력에 대한 유대교의 사상은 신구약 중간기 시대에 발전되었다. 이 시대에는 라파엘 천사가 치료하는 천사라고 믿었으며 그가 악의 세력으로 인한 질병에서 벗어날 수 있는 방법을 갖고 있다고 믿었다.[2] 또한 천사들이 갖고 있는 올바른 과학을 잘 사용하는 것이 악마들을 다스릴 수 있는 가장 좋은 방법이라고 믿었다.[3]

요셉푸스는 엘레아자르(Eleazar)가 베스파시안 황제와 그의 아들들 앞에서 귀신을 축출한 이야기를 전해 주고 있다.[4] 그는 솔로몬의 이름을 부르면서 그가 만든 주문을 암송함으로써 귀신을 쫓아냈다고 한다. 복음서에도 바리새인들이 제자들에게 누구의 이름으로 귀신들을 쫓아냈느냐고 질문한 사실이 기록되어 있다. 또 어떤 사람들은 예수님이 바알세불의 이름을 의지하여 귀신을 쫓아낸다고도 믿었다. 예수님의 제자들에게 있어서도 귀신 쫓는 일이 중요한 사명으로 주어졌는데(마 10:1), 그들은 예수님의 이름으로 귀신을 내어 쫓았다(눅 10:17; 막 16:17).

예수님은 귀신들을 축출하실 때 특별한 의식(rite)을 행하시지 않았다. 다만 명령을 통해서 귀신들을 내어 쫓으셨을 뿐이다. 그러나 당시의 다른 사람들은 고대의 성서의 성인들이 전해주었다고 믿는 비법의 주문과 의식이 있었으며, 그것을 얼마나 잘 따르느냐에 따라 그의 귀신 축출 여부가 결정된다고 믿었다.[5)]

쿰란 종파에서는 아브라함이 최초의 치유자였다고 가르쳤다. 그는 자신의 아내 사라를 취하려 했던 죄로 병에 걸리게 된 이집트의 파라오(왕)를 위해 기도와 안수를 했다. 그리고 악한 영에게 떠나라고 꾸짖자 그의 병이 나았다고 전한다(Genesis Apocryphon 20:16-19).

랍비 문헌에서도 귀신에 대한 명령을 통해 귀신을 내쫓은 기록이 있다. 랍비 시므온(Simeon b. Yohai)과 엘레아자르(Eleazar b. Yose)는 악령에 사로잡힌 왕의 딸을 이렇게 치유했다고 한다. "벤 테말리온(Ben Temalion, 테말리온의 아들이라는 뜻), 나가거라! 벤 테말리온, 나가거라!"(탈무드 Me'ilah 176).

03 백부장의 종을 치유하시다 (마 8:5-13; 눅 7:1-10; 요 4:43-54)

백부장은 문자적으로는 백 명의 부하를 거느리는 지휘관이나, 대개 60-80명의 부하가 있었다. 이 백부장들은 로마 군대의 중추 역할을 했다. 당시에 군인들은 시리아와 가이사랴, 그리고 예루살렘의 안토니아 성채에 주둔하고 있었다. 가버나움에 세관이 있었던 것으로 미루어 보아 그곳에도 군인들이 머물고 있었을 것임에 틀림없다. 본문에 나오는 백부장은 바로 이곳에 살고 있던 사람이었다.

이 백부장은 하인을 가지고 있었다. 고대 사회에서는 하인을 가족의 일원으로 여기기도 했으며, 주인과 하인은 때로는 매우 가까운 관계를 이루었다. 본문에 나오는 하인도 백부장과 그러한 관계를 갖고 있었다. 일반 군인들은 하인을 둘 정도로 넉넉하지 않았다. 그러나 이 백부장은 다른 군인들보다 많은 보수를 받았으므로 하인을 둘 수 있었던 것으로 보인다.

백부장의 종이 병들어 죽게 되자 백부장은 예수님을 찾아가서 고쳐줄 것을 부탁했다. 이에 예수님이 그 집으로 가려고 하시자 그 백부장은 집에까지 가실 필요가 없다고 하면서 그 자리에서 말씀만

하셔도 종이 나을 수 있을 것이라고 말씀을 드렸다. 그는 유대인들이 이방인 지역에 들어가기를 꺼려한다는 것을 잘 알고 있었기에 그렇게 했던 것으로 보인다.[6] 그러자 예수님은 그의 믿음을 칭찬하시면서 "네 믿음대로 될지어다"라고 말씀하셨으며, 그 순간 그의 종이 나았다.

이 치유의 사건은 "원거리 치유"(healing from a distance)의 대표적인 예이다. 복음서에서는 대개의 경우 병자들이 예수님과 직접 만나서 치유를 받았다. 때로는 요청에 따라 예수님이 병자들에게 가셔서 고쳐주기도 하셨다. 하지만 특기할만한 것은 예수님이 환자들에게까지 가지 않으시고도 그들을 고쳐주신 경우들이 있다. 수로보니게 여인의 딸도 이런 식으로 고침을 받았던 것으로 보인다(마 15:22ff; 막 7:24ff).

랍비 문헌에서도 이와 비슷한 원거리 치유 사건을 발견할 수 있다. 하니나(Hanina B. Dosa)는 갈릴리 출신으로 기도의 능력이 있는 사람으로 널리 알려져 있던 사람이다. 그는 많은 기적들을 행했다. 그에 관한 다음과 같은 이야기가 전해 내려온다.

한번은 한 소년이 열병으로 죽어가고 있었다. 예루살렘의 바리새인 지도자 한 사람이 그의 제자 둘을 하니나에게 급히 보냈다. 이 소식을 듣고는 하니나는 다락방에 올라가서 기도했다. 기도를 마치고 내려와서는 그들에게 아이에게서 열병이 떠났으니 돌아가라고 했다. 그러자 이 두 사람은 어처구니가 없어 "당신이 예언자요? 어떻게 그 아이가 살아났는지를 안단 말이오?"하고 반문했다. 그러자 하니나는 자신이 기도할 때 기도가 잘 안되면 병이 낫지 않고 기도가 잘 되면 병이 낫는다고 하면서, 이 아이를 위해서 기도할 때 기도가 잘 되었다고 말했다. 그러자 이 두 사람은 그가 나았다고 주장한 날짜와 시간을 적어가지고 돌아가서는 가말리엘에게 그대로 보고했다. 가말리엘(사도 바울의 스승)이 이 소식을 듣고는 그 아이가 나은 시간이 하나나가 말한 바로 그 시간이었음을 확인했다(탈무드 Ber. 34b).

여기에서 우리는 예수님의 치유와 하니나의 치유 방법이 비슷함을 볼 수 있다. 두 경우에 다 환자들이 열병으로 죽어가고 있었다. 그리고 둘 다 그들이 나았다고 말한 순간에 나았다. 그러나 근본적인 차이가 있다. 하니나는 기도를 통해 치유의 역사를 행했으나, 예수님은 말씀을 통해서 치유하셨다. 하니나의 이야기의 초점은 치유 자체보다도 그의 기도의 능력에 있다. 그러나 예수님의 치유 사건은 그렇지 않다. 예수님은 기도(우리가 드리는 것과 같은 그런 기도)를 통해서 환자를 고치신 적은 없다. 거의 대부분이 말씀이나 명령을 통해 치유의 역사가 일어났다. 하니나와 예수님의 치유 사건의 가장 큰 차이는, 하니나는 치유 역사의 매개체에 지나지 않았으나 예수님은 치유하시는 분이었다는 것이다.

한편 이 두 사건에서 볼 수 있는 것과 같이, 예수님 당시의 유대인들은 환자가 있을 경우에 거룩한 사람(holy man)이나 현자들, 또는 이적을 행하는 사람들을 찾아가는 관습이 널리 퍼져 있었다. 성서에서는 엘리야 및 엘리사의 이야기들이 이를 잘 말해준다(왕상 17:17; 왕하 4:22ff; 5:1ff). 랍비 핀카스(Phinchas b. Chama)는 집안에 아픈 사람이 있는 사람은 누구나 다 학자(현자)를 찾아가서 그에게 환자를 위해 자비를 구하는 기도를 해 달라고 해야 한다고 했다. 많은 사람들이 예수님에게 나아와 병을 고쳐줄 것을 간구한 사실은 이런 맥락에서 이해될 수 있을 것이다.

04 거라사 광인의 귀신을 쫓아내심

(마 8:28-34; 막 5:1-20; 눅 8:26-39)

일반적으로 유대인들은 귀신이 광야나 무덤 주위를 배회한다고 믿었다. 본문에서도 귀신들린 사람은 무덤 사이에 거하였다. 예수님을 만난 귀신들린 이 사람은 "때가 되기도 전에 우리를 괴롭히려고 여기에 오셨습니까?"라고 외쳤다. 여기에서 "때"는 심판의 때를 의미한다.

귀신들은 예수님에게 자신들을 쫓아내려면 돼지 떼들에게 들여보내달라고 요구했다. 많은 귀신 축출 기사를 보면, 귀신들이 쫓겨날 때 흔히 이처럼 협상 비슷한 요구를 하는 것을 볼 수 있다. 돼지 떼 속으로 들어가게 해 달라는 귀신들의 요구를 유대인들이 받는다면 "OK" 할 것이다. 왜냐하면 그들은 돼지를 불결한 짐승으로 여기기 때문이다. 유대인들은 돼지를 부정한 짐승으로 여겨 돼지 치는 사람을 저주받은 사람이라고 여겼다.

탕자의 비유에서 탕자가 먼 나라에 가서 허랑방탕하게 살다가 흉년을 만나게 되고 돼지 치는 일을 하게 되었다고 한 이유가 바로 여기에 있다.

유대인들은 돼지를 치지 않는데, 이 이야기에 나오는 그 많은 돼지 떼들은 어떻게 된 것인가? 가다라 지방은 갈릴리 호수 동편에 위치하고 있는데, 그곳에는 유대인들도 살고 있었지만 대부분은 이방인들이 살고 있었다. 이 돼지 떼를 치던 사람은 유대인이 아니라 이방인이었을 것임에 틀림없다.

예수님에게 쫓겨난 귀신들은 다 돼지 떼 속으로 들어갔고, 그들은 물을 향해 뛰어 들어가 다 빠져죽고 말았다. 유대인들은 귀신들이 죽을 수도 있고 결박당할 수도 있다고 생각했다.

05 중풍병자의 죄를 용서하시고 고치시다

(마 9:1-8; 막 2:1-12; 눅 5:17-26)

네 사람이 중풍병에 걸린 친구를 침상에 누인 채 예수님에게 데리고 왔다. 그러나 사람들이 방에 가득차서 들어갈 수 없게 되자 그들은 지붕 위로 올라가서 지붕을 뚫고는 침상을 줄에 달아서 내렸다. 여기에서 침상은 깔고 눕는 매트(mat) 또는 담요로서, 둘둘 말 수 있게 되어 있었다.

이스라엘의 지붕은 우리나라의 옥상처럼 평평하게 되어 있다. 그리고 밖에서 쉽게 올라갈 수 있도록 계단도 만들어져 있었다. 또한 지붕은 풀이나 나뭇가지를 흙과 이겨서 만들었기 때문에 지붕을 뚫는 것이 그렇게 어려운 일은 아니었다. 그래서 4명의 친구들은 지붕 위로 서슴지 않고 올라갔던 것이고 지붕을 뚫고 친구를 달아 내렸던 것이다.

이렇게 중풍병자의 친구들이 그를 지붕 위에서 달아 내리는 것을 보고 예수님은 그를 고쳐 주셨다. 복음서는 그들의 "믿음을 보시고" 예수님이 그를 치유해 주셨다고 기록하고 있다. 그러면 그들의 믿음은 어떤 믿음이었는가? 보통 사람들 같았으면 돌아갔다 다음 날 다시 오든지 아니면 기다렸다가 예수님을 만나든지 했을 것이다. 그러나 그들은 그렇게 하지 않았다. 포기하지 않았다. 지붕 위로 올라갔다. 지붕을 뜯었다. 그리고 친구를 지붕에서 달아 내렸다. 이 얼마나 대담하고 위험천만한 일인가! 어떻게 지붕을 뜯을 생각을 다 했을까? 대단한 사람들이다. 영문을 모르는 방안에 있는 사람들은 아마 지붕이 무너지는 줄 알았을 것이다. 그들은 친구의 병을 고쳐주기 위해 모험을 무릅 썼다. 대담하게 행동했다. 예수님은 이런 그들의 모습 속에서 그들의 믿음을 보았다. 그래서 그 중풍병자를 고쳐주셨던 것이다. 이런 행동을 보고 히브리어로 "후츠파"라고 부른다.

예수님은 먼저 이 중풍병자의 죄를 용서하시고 그 다음에 그의 병을 고쳐주셨다. 이것을 보고 사람들이 "하나님 이외에 누가 감히 죄를 용서할 수 있단 말인가?" 하고 의아해 하면서 예수님을 참람하다고 생각했다. 예수님이 이 중풍병자의 죄를 용서해 주신 것은 예수님에게 그런 권한이 있음을 보여주기 위함이었다. 예수님의 치유 이적 가운데서 죄 사함과 치유를 연관시킨 곳은 이곳 밖에 없다.

그러면 죄 사함과 치유의 관계는 무엇인가? 죄로 말미암아 인간은 죽음을 피할 수 없게 되었고 질병에 시달릴 수밖에 없게 되었다. 그러나 예수님의 구속 사건으로 말미암아 인간의 죄는 용서받고, 그 결과로서 영생을 얻을 수 있게 되었으며, 치유 받고 건강하게 살 수 있는 길이 열리게 되었다. 질병이 죄의 결과라면, 치유는 죄의 용서를 통해서 얻는 것이다. 그러나 여기에서 이야기하는 죄는 보편적인 죄를 의미한다. 예수님은 질병을 특별한 죄의 결과(형벌)로 여기지 않으셨다(요 9:1-3; 5:14).

그러나 유대인들은—제자들까지도—질병을 특별한 죄의 대가로 여겼다. 랍비 키야(Chiyya)는 이렇게 가르쳤다. "환자는 그의 죄를 용서받기 전까지는 병을 고침 받을 수 없다"(탈무드 Ned. 41a). 치유를 위한 기도는 죄의 용서를 위한 기도가 선행되어야 한다고 랍비들은 가르쳤다(탈무드 Meg. 17b). 이는 특별한 죄가 병을 야기한다고 믿었기 때문이다. 쿰란 제4동굴에서 발견된 사해사본에 의하면, 느부갓네살 왕이 7년 동안 악성 종양으로 고생하고 있었는데, *gazer*가 그의 죄를 용서하자 병이 치유되었다는 이야기가 나온다. 여기에서 *gazer*는 "명하다"(to decree)라는 뜻을 가진 동사에서 파생한 것으로서 엑소시스트(exorcist)를 의미하는 것으로 보인다.[7] 이 문서에는 느부갓네살 왕의 죄가 무엇이었는지에 대한 언급은 나오지 않는다.

06 회당장 야이로의 딸을 살리시다

(마 9:18-19, 23-26; 막 5:21-24, 35-43; 눅 8:40-42, 49-56)

가버나움에 야이로라는 회당장이 있었다. 이 회당장에게 열두 살쯤 된 외동딸이 있었는데 갑자기 죽어가고 있었다. 그래서 예수님에게 와서 도움을 청했다. 그는 예수님의 발아래 무릎을 꿇고 딸을 살려달라고 간청을 했다.

이 회당장과 예수님은 아는 사이였다. 그것도 그냥 아는 사이가 아니라 아주 잘 아는 사이였다. 왜냐하면 그 회당장은 예수님이 다니시던 가버나움 회당의 회당장이있기 때문이다. 그들은 안식일마다 회당에서 만났다. 오늘날로 말하면 야이로는 예수님이 다니시던 교회의 목사(?)였던 것이다. 더군다나 그 회당장과 예수님은 같은 마을에 살고 있었다. 그러니 얼마나 잘 아는 사이였겠는가? 그러니 야이로가 예수님에게 한 번 심방 와 달라고 점잖게 요청했어도 예수님은 얼마든지 그 요구를 들어주었을 것이다. 그런데 야이로는 동네 사람들이 다 지켜보는 가운데 땅바닥에 엎드려 예수님의 다리를 붙들고 딸을 살려달라고 애원을 했던 것이다. 야이로가 얼마나 절박했는가를 잘 보여주는 장면이다.

이렇게 해서 예수님이 그 집에 가시게 되었다. 예수님이 그 집에 도착하셨을 때는 이미 그 아이는 죽어 있었다. 그 집에는 이미 많은 사람들이 모여 울고 있었고, 피리를 불고 있었다. 이것은 유대인의 풍습이었다.

피리 부는 사람은 애곡하는 사람들을 더욱 슬프게 만드는 역할을 했다. 랍비 유다는 아무리 가난한 사람의 장례식이라고 하더라도 최소한 피리 부는 사람 두 명과 애곡하는 여인 하나는 있어야 한다고 했다(미쉬나 Ket. 4:4; 탈무드 Ket. 27b; T. Ket. 2:17; T. Yev 14:7).

이스라엘에서는 시신이 쉽게 부패되기 때문에 당일에 장례식을 치러야 했다. 그래서 야이로의 딸이 죽자마자 하인들은 야이로가 없는 가운데서도 장례식 준비를 다 했던 것이다.

죽은 아이를 예수님은 잔다고 하시면서 그 아이에게 "달리다굼"이라고 말씀하셨다. 그러자 그 아이가 살아나서 걸어 다녔다. "달리다굼"이라는 말은 무슨 주문같이 들린다. 그러나 이 말은 아람어로서, 일상적인 생활 용어였다. 아침에 아이들을 깨울 때 하는 말이다. "그만 자고 빨리 일어나!" 그런 뜻이다.

예수님은 죽은 아이를 다시 살리실 때 마치 그 아이가 자고 있는 것처럼 "달리다굼" 하면서 깨우셨다. 그러자 아이가 죽음에서 깨어났다. 예수님에게는 죽은 자를 살리는 것이 자는 사람을 깨우는 것과 다를 바 없었던 것이다. 그래서 나사로가 죽었을 때에도 그가 죽은 것이 아니라 잔다고 하셨던 것이다(요 11:11-13).

07 혈루증 환자를 고치시다 (마 9:20-22; 막 5:24-34; 눅 8:43-48)

열두 해 동안 혈루증으로 고생하던 여인이 있었다. 혈루증 환자는 율법에 의하여 부정한 사람으로 여겨졌기 때문에(레 15:26-27) 그녀는 사회로부터 단절되어 살아야 했다. 누구든지 그녀와 접촉하게 되면 그 사람도 역시 부정하게 된다고 믿었기 때문이다. 이처럼 이 여인은 육체적으로 뿐만 아니라 사회적으로 그리고 종교적으로도 고통을 당하고 있는 사람이었다.

그런데 이 여인은 사회적인 관습과 종교적인 금지 규정을 어기고 사람들이 모여 있는 곳으로 나왔다. 그리고는 군중을 헤치고 들어가 예수님의 "옷술"에 손을 댔다. "옷술"은 유대인 남자들이 입는 겉옷의 네 귀퉁이에 달았던 술(fringe. 히브리어로는 *zizith*)을 말한다. 이 옷술은 청색과 흰색 실로 짜졌다. 율법은 하나님의 말씀을 기억하고 그것을 지키도록 하기 위하여 이 옷술을 달고 다니도록 규정하고 있다.

이 여인은 바로 이러한 예수님의 옷술을 만졌는데, 그 옷술에 어떤 특별한 능력이 있을 것이라고 생각해서 그렇게 했는지도 모른다. 게네사렛에서도 많은 환자들이 예수님의 옷술만이라도 만지게 해 달라고 요청하였으며, 그들은 옷술을 만짐으로써 다 나음을 받았다(막 6:56).

이 여인은 자신의 모습을 가장하고 군중들을 헤치고 들어가서 예수님의 옷술을 만졌다. 만일에 발각이 되면 이 여인은 돌에 맞아 죽을 수도 있다. 그런데도 그런 위험을 무릅 쓰고 예수님께 다가가서 그의 옷술을 만졌던 것이다. 이렇게 이 여인이 종교적인 금지 법규와 사회적인 관습을 어기면서까지 대담하게 예수님에게 나와서 예수님을 만진 것을 보시고는 "네 믿음이 너를 구원하였다"고 하셨다. 이런 믿음을 후츠파라고 부른다는 사실은 여러 번 언급하였다.

여기에서 정결법에 대한 규정을 잠깐 살펴보기로 하자. 이 여인은 피를 흘리는 병을 갖고 있었기 때문에 부정한 여인으로 여겨졌다. 따라서 그녀와 접촉하는 사람도 부정하게 된다. 그렇게 되면 그 부정을 씻기 위하여 정결예식을 행해야 했다. 그런데 이 여인이 예수님을 터치했다. 따라서 정결법에 따라 예수님은 부정을 타게 되고, 정결예식을 행해야 정상적으로 돌아올 수 있었다. 그런데 그 반대의 사건이 일어났다. 이 여인이 예수님을 터치하는 순간 그 여인의 부정이 예수님에게로 옮겨가 예수님이 부정하게 된 것이 아니고, 예수님의 능력이 이 여인에게로 흘러들어가 그 여인이 고침을 받았다. 다시 말해 정결하게 된 것이다.

그렇다. 부정한 인간이 예수님을 터치하면 예수님이 부정하게 되는 것이 아니라, 부정한 사람이 오히려 정하게 된다. 예수님이 십자가에서 흘리신 보혈 때문에 부정한 우리가 다 정결함을 얻게 된 것이다. 바로 이 혈루병 걸렸던 여인처럼!

08 가나안 여인의 병을 고치시다 (마 15:21-28; 막 7:24-30)

마가는 이 여자를 수로보니게 출생의 헬라인이었다고 소개하고 있다. 마태는 간단하게 가나안 여자라고만 밝히고 있다. 그러나 당시에는 이미 가나안 족속이 존재하지 않았다. "가나안 사람"이라는 표현은 가나안 족속을 의미하는 것이 아니라 이방인들을 가리키는 용어였다(Mek. Exod. 21:26; 미쉬나 Qid. 1:3). 이 용어는 또한 팔레스타인 밖에 사는 사람들을 가리킬 때 사용되기도 했으며(탈무드 Sot. 35a), 페니키아 상인들을 지칭하기도 했다(슥 14:21; Sifre Deut. 306).

이 여인이 시돈에 사는 이방인으로서 예수님에게 나와서 기적적으로 딸의 병을 고칠 수가 있었던 것처럼, 구약에도 시돈에 살던 한 여인이 엘리야를 통해서 죽은 아들을 다시 살린 이야기가 나온다(왕하 17:8-24).

예수님은 이 여인의 간절한 요청에도 불구하고 그에게 냉담한 반응을 보이셨다. "나는 오직 이스라엘 집의 길 잃은 양들에게 보내심을 받았을 따름이다." 제자들을 파송하시면서도 예수님은 다른 곳으로 가지 말고 오직 이스라엘의 길 잃어버린 양들에게만 가도록 지시하셨다(마 10:5 이하).

이사야가 기대한 메시야는 근본적으로 이스라엘의 잃어버린 양들을 위해서 수난 받는 메시야였다(사 40:11; 56:11). 그러나 메시야는 결국은 모든 이방인들을 하나님과 화해하도록 하시는 것으로 되어 있다(42:6; 49:6-7). 예수님도 마찬가지이셨다. 그의 우선적인 사역의 대상은 유대인이었다. 그러나 이방인들도 하늘나라에 참여하게 될 것이라고 가르치셨고, 그 가르침들을 통해서 이방인들을 위한 선교의 길을 열어놓으셨다.

예수님은 이 여인을 "개"로 비유하셨다. 유대인들은 이방인을 개에 비교하곤 하였다. 이런 모욕을 당하고서도 여인은 예수님에게 계속 간청하였다. 이를 보시고 예수님은 "여자야, 참으로 네 믿음이 크다. 네 소원대로 될 것이다"라고 칭찬하셨다. 이 여인도 "후츠파"의 믿음을 가졌고, 그런 믿음을 통해 딸의 병을 고칠 수 있었던 것이다. 한편 이 여인이 딸을 데리고 예수님에게 왔는지, 아니면 이 여인만 왔는지는 확실하지 않다. 만일 이 여인이 딸을 데리고 오지 않았다고 하면, 이 사건은 "원거리 치유 사건"에 속하게 된다.

09 귀신들린 아이를 고치시다 (마 17:1-20; 막 9:2-29; 눅 9:28-43)

예수님이 베드로와 요한과 야고보를 데리시고 높은 산에 올라가서 기도하실 때 영광스러운 모습으로 변모하시고, 모세와 엘리야가 나타났다. 높은 산은 어디를 가리키는 것인지 분명하지 않으나, 하나님의 현현의 장소로서 성서는 언제나 산을 제시하고 있다. 이곳에 나타났던 모세와 엘리야도 하나님을 산에서 체험한 사람들이었다(출 24:34; 왕상 18:20; 19:8, 11).

이 산에서 예수님은 그 모습이 변하여 얼굴이 해와 같이 빛났다고 했는데, 이는 하나님의 영광의 광채를 상징한다. 의인의 얼굴은 해와 같이 빛난다는 표현은 널리 알려진 것으로서 신구약 중간기 문헌이나 랍비 문헌에 많이 나타난다(바룩서 51:3; 에녹서 37:7; 51:5; 제4에스라서 7:97, 125; 슬라브 에녹서 66:7; Sifre Deut. 10; 여호수아 랍바 1:7; 1:3; 신명기 랍바 11). 이는 모세가 시내 산에서 내려올 때 그 얼굴이 빛난 데서 유래된 것으로 보인다(출 34:30). 예수님의 옷도 빛과 같이 희게 되었다고 했는데, 이 역시 랍비 문헌과 신구약 중간기 문헌에 많이 나오는 것으로서, 하나님의 광채를 반영하는 것이다. 이는 또한 하나님의 택하심의 증거로 이해되었다(에디오피아 에녹서 62:15; 슬라브 에녹서 22:8; 계 4:4; 7:9; 3:5; 전도서 랍바 1:7; 민수기 랍바 15).

한편 빛나는 구름이 산 위에 있는 그들을 덮었다. 이 구름은 그냥 구름이 아니라 하나님이 현현하실 때 나타나는 구름이었다. 모세가 산에 올라가서 하나님을 대면할 때에도 구름이 산을 덮고 있었다(출 24:15-18). 영광의 구름은 하나님의 임재(Shekinah)를 의미한다. 이 빛나는 구름 속에서 하나님의 음성이 들려왔다. "이는 내 사랑하는 아들이다. 내가 그를 좋아한다. 너희는 그의 말을 들어라." 예수님이 세례를 받고 올라오셨을 때에도 하늘에서 이와 똑같은 음성이 들려왔다.

그리고 모세와 엘리야가 나타나 예수님과 이야기를 나누었다. 모세는 율법의 수여자로서 율법을 대표하고, 엘리야는 대표적인 예언자로서 예언자들 가운데 가장 존경받는 사람이었다. 성서와 유대교가 엘리야를 오실 메시야의 선구자로 이해하고 있음이 이를 잘 보여준다. 예수님은 자신을 율법과 예언서의 완성자로 선포하셨다(마 5:17). 그들의 현현은 이런 맥락에서 이해될 수 있을 것이다.

산 위에서 이러한 신비스런 경험을 한 제자들은 산 아래로 내려오기를 원하지 않았다. 그러나 예수님은 그들과 함께 산 아래로 내려오셨다. 그들이 산 아래로 내려왔을 때에 귀신들린 아이를 데리고 온 한 아버지를 만났다. 제자들이 그를 고치려고 백방으로 노력했으나 고칠 수 없었다. 마침 그 때 예수님이 그 자리에 나타나셨던 것이다. 그리고 그 아이를 고쳐주셨다.

제자들이 그 아이에게서 귀신을 쫓아내지 못한 것은 이상한 일이다. 제자들은 이미 귀신을 내어 쫓을 수 있는 권세를 부여받았다. 예수님이 그들을 둘씩 짝지어 파송하실 때 그들에게 귀신을 내어 쫓을 수 있는 권세를 이미 주셨다. 그들은 예수님의 이름으로 수많은 귀신들을 내어 쫓았다. 그리고 흥분해서 예수님에게 보고를 하기도 했다. 그때 예수님께서는 귀신을 내어 쫓는 것으로 인해서 기뻐하지 말고 그들의 이름이 하늘나라에 기록된 것을 인하여 기뻐하라고 하기도 하셨다. 이렇게 제자들은 이미 귀신을 내어 쫓을 수 있는 능력을 부여받았고, 또한 그 능력을 행사하기도 했다. 귀신을 내어 쫓는 경험을 이미 여러 번 했다. 그런데 왜 그날은 귀신을 내어 쫓지 못했을까?

제자들도 이상해서 예수님에게 여쭈어보았다. 예수님은 이렇게 답하셨다. "이런 부류는 기도(와 금식으)로 내쫓지 않고는, 어떤 수로도 내쫓을 수 없다"(막 9:29). 즉 제자들은 기도하지 않아서 치유의 역사를 행할 수가 없었다는 것이다. 다른 제자들은 밤새도록 예수님과 산에서 기도하고 내려왔다. 그러나 그들은 밤새도록 잠만 잤을 것이다. 그랬으니 귀신을 내어 쫓을 수 있는 능력을 행사할 수가 없었던 것이다. 예수님의 제자들이라 할지라도 기도의 능력이 없이는 사탄의 세력을 제압할 수가 없고 치유의 역사를 행할 수가 없었던 것이다. 하나님께서 우리에게 귀신을 내어 쫓을 수 있는 능력을 주셨어도 기도하지 않고는 그 능력을 행사할 수가 없는 것이다. 예수님의 이 대답은 기도의 능력과 중요성을 잘 보여주고 있다.

예수님은 믿음의 능력에 대해서도 가르치셨는데, 겨자씨 한 알만 한 믿음만 있어도 산을 옮길 수 있다고 하셨다. 산을 옮긴다는 표현은 랍비들도 즐겨 사용한 표현으로서, 불가능에 가까운 일을 의미한다(탈무드 Sanh. 4a; 탈무드 Sot. 9b; 탈무드 BB 3b; 레위기 랍바 8:2). 여기에서 예수님은 믿음은 불가능을 가능으로 바꾸어 놓는다는 사실을 가르치셨던 것이다.

10 나인 성 과부의 아들을 살리시다 (눅 7:11-17)

나인 성 과부의 외아들이 죽었다. 상여가 앞서고 많은 사람들이 그 뒤를 따랐다고 했는데, 유대인들은 초상이 나게 되면 특별한 일이 없는 한 모두가 다 하던 일들을 멈추고 함께 슬퍼하며 장지까지 따라갔다. 무덤은 거의 다 동네 밖에 있었다. 이는 지금도 마찬가지다. 이 과부의 아들도 죽어서 그를 장사 지내기 위해 성문으로 나오고 있었다. 그 때 예수님이 상여 행렬을 발견하시고 그 과부에게 다가가셨다. 유대인들은 자식이 죽었을 때 그의 어머니가 상여 앞에 서서 가고 다른 사람들은 상여 뒤를 따랐다. 그래서 예수님도 그 과부를 먼저 만나셨던 것이다.

과부를 위로하신 다음 예수님은 상여가 있는 곳으로 가셔서 관에 손을 대셨다. 관에 손을 대셨다고 했는데 아마도 시신에 손을 대셨을 것으로 보인다. 왜냐하면 유대인들은 관을 닫지 않고 열어놓았기 때문이다.

관에 손을 대면 하루 동안 부정하고, 시신을 만지면 일주일 동안 부정하다고 율법은 규정하고 있다(민 19:21-22; 5:2-3). 그래서 특별히 가까운 친척이 아니면 관이나 시신에 손을 대지 않았다. 그러나 예수님은 관(시신)에 손을 대셨다. 그러자 죽은 청년이 살았다.

이 기적의 특징 가운데 하나는 예수님이 이 사람을 살리신 것은 완전히 자의에 의하신 것이었다는 것이다. 나인 성 과부는 예수님에게 어떠한 요청도 하지 않았다. 그러나 예수님은 그 여자를 가엾게 보셔서 그 아들을 살려주셨다. 이러한 예는 거의 없다. 대부분의 경우 사람들의 요구에 의해 치유 이적을 행하셨으며, 때로는 환자들에게 고침받기를 원하는지 확인하기도 하셨다. 이 사건은 예수님의 치유 동기 가운데 가장 중요한 요인이었던 예수님의 "불쌍히 여기심"(compassion)에 의해 일어났다.

CHAPTER 7

예수님의 수난과 죽음, 부활 그리고 승천

01 예루살렘에 입성하시다

(마 21:1-9; 막 11:1-10; 눅 19:28-38; 요 12:12-19)

예수님은 공생애 기간 동안 한 번도 빠지지 않고 유월절이 되면 예루살렘에 올라가셨다. 12세 되던 해에도 부모와 함께 예루살렘에 유월절을 지키기 위해 올라가셨다는 기록이 있다(눅 2:4-51). 13세 이상 된 유대인 남자들은 유월절을 지키기 위해 예루살렘에 올라가서는 1주일 정도 머문 다음 다시 고향으로 내려갔다. 역사가 요셉푸스에 의하면 예수님 당시에 3백만 정도가 예루살렘에 모였다고 기록하고 있으나, 이는 과장된 것으로 보이고, 당시의 인구나 숙박 시설 등으로 미루어 볼 때 20만 이하가 모였을 것으로 추정된다.[1)]

명절이 되면 예루살렘 거리는 사람들로 붐볐다. 여관은 만원을 이룰 수밖에 없었다(참조, 막 14:15). 시장은 물건을 사고팔거나 교환하는 사람들로 붐볐다. 순례자들은 일주일 동안 쓸 용품들을 구입해야 했다. 예루살렘에 입성하실 때 수많은 사람들이 그를 환영한 것은 이러한 모습을 반영해주고 있다.

예수님은 예루살렘 가까이 있는 벳바게까지는 걸어가시다가 거기에서부터는 어린 나귀를 타고 예루살렘에 입성하셨다. 마태와 요한은 이 사건을 예언의 성취로 해석하고 있다. 스가랴는 공의와 구원의 왕이 오실 때 나귀 새끼를 타고 오실 것이라고 예언을 했다(슥 9:9).

랍비들도 이 스가랴서에 나오는 나귀를 메시야의 짐승으로 보았다(창세기 랍바 98:9; 탈무드 Sanh. 98a, 99a; 전도서 랍바 1:9). 랍비 요슈아(Joshua)는 이스라엘 사람들이 메시야를 맞을 준비가 되어 있을 때에 메시야는 다니엘의 예언처럼 구름을 타고 오시지만(단 7:13), 그렇지 않을 때에는 스가랴의 예언처럼 겸손하게 나귀 새끼를 타고 오실 것이라고 가르쳤다(탈무드 Sanh. 98a). 예수님이 2천 년 전에 오셨을 때는 아직 사람들이 메시야이신 예수님을 맞을 준비가 되어 있지 않았다. 예수님을 메시야로 알아보지도 못했다. 그래서 랍비들의 가르침대로 새끼 나귀를 타고 오셨는지도 모른다. 그러나 다시 오실 예수님은 다니엘의 예언처럼 심판주로서 영광 가운데 구름을 타고 오실 것이다.

> 주께서 호령과 천사장의 소리와 하나님의 나팔 소리와 함께, 친히 하늘로부터 내려오실 것이니, 그리스도 안에서 죽은 사람들이 먼저 일어나고, 그 다음에, 살아남아 있는 우리가 그들과 함께 구름 속으로 이끌려 올라가서, 공중에서 주님을 영접할 것입니다. 그리하여 우리가 항상 주와 함께 있을 것입니다(살전 4:16-17)

예수님의 예루살렘 입성은 전쟁에서 이기고 돌아오는 개선장군에게 보내는 환영을 연상하게 만든다. 명절 때 예루살렘에 올라오는 사람들은 종종 이러한 환영을 받았다. 그러나 예수님의 경우는 그보다 훨씬 큰 환영이었다. 사람들은 겉옷과 나뭇가지를 길에다가 펴고 예수님을 크게 환영하였다. 어떤 사람에게 특별한 영예를 돌리고 존경을 표시할 때는 이처럼 나뭇가지나 꽃, 또는 겉옷을 그가 오는 길에다가 뿌리는 관습이 있었다. 특별히 정복자나 왕실 사람이 올 때 이런 식으로 환영을 했다(왕하 9:13).

무리들은 예수님을 대대적으로 환영하며 환성을 질렀다. "호산나, 다윗의 자손께!" 호산나는 "구해 주십시오"라는 의미이나 그보다는 감탄사로 사용되었다. 이는 "다윗의 자손께"("다윗의 자손이여"가 아니다)라는 데서도 드러난다. "다윗의 자손이여, 구원해 주십시오"라는 뜻이 아니라 다윗의 자손을 환영하는 표현이다. "복되시도다, 주의 이름으로 오시는 분"은 시편 118:26의 인용으로서 랍비들은 이 구절을 메시야와 연관된 것으로 이해하였다(탈무드 Pes. 119a; 미드라쉬 시편 118:24). "가장 높은 곳에서 호산나"는 "하늘에 있는 천사들이여, 찬양하라!"는 의미로 보인다(참조, 시 148:1).

02 성전을 정화하시다 (마 21:12-13; 막 11:15-19; 눅 19:45-48; 요 2:13-22)

예수님은 성전에 들어가셔서 성전 뜰에서 사고파는 사람들을 내쫓으시면서 돈을 바꾸어주는 사람들의 상과 비둘기를 파는 사람들의 의자를 둘러엎으셨다. 돈 바꾸어주는 사람들은 필요한 사람들이었다. 그 당시에는 성인 남자는 누구나 다 성전세를 내야 했다. 이 세금은 유월절 한 달 전부터 거두었다. 그래서 많은 사람들이 예루살렘에 올라가서 성전세를 냈는데, 이 세금은 반드시 반 세겔짜리 동전으로 내게 되어 있었다. 그런데 팔레스타인에서는 페르시아, 수리아, 두로, 이집트, 그리스, 그리고 로마의 화폐들이 사용되고 있었다. 그러므로 환전상이 필요했던 것이다.

또한 유월절이 되면 외국에서도 많은 순례자들이 예루살렘에 올라왔다. 그래서 환전상들이 성전 뜰에 앉아서 그들이 세금을 낼 수 있도록 돈을 환전해주었다. 예수님이 그들을 쫓아내신 것은 그들이 지나친 수수료를 받았기 때문인 것으로 보인다.

또한 성전세뿐만 아니라, 외국에 살고 있는 유대인들이 예루살렘에 올라와서 다른 목적으로 환전할 때에도 다른 곳을 이용하는 것보다 이들을 통하는 것이 더 편리했기 때문에 이들은 그들로부터 많은 이득을 취하였다. 예수님은 이러한 일들이 성전 뜰에서 이루어지고 있는 사실에 대하여 분개하셨던 것이다.

유월절이 되면 성전 뜰은 사고파는 사람들로 붐볐으며, 매우 소란스러웠다. 성전 뜰에는 돈을 바꾸어주는 사람들뿐만 아니라 유월절 희생 제물로 바칠 비둘기나 양을 파는 사람들도 있었다. 유월절에는 한 가족 당, 또는 한 그룹 당 양을 한 마리씩 희생 제물로 바치도록 되어 있었다. 이러한 제물들을 시골에서부터 가져오는 사람들도 있었으나 그렇게 많지 않았고, 대개는 예루살렘에 올라와서 샀다. 예루살렘 입구인 감람산에도 비둘기나 다른 희생 제물을 파는 곳이 네 군데 있었다. 그러나 대부분은 성전 경내에서 샀다.

그 이유는 이렇다. 희생 제물로 바칠 짐승들은 성전 뜰에서, 임명된 사람들에 의해 희생 제물로 바치기에 합당한 것인지 조사받게 된다. 이 과정에 있어서 제물을 가져온 사람과 검색관 사이에 다툼이 일어날 때도 있다. 그리고 수수료도 지불해야 했다. 그러나 성전 경내에서 산 것에 대해서는 조사도 면제되고, 또 제물을 살 때 제물을 조사하는 사람에게 지불해야 하는 수수료까지 다 지불했기 때문에 편리했다. 그러다 보니 성전 경내는 제물을 사고파는 사람들로 붐비게 되었던 것이다. 그러나 이 과정에서도 문제가 없었던 것은 아니다. 희생 제물로 바치게 될 것들의 값은 그때그때 변동되었는데, 때로는 터무니없이 비싸기도 했다. 랍비 문헌도 그와 같은 사례들이 있었음을 이야기해주고 있다(미쉬나 Ker. 1:7; 탈무드 Pes. 57a; 예루살렘 탈무드 Hag. 2:3).

이처럼 성전의 환전상들과 제물을 파는 사람들은 많은 이득을 취하였는데, 이들이 취한 이득은 예루살렘 탈무드에 의하면 공적인 일에 사용되었다고 한다(예루살렘 탈무드 Sheq. 1:7). 그러나 대부분은 환전상들과 장사꾼들이 취했을 것으로 보인다. 이런 식으로 "만민이 기도하는 집"(사 56:7)을 "강도의 굴혈"(렘 7:11)로 만드는 사람들에 대해 예수님은 분개하셨던 것으로 보인다.

학자들 간에는 이 사건이 유대인 지도자들이 예수님을 죽이게 하는 데 가장 결정적인 역할을 했다고 보기도 한다.[2] 즉 이 성전 정화 사건을 통해 유대인 지도자들은 예수님을 위험인물로 보게 되었고, 더 이상의 문제를 일으키지 못하도록 하기 위해 그를 죽였다는 것이다.

그런가하면 단순한 종교 개혁이나 순수한 예배의 회복 차원이 아니라 예수님이 다른 목적을 가지고 의도적으로 이 일을 행하셨다고 보기도 한다. 그들은 예수님이 이 일을 통해 상징적으로 성전을 파괴하셨다고 본다. 예수님은 성전이 무너질 것을 예언하셨다(마 24:1-2). 당시의 유대인들은 메시야의 시대가 되면 새 예루살렘과 새 성전이 하늘로부터 나타날 것이라고 기대를 하고 있었다. 이러한 배경에서 예수님은 이 일을 통해서, 그리고 성전이 무너질 것이라는 예언을 통해서 그러한 시대가 임하였음을 보여주신 것으로 이해할 수도 있을 것이다.

03 무화과나무를 저주하시다 (마 21:18-22; 막 11:12-14, 20-24)

때는 3, 4월이었다. 새벽에 성 안으로 들어오시다가 시장하신 예수님이 길 가에 있는 무화과나무를 보시고 무화과를 따먹기 위해 가까이 가셨다. 그러나 잎만 있었지 열매는 없는 것을 보시고는 그 나무를 저주하셨다. 그러자 곧 뿌리까지 다 말라버리고 말았다. 이것은 수난절 기간 중에 있었던 유일한 기적이기도 하다.

마가는 이 사건이 "무화과 철이 아닌 때" 일어났다고 설명을 덧붙이고 있다. 무화과가 열릴 때가 아닌 때에 열매를 맺지 못했다고 해서 그 나무를 저주하여 말려버리는 것은 이해하기 힘든 일이다.

무화과나무는 첫 열매를 3월말에 시작해서 4월에 맺는데, 이를 파게라고 부른다. 이 첫 열매는 맛은 있으나, 상품으로서의 가치는 없었다. 그래서 누구나 지나가는 사람들이 따 먹을 수가 있었다. 따라서 예수님도 시장하셔서 이 열매를 따먹으려고 하셨던 것이다. 이 열매에 이어서 맺히는 열매들을 테에나라고 부르는데, 여름 내내 딸 수 있다. 우리가 말하는 무화과는 바로 이 열매를 말한다. 마가는 아직 무화과나무 철이 아니라고 했는데, 마가가 말한 무화과 철은 바로 이 테에나가 열리는 철을 말하는 것으로 보인다.

만일 이 일이 무화과 철이 아닌 때에 일어났다면, 제자들은 예수님에게 "지금이 무화과나무가 열릴 때가 아닌데 무화과를 구하십니까?"라고 반문했을 것이다. 그러나 제자들은 이에 대해서 한마디도 묻지 않았다. 따라서 우리는 이 사건을 마가가 설명하고 있듯이 "무화과 철이 아닌 때"에 일어난 것이라고만 생각할 필요는 없다.

우리는 흔히 이 사건을 잎만 무성하고 열매는 없는 삶을 살아서는 안 된다고 하는 교훈을 주는 것으로 이해한다. 그러나 정말 이 무화과나무가 잎은 무성했는데, 열매는 없었을까? 그래서 예수님이 저주하신 것일까? 이 나무에 대해서 새번역은 "잎이 무성한 무화과나무"라고 옮겼으나 이는 과장이다. 마태의 기록대로 "잎이 있는 무화과나무"가 맞는 번역이다. 이때는 아직 잎이 무성할 때가 아니다. 첫 열매가 맺힐 때는 잎이 무성하지 않다.

이 사건은 열매를 맺지 못한 나무에 대한 예수님의 심판이며, 열매 맺지 못하는 이스라엘도(이스라엘은 흔히 성서에서 무화과나무에 비유되었다) 그처럼 심판을 받게 될 것임을 보여주는 암시적인 사건으로 이해할 수 있다. 이 열매 맺지 못하는 나무에 대한 저주는 컨텍스트적으로 볼 때 예루살렘과 예루살렘 성전이 무너질 것이라는 예언과도 깊은 연관을 맺고 있다.

한편, 마태와 마가의 본문에 의하면 제자들은 이 사건 자체나 그 의미보다도 예수님의 능력에 대해서 관심을 갖고 있음을 보게 된다. 제자들은 예수님의 능력에 대해 감탄하고 있다. "무화과나무가 어떻게 그렇게 당장 말라버렸을까?"(마 21:20; 막 11:21)

그러한 제자들에게 예수님은 누구든지 믿음만 있으면 그러한 능력을 행할 수 있다고 하셨다. "누구든지 이 산더러 '벌떡 일어나서 바다에 빠져라'라고 말하고, 마음에 의심하지 않고 말한 대로 될 것을 믿으면, 그대로 이루어질 것이다"(막 11:23). 유대인들에게 있어서 산을 옮긴다고 하는 말은 불가능한 일을 표현할 때 사용하는 말이었다(탈무드 Sanh. 4a; 탈무드 Sot. 9b; 탈무드 BB 3b; 레위기 랍바 8:2).

04 성전이 무너질 것을 예고하시다

(마 24:1-3; 막 13:1-4; 눅 21:5-7)

제자들은 성전을 걸어 나오면서 성전의 웅장함과 미려함에 감탄했다. 이 헤롯 성전의 웅장함과 아름다움은 널리 알려져 있었다. 당시의 역사가 요셉푸스에 의하면 돌 하나가 대략 12.5m×4m×6m 정도였다고 한다. 그러나 예수님은 이러한 돌들이 돌 위에 돌 하나 남지 않고 다 무너져버릴 것이라고 예언하셨다.

이러한 예언은 그의 성전 정화 사건과 함께 유대인 지도자들을 자극하였을 것이다. 그들은 성전에 대한 예수님의 이러한 태도를 신성모독적인 것으로 보았을 것이며, 그들에 대한(성전 중심의 유대교에 대한) 중대한 도전으로 받아들였을 것이다. 그리하여 이런 일련의 사건들은 예수님을 체포하고 사형에 처하는 데 있어서 결정적인 역할을 했을 것으로 보인다. 이는 예수님이 성전을 허물었다가 사흘 만에 다시 세울 수 있다고 말한 것 때문에 고소를 당한 사실에서도 드러난다(마 26:61).

성전이 무너질 것이라고 하는 예언은 40년 후에 이루어졌다.

70년에 예루살렘이 멸망될 때 성전도 무너졌다. 이는 로마에 대한 유대인들의 제1차 반란 사건의 결과였다. 이 반란은 젤롯당원들이 중심이 되어 일으켰는데, 로마의 티투스가 평정하였다. 이때 예루살렘은 폐허가 되고 수만 명의 사람들이 희생을 당했다. 지금도 로마에는 이 승리를 기념하는 티투스의 아치(arch)가 있다. 이 성전은 이때에 완전히 무너져 버렸으며, 지금은 "통곡의 벽"이라 불리는 한쪽 벽만이 남아 있다. 이후로 유대인들은 성전을 다시 짓지 않았다.

유대교는 철저히 성전 중심의 종교였다. 성전은 예루살렘에 하나만 존재했다. 다른 곳에는 성전이 없었다. 유대인들은 성전 대신 회당(synagogue)에서 안식일마다 모였고 특별한 절기(유월절 등)에는 모두가 다 예루살렘에 올라와 이 성전에서 희생 제사를 드렸다. 평상시에는 매일 이 성전에서 제사장들에 의해 제물이 드려졌다. 예루살렘 성전은 하나님이 거하시는 가장 거룩한 곳이었다. 이 성전은 "그 집"으로 불렸다.

이처럼 유대교는 성전 중심의 종교였는데, 이 성전이 폐허가 되자 그 충격은 이루 말할 수 없는 것이었다. 이러한 유대교의 위기를 극복하기 위하여 랍비들은 가정이 성전의 역할을 해야 한다고 가르쳤다. 그들은 가정을 "작은 성전"으로 불렀다. 유대인들은 성전이 무너진 후 가정 중심의 종교 생활을 하고 있다. 안식일도 가정 중심으로 지킨다. 매일 그들은 가정에서 기도를 드리고 성경을 읽는다.

이처럼 성전이 무너진 후 유대인들은 성전에서 가정으로 그들의 신앙생활의 센터가 바뀌게 되었다. 물론 성전이 무너진 후에는 더 이상 희생 제사를 드리지 않게 되었다. 그 대신 가정에서 드리는 기도가 제사를 대신한다고 랍비들은 가르쳤다.

05 한 여인이 예수님에게 향유를 붓다

(마 26:6-13; 막 14:3-9; 눅 7:36-50; 요 12:1-8)

마태와 마가, 그리고 요한복음에서는 이 사건을 예수님의 장례식 준비로 보고 있다. 그러나 누가복음에서는 단순한 한 여인의 감사와 친절의 행위로 보고 있다.

마태와 마가는 이 여인이 누구인가에 대해 아무런 암시도 주지 않고 있다. 누가는 죄 많은 한 여인이라고만 말하고 있다. 그러나 요한은 이 여인이 나사로의 누이 마르다였다고 한다.

이 사건이 일어난 곳에 대해서도 일치하지 않는다. 마태와 마가는 베다니의 시몬의 집이라고 하나, 누가는 어떤 바리새파 사람의 집이었다고 한다. 요한은 나사로의 집에서 이 일이 있었다고 한다.

이 일이 일어난 시기도 다르게 설명되고 있다. 마태와 마가는 유월절에 있었던 것으로, 요한은 유월절 엿새 전에 있었던 것으로, 누가는 예수님의 사역의 초기에 있었던 것으로 각각 다르게 말하고 있다. 그러나 마태와 마가의 기록은 거의 일치하고 있음을 알 수 있다.

옥합은 특별히 이집트에서 많이 발견되는데, 대부분 돌로 만든 것이었다. 모양은 여러 가지이나 대부분 목 부분은 작고 배가 불룩했다. 마가는 이 여인이 가져온 향유가 나드(감송유)였다고 밝히고 있는데, 이는 이 향유의 주재료가 감송이었음을 의미하는 것이다.

이 여인은 예수님이 식사 중이실 때 향유를 부어드렸다. 식사 중에 향유를 붓는 것은 일반적인 환대의 풍습이었다(탈무드 Hul. 94a). "식사 중에"는 "누워서 식사 하실 때에"로 번역하는 것이 더 정확하다.[3] 그 당시의 습관에 의하면 손님은 침상에 비스듬히 기대고 식사를 하였다(참조, 마 9:10; 26:20; 막 14:18; 16:14; 요 12:2;). 이렇게 식사 침상에 비스듬히 기대어 음식을 드는 풍습이 누구에 의해서 어떻게 생겼는지는 알려져 있지 않으나 일반적으로 페르시아인들에 의해 시작된 것으로 여겨진다. 유대인들이나 헬라인들도 그들에게서 이런 풍습을 배운 것으로 보인다. 로마인들도 이러한 풍습을 갖고 있었다. 로마인들은 식사하는 방에 세 개의 침상을 놓았다. 그리고 그 앞에는 손님들의 손이 쉽게 닿을 수 있는 곳에 상을 놓았다. 베개나 쿠션도 침상에 준비되어 있었다.[4]

마태와 마가는 예수님의 머리에 향유를 부은 것으로 되어 있는 반면 요한은 발에 향유를 부은 것으로 되어 있다. 이 이야기들을 종합해 볼 때 이 여인은 상 옆에서 종들이 수종들도록 되어 있는 곳으로 먼저 가서 예수님의 머리에 향유를 붓고 그 다음에 침상 뒤로 가서 예수님의 발에 향유를 부은 것으로 보인다. 예수님은 침상에 비스듬히 기대어 계셨기 때문에 이 여인이 예수님의 머리와 발에 쉽게 향유를 부을 수 있었다.

제자들은 이 여인을 책망했는데, 이는 예수님의 머리에 향유를 붓는 것 자체에 대해서 비난한 것이 아니라, 값비싼 향유를 붓는 것에 대해 비난한 것이다. 제자들은 이 여인의 "거룩한 낭비"를 책망하며, 그것을 팔아서 가난한 사람들에게 나누어주었으면 더 좋았을 것이라고 비난했다. 그러나 예수님은 가난한 자들은 항상 그들 곁에 있을 것이라고 하면서 이 여인을 두둔했다. 이 말씀은 신명기 15:11을 반영하고 있다. 랍비들도 가난한 사람들은 메시야 시대에 조차도 사라지지 않을 것이라고 했다(탈무드 Shab. 63b; 미쉬나 Ber. 5).

이 여인의 이러한 도유(塗油)를 예수님은 자신의 죽음을 준비하는 것으로 보셨다. 유대인들은 장사를 지내기 전에 시신에 기름을 붓는 관습이 있었다(미쉬나 Shab. 23:5).

06 마지막 만찬

유다가 배반하다(마 26:14-16, 20-25; 막 14:10-11, 17-21; 눅 22:3-6, 20-23)

유다가 왜 예수님을 배반했는지에 대해서 마태, 마가, 누가 모두가 침묵을 지키고 있다. 다만 요한만이 유다가 은돈 서른 닢이 탐이 나서, 또는 도심(盜心) 때문에(요 12:6) 예수님을 배반했다고 말해주고 있다. 유다가 받은 돈의 액수가 은 서른 닢이었다고 하는데, 얼마나 되는 돈인지 알 수 없다.

예수님과 함께 열두 제자들이 다락방에 모여 유월절 식사를 하고 있었다. 그 자리에서야 비로소 예수님은 처음으로 그들 가운데 한 사람이 배반할 것이라고 선언하셨다. 이에 제자들이 저마다 근심하고 있을 때에 예수님은 "나와 함께 이 대접에 손을 담근 사람이 나를 넘겨줄 것이다"라고 말씀해주셨다. 당시에는 야채나 고기를 식초에 찍어 먹는 것이 유대인들의 일반적인 관습이었다. 특별히 유월절에는 두 번씩 찍어먹도록 되어 있었다(미쉬나 Pes. 10:4). 유대인들은 이렇게 암송했다.

다른 모든 밤에는 우리가 한 번만 찍어 먹습니다. 그러나 이 밤에는 두 번을 찍어 먹습니다(탈무드 Pes. 116a).

유다가 예수님을 팔아넘길 사람이 "나입니까?"라고 물었을 때, 예수님은 "네가 말하였다"라고 대답하셨다. 이는 그의 생각이 맞는다는 것을 의미하는 것으로 보인다. 예수님은 대제사장이 "당신이 그리스도요?"라고 질문하였을 때도 "당신이 말하였소"라고 대답하셨다(마 26:63-64). 이 대답의 의미에 대해서 여러 가지 논란이 있다. 그것은 "당신 말이 맞소"를 의미하는 것이라고 생각하는 사람도 있고, "나는 그리스도라고 한 일이 없소. 당신이 그렇게 말한 것 뿐이오"라는 의미라고 보는 사람도 있다. "당신이 말하였소"라는 대답은 듣는 사람과 상황에 따라 다르게 해석될 수 있는 수수께끼 같은 대답이다.

유다는 차라리 태어나지 않았으면 좋을 뻔 했다고 하셨다. 에녹서는, 죄인들과 하나님을 부정(부인)한 사람들은 음부에서 영원히 고통을 당할 것이므로 차라리 그들은 태어나지 않으면 더 좋았을 것이라고 말하고 있다(38:2). 태어나지 않았으면 더 좋았을 사람들 가운데는 하나님께 영광을 돌리는 일에 관심이 없는 사람들도 포함된다(미쉬나 Hag. 2:1).

마지막 만찬(마 26:17-30; 막 14:12-26; 눅 22:7-20; 요 13:21-30; 고전 11:23-25)

유월절이 되면 사람들은 유월절 제물을 가지고 성전에 올라가서 제사를 드렸다. 이 희생 제사는 오후 서너시에 시작되었으며, 세 차례에 나뉘어 실시되었다. 한 그룹의 사람들이 성전 안에 가득 차게 되면 성전 문이 닫히고 제의가 시작된다. 양이나 염소들은 제사장이 아니라 그것을 가져온 사람들이 직접 죽였다. 그리고 그 피를 제사장들이 금대야와 은대야에 받아서 제단에 부었다. 그러는 동안 제사장들은 할렐(시 113-118편)을 불렀다. 양의 가죽을 벗기고 내장의 기름을 떼어 불에 살랐다. 이러한 의식이 끝나면, 고기는 도로 가지고 가서 유월절 저녁 식사 때 가족이나 동료들과 함께 구워서 먹도록 했다.

희생 제사를 마치고 집에 돌아간 사람들은 유월절 저녁 준비를 한다. 유월절 식사는 가정에서 또는 이 행사를 위하여 예약해 둔, 성 안에 있는 방에서 행해졌다(참조, 마 26:17-19). 희생 제사를 드리고 가져온 양고기는 다리뼈를 꺾지 않은 채 구웠다. 이 식사는 가족과 함께 또는 다른 사람들과 함께 먹었으며, 상에는 구운 양고기, 쓴 나물, 무교병(누룩없는 빵), 하로세트(haoroset, 땅콩과 과일, 포도주를 섞어 만든 것), 야채, 포도주가 올라온다. 이 식사는 밤늦도록 계속되며, 비스듬한 자세로 편하게 앉아 식사를 한다. 이는 자유와 여유를 상징하는 자세이다(참조, 출 12:11).

이들은 중간 중간 포도주를 마신다. 예수님도 이 유월절 식사(최후의 만찬) 시에 포도주를 드셨는데 이러한 관례는 구약성서적인 것이 아니었다. 유월절에 포도주를 마시는 것에 대해 최초로 언급된 곳은 신구약 중간기 문헌인 희년서(Jubilees)이다(49:6). 이 책은 유월절 제의에 대해 자세하게 기록하고 있다.

유월절 식사가 진행되는 동안 중간 중간에 몇 가지 의식들(손 씻음, 기도, 할렐)을 행했다. 그 중 가장 중요한 것은 집안에서 가장 큰 남자아이가 아버지에게 묻는 질문이다. 미쉬나에 따르면, "오늘 밤이 다른 모든 밤들과 다른 점은 무엇입니까?"라고 물었다(성서에서는 "이 예식이 무엇을 뜻합니까?"라고 묻게 되어 있다[출 12:26]). 그러면 아버지는 어떻게 유월절 행사를 지키게 되었는지 설명을 해준다. 이 식사는 저녁 늦게까지 계속 되었다. 이러한 유월절 행사에 참여하는 모든 사람들은 자신들을 실제로 이집트에서 탈출하여 나온 사람들 가운데 하나로 여겼다.

예수님의 최후 만찬은 사실상 유월절 반찬(세데르)이었다(마 26:16-30, 눅 22:7-23, 요 13:21-30, 고전 11:23-25). 제자들은 유월절 식사를 준비하기 위하여 다락방에 예약해 놓았다. 저녁때가 되자 예수님은 열두 제자와 함께 식탁에 앉으셔서 유월절 관례대로 포도주를 드셨다. 이 자리에서 예수님은 포도주를 자신의 피라고 말씀하시면서 새 언약을 제정하셨다(눅 22:20, 고전 11:25). 예수님은 이 포도주 잔을 자신의 구속적인 죽음과 연관시키셨던 것이다.

당시의 유대인들은 유월절 만친 때 마시는 포도주를 출애굽기 6:6-7의 사중(四重)의 구원 약속과 연관시켜 생각해왔다. 그 중 세 번째 마시는 잔을 "나는 너희를 구속하리라"(출 6:6)는 말씀과 연관해서 "구원의 잔"이라고 불렀으며, 마지막 잔을 "너희를 나의 백성으로 삼고, 나는 너희의 하나님이 될 것이다"(출 6:7)는 말씀에 근거해서 "완성의 잔"이라고 불렀다. 예수님이 말씀하신 잔은 바로 이 "세 번째 잔"으로 보인나. 복음서는 이 자이 예수님이 이 땅에서 마신 마지막 잔이었으며, 그 다음 잔은 거부하셨다고 기록하고 있다. "이제부터 내가 하나님의 나라에서 새 것을 마실 그 날까지, 나는 포도나무 열매로 빚은 것을 다시는 마시지 않을 것이다."(마 26:29, 막 14:25) 당시의 유월절 관습의 관점에서 볼 때, 예수님은 "완성의 잔"을 마시기를 거부하셨던 것이다.

한편 이 세데르를 예수님은 찬송하며 감람산으로 올라가심으로 끝을 맺으셨다. 이 찬송은 세데르 때에 마지막으로 부르는 할렐의 후반부(시 115-118)였을 것이다.

07 사형선고를 받으시다

의회(산헤드린) 앞에 서신 예수님(마 26:57-68; 막 14:53-65; 눅 22:54-55, 63-71; 요 18:12-14, 19-24)

당시에 최고 의결기관이었던 산헤드린은 70명(혹은 71명, 또는 72명)의 대제사장들과 장로들, 서기관들로 구성되어 있었다. 이들은 율법과 과학, 언어에 능한 사람들이어야 했다. 그리고 무엇보다도 각 지역에서 재판관의 일을 맡은 경험이 있는 사람이라야 했다.

예수님이 태어나시기 몇 년 전에 성전 경내에 산헤드린 건물이 세워졌다. 그리고 여기에서 예수님이 돌아가시기 얼마 전까지 산헤드린이 열렸었다. 예수님을 심문하기 위해 산헤드린이 열린 곳은 대제사장의 관저였다. 산헤드린은 종교법에 관한 문제만을 다루었다. 사형 선고를 내릴 수도 있었다. 그러나 예수님 당시에는 사형 집행은 로마 총독의 허락을 받아야 했다. 이런 배경에서 산헤드린은 예수님을 처형하기 위해 빌라도 총독에게로 예수님을 보냈던 것이다.

요한복음에 따르면, 예수님은 체포되어 바로 가야바 대제사장의 장인인 안나의 집으로 가셔서 심문을 받으셨다. 그러나 왜 예수님이 그에게 먼저 심문을 받았는지는 알 길이 없다. 안나는 예수님을 심문한 다음 그를 대제사장 가야바에게로 보냈다. 아마 그는 예수님에 대해서 아무런 결정도 내리지 않았넌 것으로 보인다.

대제사장들과 의회는 예수님을 사형에 처할 증거를 찾기 위해 그를 심문하였다. 이때는 마태와 마가에 의하면 한밤중이었다. 누가에 따르면 예수님이 대제사장의 집에 끌려가신 것은 밤이었으나, 의회가 소집되어 예수님을 심문한 것은 날이 밝은 다음이었던 것으로 되어 있다. 이 의회가 공식적으로 소집된 산헤드린이었다고 할 때에 문제가 되는 것이 있다. 그것은 당시에 산헤드린은 오후나 밤에 심문을 시작하지 못하도록 되어 있었기 때문이다(탈무드 Shab. 9b). 또 의회는 명절 중에는 열지 않았다(탈무드 Bet. 36). 이런 것으로 미루어 보아 이 심문은 공식적인 것은 아니었던 것으로 보인다.

산헤드린 의원들이 예수님을 고소할 증거를 찾았으나 그 증거들은 일치하지 않았다. 마침내 두 사람의 증거가 일치한 것이 있었는데, 그것은 예수님이 성전을 허물었다가 사흘 만에 세울 수 있다고 말함으로써 하나님을 모독했다는 것이었다. 그래서 의회는 이들의 증언을 채택하였다. 율법은 최소한 둘 이상의 증인을 필요로 했는네(민 35:30, 신 17:6; 19:15), 마침 두 사람의 증언이 일치했으므로 그 증거를 받아들였던 것이다.

대제사장은 예수님에게 그가 메시야인가를 물었다. 이에 대해 예수님은 "당신이 말하였소!"라고 답했다. 이 대답은 그 의미가 분명하지 않다. 학자들 간에는 예수님이 한 번도 자신을 메시야라고 말하지 않았다고 지적하면서, 여기에서 이 대답도 "당신이 그렇게 말했지 나는 그런 말을 한 적이 없소"라는 의미라고 주장하기도 한다. 누가는

"내가 그라고 너희가 말하였다"고 대답하신 것으로 기록하고 있다. 마가만이 예수님이 분명하게 그렇다고 대답하셨다고 기록하고 있다. 한편 예수님은 빌라도의 "당신이 유대인의 왕이오?"라는 심문에 대해서도 같은 대답을 하셨다(마 27:11). 유다의 질문에 대해서도 같은 대답을 하셨다.

> 이제로부터 당신들은 인자가 권능의 보좌 오른편에 앉아 있는 것과 하늘 구름을 타고 오는 것을 보게 될 것이오(마 26:64).

이러한 묵시문학적인 표현을 예수님은 자주 사용하셨다. 여기에서 권능은 히브리어로 게브라(Gevera)로서, 하나님을 지칭하는 표현이다.

누가복음에는 이렇게 되어 있다.

> 이제부터 인자가 전능하신 하나님의 오른편에 앉게 될 것이다(눅 22:69).

인자(Son of Man)는 다니엘 7:13에서, "오른편에 앉다"는 시편 110:1, 3; 2:7에서 인용한 말씀이다. 이 말씀은 예수님 당시에 어떤 식으로 하나님의 말씀을 인용하고 해석했는지 잘 보여 준다. 그 당시에는 어떤 한 구절을 직접적으로 인용한 것이 아니고 여러 군데에서 말씀을 부분적으로 인용하여 자신이 주장하려는 바를 이야기했다. 신약성서에서 인용하고 있는 많은 구약성서 구절들이 이런 식으로 인용된 것을 우리는 발견할 수 있다(한 예로 마 27:9-10의 인용을 보라).

예수님이 이런 식으로 성서를 인용했을 때, 구약성서에 대해서 잘 알고 있었던 대제사장들과 율법학자들은 예수님이 말씀하시고자 하는 바를 곧 눈치 챘다. 그래서 그들은 이렇게 말했다. "그러면 네가 하나님의 아들이냐?"(눅 22:71) 그들은 예수님이 메시야임을 주장하고 있음을 알아챘던 것이다.

예수님의 이 답변은 하나님에 대한 모독으로 받아들여졌다. 대제사장은 자기의 옷을 찢었다. 유대인들은 하나님을 모독하는 소리를 들었을 때 그렇게 했다(왕하 18:37; 미쉬나 Sanh. 7:5. 참조, 행 14:14). 그들은 예수님이 사형을 받아 마땅하다고 주장했다. 율법은 하나님을 모독하는 자들을 돌로 쳐 죽일 것을 규정하고 있다(레 24:10-15). 그러나 당시의 랍비들은 하나님을 모독하는 말을 하는 사람은 법정에서 처형하는 대신 하나님의 심판에 맡기도록 했다. 그러한 사람들은 하나님의 심판이 그에게 임해서 징벌을 받게 될 것이라고 믿었던 것이다.

이제 대제사장과 바리새파 사람들은 예수님은 사형을 받아야 마땅하다고 주장했다. 그러나 그들이 사형 선고를 내린 것은 아니다. 그들에게는 그러한 사법적인 권한이 주어져 있지 않았다. 그래서 그들은 빌라도에게 사형 선고를 내려줄 것을 요구했던 것이다.

사형 선고를 받으시다(마 27:15-26; 막 15:6-15; 눅 23:13-25; 요 18:39-19:16)

빌라도 총독은 예수님에게서 깊은 인상을 받았다. 그는 특별한 죄목을 예수님에게서 발견하지 못했다. 그는 예수님을 놓아주기를 바랐다. 그래서 소문난 죄수인 바라바와 예수님 중에 누구를 놓아줄 것인지를 유대인들에게 물었다. 그러나 그의 기대와는 달리 군중들은 대제사장들과 장로들의 충동질에 의해 바라바를 놓아달라고 외쳐댔다.

군중들은 예수님을 십자가에 못 박을 것을 계속 요구하였다. 빌라도는 민란이 일어날 것을 우려하여 자신은 이 일에 관여하지 않겠다고 하면서 그들 마음대로 하도록 하였다. 이리하여 예수님은 로마의 군인들에게 넘겨지고 십자가에 달리시게 되었다. 빌라도는 이 일에 아무런 책임이 없다는 의미로 군중들 앞에서 물로 손을 씻었다. 신명기(21:7-9)에서 이 행위는 결백을 주장할 때, 또는 책임이 없음을 주장할 때 하게 되어 있다. 빌라도도 손을 씻으면서 "나는 이 사람의 (의로운)피에 대하여 책임이 없다"고 선언했다.

그러자 군중들은 "그 사람의 피는 우리와 우리 자손들에게 돌아올 것이오"라고 소리쳤다. 자신의 결백함을 증명하기 위해 손을 씻은 다음 "주의 백성 이스라엘에게 무죄한 사람을 죽인 살인죄를 지우지 말아 주십시오"라고 기도하도록 되어 있는 율법과는 대조적이다(신 21:8. 참조, 탈무드 AZ 12b; 탈무드 Yom. 21a; Sifra 24:14; 탈무드 AZ 30a; 예루살렘 탈무드 Ber. 7:6, 11c; 탈무드 Pes. 111a; 탈무드 Meg. 17a).

08 십자가에 못박히시다

십자가에 못박히시다(마 27:27-44; 막 15:16-32; 눅 23:26-43; 요 19:2-3, 17-27)

총독의 군인들이 예수님을 총독 관저로 끌고 가서 거기에서 예수님을 조롱하였다. 그들은 예수님의 옷을 벗기고 가시로 면류관을 씌우고, 오른손에 갈대를 들게 했다. 그리고 무릎을 꿇고 "유대인의 왕 만세!"하면서 희롱하였다. 일반적으로 로마의 군인들은 유대인들에 대해서 적대 감정을 갖고 있었다. 이런 것이 예수님의 희롱 가운데서 잘 나타나 있다. 이와 비슷한 사건이 몇 년 후 알렉산드리아에서도 일어났다. 유대인들이 아그립바 1세를 조롱할 때, 그들은 그의 머리에 파피루스로 면류관을 만들어 씌우고 그 손에는 갈대를 들게 하고 그를 향하여 "마리오스"(주님이시여!)를 외쳤다는 기록이 남아 있다.5)

이렇게 예수님을 조롱한 다음, 그들은 예수님을 십자가에 못박기 위해 밖으로 끌고 나갔다. 본래 로마에서는 형을 내리고 집행하기까지 이틀간의 기간을 두었으나, 아마 지방에서는 이러한 법이 적용되지 않았던 것 같다.6) 예수님은 형을 언도받자마자 곧바로 십자가를 지고 골고다 십자가의 형장을 향해 가셨다. 새벽에 빌라도에게 심문을 받고 아침 아홉시에 못 박혔으므로 모든 일들이 얼마나 빠르게 진행되었는지 알 수 있다.

십자가 형을 받은 사람은 네 명의 로마 군인의 경계를 받으며 형장을 향해 가도록 되어 있었다. 그리고 그 앞에서는 죄목이 적힌 흰색 판을 들고 가는 사람이 있었다. 수직으로 되어서 땅에 고정시키도록 되어 있는 십자가의 세로대 부분은 형장에 미리 설치해 놓았다. 그리고 죄수는 그의 팔을 고정시킬 가로대를 메고 갔다.[7] 죄수 자신이 직접 이것을 메고 가도록 되어 있었다.

그러나 예수님의 경우에는 도중에 구레네(아프리카 북쪽 해안 지방, 지금의 리비아로서 당시에 많은 유대인들이 이곳에 살고 있었다)에서 올라온 시몬이라고 하는 사람이 대신 메고 갔다.

한편 그들의 뒤에서는 다른 두 명의 죄수들이 마찬가지로 각각 네 명의 군인들의 감시를 받으며 골고다를 향하여 가고 있었다. 골고다라는 지명은 "해골의 곳"이라는 의미로, 아마 해골이 많았던 곳이라기보다는 해골 모양을 한 지역이었던 것으로 보인다. 왜냐하면 해골을 버리거나 해골이 뒹구는 것을 놔두는 것은 율법에 위배되는 것이기 때문이다.[8]

십자가에는 세 종류가 있었다. 이른바 성 안드레의 십자가(X자 형태의 십자가)와 T자형으로 된 십자가, 그리고 일반적인 로마의 십자가(✝)형태가 그것이다. 교회는 전통적으로 예수님의 십자가를 십자형태의 일반적인 로마 십자가와 동일시하고 있다. 그 이유 가운데 하나는 예수님의 십자가 꼭대기에는 죄목이 적힌 것이 달려 있었는데, 이를 위해서는 이 십자가가 가장 적합하기 때문이다.

십자가에 다는 방법은 여러 가지가 있었다. 두 팔을 벌리게 하고 양쪽 끝에서 줄로 팔을 매기도 했고, 예수님의 경우처럼 못을 박는 경우도 있었다. 십자가의 세로대는 그렇게 높지 않았다. 죄수보다 30㎝ 내지 60㎝ 정도 더 길게 만들었을 것으로 추정된다. 그래서 복음서가 묘사하고 있는 대로 밑에 있는 사람들이 예수님과 대화를 할 수 있었고 그에게 몰약을 탄 포도주를 드릴 수가 있었다.[9)]

사람들은 포도주에 쓸개(마가에 따르면 몰약)를 타서 예수님에게 드렸다. 쓸개나 몰약이나 다 쓴 것이었다. 유대인들은 처형당하는 사람들에게 정신이 혼미해져서 고통을 덜 느끼도록 하기 위하여 포도주에 유향을 섞어주었다(탈무드 Sanh. 43a; 미쉬나 Sem. 2:9). 그러나 마태에 따르면, 이러한 인간애적인 관습을 사람들은 조롱하는 뜻으로 행하였다. 마태복음에는 예수님이 맛을 보시고는 더 이상 마시지 않았던 것으로 되어 있다. 마가는 예수님이 혼미한 상태에서 죽지 않기 위해 일부러 마시지 않은 것으로 기록하고 있다.

로마 군인들은 예수님의 옷을 벗겨서 그것을 나누어 가졌다. 십자가에 달리는 사람들은 옷을 벗기게 되어 있었다. 그리고 그 옷과 소지품들은 나누어 가질 수 있었다.

예수님의 좌우편에는 두 사람이 달려 있었다. 이들을 성서는 "강도"라고 칭하고 있는데 1세기에 유대인 역사가 요셉푸스는 이 명칭을 혁명주의자(revolutionary)를 칭할 때 사용하였다.[10)] 아마도 이들은 로마 정부에 항거하다가 십자가 형을 받게 된 것으로 보인다. 이 사람들에 대해서 교회는 일치된 전승을 갖고 있지 않다. 마태와 마가는 그들 모두 예수님을 욕하였다고 한다. 그러나 누가복음에는 그 가운데 한 사람이 예수님에게 하늘나라에서 자신을 기억해달라고 부탁하였으며, 그에게 예수님은 "너는 오늘 나와 함께 낙원에 있을 것이다"고 응답하신 것으로 되어 있다. 요한은 이 사람들에 대하여 침묵을 지키고 있다.

숨을 거두시다(마 27:45-56; 막 15:33-41; 눅 23:44-49; 요 19:28-30)

낮 열두시부터 시작해서 예수님이 운명하신 오후 세시까지 계속 어둠이 온 땅을 덮었다. 이것은 초자연적인 현상이었다. 그리고 이 현상이 사라지자 지진이 일어났다. 구약의 예언서에서도 해뿐만 아니라 달과 별들도 그 빛을 잃게 된다는 상징적인 또는 실제적인 표현이 많이 나온다(욜 2:10, 31; 3:4; 4:15; 사 13:10; 50:3; 렘 13:16; 15:9; 암 8:9). 그러나 이러한 현상들은 메시야의 오심이나 그의 죽음과 연관되어 있지는 않다. 다만 최후의 심판과 연관되어 이러한 일들이 일어날 것이라고 되어 있다.

예수님은 고통에 시달리면서 "엘리 엘리 레마 사박다니"라고 외치셨다. 이것을 십자가 밑에 있던 사람들은 엘리야를 부르는 소리로 오해하였다. 아마 이들은 유대인들이 아니었을 것이다. 만일 유대인들이었다면 이 외침이 시편 22편의 말씀임을 금방 알아챘을 것이다.

예수님이 여섯 시간동안 십자가에 달려 고통당하시다가 오후 3시에 돌아가셨다. 예수님이 운명하신 그 순간에 성전 휘장이 위에서 아래로 찢어졌다. 탈무드에 의하면, 성전에는 모두 열세 개의 휘장이 있었으며, 성전의 지성소와 성소 사이에는 두 개의 휘장이 있었고, 이 사이는 빈 공간으로 남아 있었다고 한다. 이 두 개의 휘장은 각각 길이가 18m, 폭이 9m 정도 되었으며 두께는 한 뼘만큼 되었다고 한다. 그래서 과장된 말이겠지만 이 휘장을 드는 데 300명의 제사장들이 동원되어야 했다고 한다.[11] 찢어진 휘장은 바깥쪽, 즉 성소로 들어가는 곳에 있었던 것으로 추정되는데, 이 휘장은 워낙 무겁고 튼튼하게 되어 있어서 지진으로도 찢어질 수 없다고 한다.

예수님의 마지막 운명을 지켜본 백부장은 "참으로 이분은 하나님의 아들이셨다"고 고백했다. 십자가 처형 사건은 일반적으로 백부장의 책임 하에 이루어졌는데, 이 백부장도 그 날의 처형을 담당했던 사람으로 보인다. 그는 책임이 있었기 때문에 마지막까지 십자가 밑에 있었던 것이다. 한편 예수님을 따르던 사람들 가운데서 예수님이 운명하시는 것을 지켜본 사람들은 몇몇 뿐이었다. 제자들 가운데는 "예수님의 사랑하시던 제자"(요한)만이 이 자리에 있었다(요 19:26-27).

무덤에 묻히시다(마 27:57-61; 막 15:42-47; 눅 23:50-56; 요 19:38-42)

예수님은 당일로 무덤에 묻히셨다. 이는 유대의 관습이었다(탈무드 MQ 28a; Sifre Deut. 221; 탈무드 Sanh. 47a; 탈무드 Ber. 18a). 로마인들은 일반적으로 십자가 형을 받은 사람들의 시신은 그냥 십자가에 내버려 두어서 새들의 밥이 되게 하였다. 그러나 유대인들에게는 호의를 베풀어서 죽은 그 날로 공동묘지에 묻게 하였다. 그러나 특별한 요청이 있는 경우에는 개인묘지에 묻게 하기도 하였다. 그래서 예루살렘에서 멀지 않은 아리마대라고 하는 곳에서 온 요셉이라는 사람이 빌라도에게 요청해서 예수님의 시신을 가져올 수 있었다.[12] 그는 예수님을 삼베로 쌌다. 가말리엘 2세는 모든 유대인들의 시신은 그가 어떤 사람이었던지 간에 삼베로 싸야 한다고 했다(탈무드 MQ 27b).

그는 예수님의 시신을, 자신을 위해서 미리 마련해 놓은 돌무덤에 모셨다. 이 무덤은 예루살렘 바깥에 있었음에 분명하다. 성안에는 무덤을 허용하지 않았기 때문이다(미쉬나 BB 2:9; 탈무드 BB 100b). 한편 아리마대 요셉처럼, 묻어 줄 사람이 없는 시신을 무덤에 묻어주는 것은 경건의 행동으로 여겨졌다. 그래서 세계 여러 곳에 흩어져 살던 유대인들은 나이가 들면 예루살렘으로 옮겨와서 살았다. 혹시 그들이 장례를 위한 충분한 돈이 없이 죽더라도 누군가가 그들을 위해서 장례를 치러줄 것이라고 생각했기 때문이다.

예수님을 안장한 다음 날, 대제사장들과 바리새파 사람들이 빌라도에게 무덤 경비를 철저히 해줄 것을 요청했다고 마태는 기록하고 있다. 이는 예수님의 시신을 제자들이 훔쳐가고는 예수님이 부활했다고 하는 헛소문을 퍼뜨리지 못하도록 하기 위함이었다. 그들은 더 많은 경비병들을 데리고 무덤에 가서 그 무덤을 든든히 지켰다고 한다.

09 부활, 승천하시다

부활하시다(마 28:1-15; 막 16:1-8; 눅 24:1-12; 요 20:1-10)

몇몇 여인들이 처음으로 예수님의 무덤을 찾아간 것은 그가 죽으신 지 사흘째 되는 날이었다. 우리의 계산법으로는 예수님이 금요일에 돌아가셨으므로 사실상 사흘째 되는 날이 아니라 이틀째 되는 날이다. 그러나 유대인들의 계산법으로는 예수님이 돌아가신 금요일이 첫째 날이고, 그 다음날이 둘째 날, 즉 안식일이었고, 셋째 날은 그 다음날 즉 일요일이었다. 그래서 성서는 셋째 날, 즉 안식일이 지난 다음 날 아침 일찍 몇몇 여인들이 예수님의 무덤을 찾아갔다고 기록하고 있다.

유대인들은 죽은 지 사흘이 되면 시신에서 영혼이 완전히 떠난다고 믿었다(Moed K. 28b; Ber. R. 100). 그래서 죽은 지 사흘째 되는 날 죽음을 확인하기 위해 무덤을 찾아가는 풍습이 있었다. 예수님의 무덤을 찾아갔던 여인들도 그러한 관습을 따랐던 것으로 보인다. 그들이 예수님의 부활을 기대하고 무덤을 찾아간 것은 아니었다.

그러나 그들은 무덤에 도착했을 때 무덤이 비어있음을 발견하고 예수님이 부활하셨다는 천사의 메시지를 들었다. 이에 이 여인들은 제자들에게 이 사실을 알렸고, 제자들도 빈 무덤을 확인하였다.

이 후에 예수님은 제자들에게 여러 차례 나타나셨다. 그러나 마태는 부활하신 예수님이 열 한 제자에게 사명을 주시기 위해 마지막으로 나타나신 사건만을 기록하고 있다. 마태는 엠마오로 내려가던 두 제자에게 예수님이 나타나신 사건(눅 24:13-35)과 도마가 없었을 때 제자들에게 나타나신 사건(요 20:19-23), 그리고 도마에게 나타나신 사건(요 20:24-29)과 갈릴리 호수에서 제자들을 만나신 사건(요 21장)들을 기록하지 않고 있다.

한편 예수님의 부활에 대한 제사장들과 장로들의 태도는 마태복음에만 기록되어 있다. 유대인들은 제자들이 예수님의 시신을 훔쳐가서 그의 무덤이 빈 것이라고 논박한 반면, 예수님을 따르는 사람들은 예수님의 빈 무덤은 그의 부활을 증명해준다고 변호하였다.

승천하시다(막 16:19-20; 눅 24:50-53; 행 1:6-11)

마태는 제자들에게 선교의 사명을 주시는 것으로 그의 복음서를 끝맺었다. 그는 예수님의 승천에 대해서는 아무런 언급도 하지 않고 있다. 이는 요한도 마찬가지이다. 누가는 복음서에서는 매우 간단하게, 그리고 사도행전에서는 비교적 자세하게 기록하고 있다. 마가복음에서는 후대에 삽입된 부분에서 승천에 대해 언급하고 있다.

누가의 기록에 의하면, 예수님이 승천하시기 직전에 제자들이 예수님에게 던진 질문은 이스라엘의 회복에 관한 것이었다. 여기에서 우리는 제자들이 이스라엘의 회복에 관하여 얼마나 큰 관심을 갖고 있었는지를 발견할 수 있다. 이에 대하여 예수님은 이스라엘의 회복에 관한 제자들의 기대에 대해서 그들의 기대가 잘못된 것이라고 말씀하지 않으시고 다만 아직 때가 이르지 않았다고만 말씀하셨다. 하나님의 정하신 때가 되면 이스라엘이 회복될 것이라고 말씀하셨던 것이다.

예수님은 마지막으로 선교 명령과 성령에 대한 약속을 주시고 두 천사의 호위를 받고 하늘로 올라가셨다. 이 천사들은 예수님이 똑같은 모습으로 다시 임하실 것을 마지막으로 알려주고는 구름에 싸인 채 하늘로 올라갔다.

이렇게 하늘로 올리우신 예수님은 여러 차례 예고하신대로, 천사들과 함께 영광 중에 다시 오실 것이다(마 16:27; 24:30; 25:31; 26:64, 살전 4:16).

각주

제1장

1) Josephus, *Antiquities* XVIII. 1. 1.
2) Alfred Edersheim, *The Life and Times of Jesus the Messiah* (Peabody: Hendrickson, 1993), 131.
3) Edersheim, 141-142. 그러나 확실한 역사적인 증거는 없다.
4) Edersheim, 142.
5) Edersheim, 142.
6) Edersheim, 156.

제2장

1) William Barclay, *The Gospel of Mattew*, vol. 1 (Philadelphia: Westminster, 1975), 60
2) J. Klausner, *Jesus of Nazareth*, trans., H. Danby (New York: MacMillan, 1943), 251

제3장

1) Pinchas Lapide, *The Sermon on the Mount* (Maryknoll: Orbis, 1986), 30; Robert Guelich, *The Sermon on the Mount* (Dallas: Word, 1982), 67; Lachs, 70.
2) Guelich, R., *The Sermon on the Mount* (Dallas: Word, 1982), 67.
3) Lachs, Samuel T., *A Rabbinic Commentary on the New Testament* (Hoboken: KTAV, 1987), 70.

4) Guelich, 68-69.
5) Guelich, 69.
6) Guelich, 73.
7) Lachs, 71.
8) Guelich, 105; Lachs, 75.
9) Guelich, 106.
10) Ibid.
11) Lachs, 77.
12) Wilson, M. R., *Our Father Abraham* (Grand Rapids, william Eerdmans, 1989), 52-58.
13) Wilson, 83.
14) W. D. Davis, *Paul and Rabbinic Judasim* (Philadelphia: Fortress, 1980), xxviii.
15) Ignatius of Antioch, *Letter to the Magnesians* 9. 1.
16) Wilson, 59.
17) T.W. Manson, *The Sayings of Jesus* (London: SCM, 1971), 385
18) Georg Eichholz, *Die Theologie des Paulus im Umriss* (Neukirchen-Vluyn: Neukirchener Verlag, 1972), 224-225.
19) Sanders, 153.
20) Philo, *The Life of Moses* 2:3.
21) Ephraim E. Urbach, *The Sages* (Cambridege: Harvard University, 1975), 345-346.
22) Lapide, 43에서 재인용.
23) Lapide, 46.
24) Lapide. 129에서 재인용.
25) Lapide. 124.
26) Lapide, 86.
27) Lachs, 112-113.
28) E. P. Sanders, *Judaism: Practice and Belief*, 63 BCE-66 CE (London: SCM, 1992), 207.
29) Sanders, *Judaism*, 197.
30) Craig S. Keener, *The IVP Bible Background Commentary* (Downers Grove: InterVarsity, 1993), 62.
31) Young, B. The Jewish Background to the Lord's Prayer, 16-17.
32) Young, 19-20.
33) Stern, *Jewish New Testament*, Matthew 6:22-23.
34) Guelich, 353-356.
35) Barclay, *The Gospel of Matthew*, vol. 1, 267.
36) Keener, C. S., The IVP Bible Background Commentary (Downers Grove: InterVarsity, 1993), 64.
37) Barclay, 272.

제4장

1) Keener, 68.
2) Robert T. Boyd, *World's Bible Handbook* (World, 1991), 416-417.
3) Sanders, *Jesus and Judaism*, 177-178.
4) I. Abrahams, *Studies in Pharisaism and the Gospels*, First and Second Series (New York: KTAV, 1967), 55.
5) Sanders, *Jesus and Judaism*, 178.
6) 예레미아스는 이방인 가운데서의 예수님의 사역을 분명하게 보여주는 것은 오직 두 군데 뿐인데, 백부장의 종을 고쳐준 일(마 8:5-13)과 수로보니게 여인의 딸을 고쳐준 일(막 7:24-30)이 바로 그것이라고 주장한다. 그리고 그는 거라사의 광인을 고쳐준 일도 여기에 포함될 수 있을 것이라고 생각한다.[*Jesus' Promise to the Nations* (London, 1958), 29.]
7) Robert T. Boyd, 390-391.
8) Lapide, 86.
9) Josephus, *Antiquities* 13. 14. 2; *War* 1. 4. 6.
10) Brad H. Young, *Jesus: The Jewish Theologian* (Peabody: Hendrickson, 1995), 49ff.
11) Ibid.
12) Morris N. Kerzer, *What is a Jew?* (New York: MacMillan, 1965), 136; A. J. Heschell, *The Sabbath: Its Meaning for Modern Man* (New York: Farrar, Straus & Giroux, 1951), 90.
13) J. Wimber, *Healing Seminar* (n.p.: Vineyard Ministries International, n.d.), 3-4.
14) Urbach, E. E., *The Sages* (Cambridge: Harvard University, 1975), 105.
15) Josephus, War, 2:261-263.
16) Edersheim, 487-489.
17) Freeman, J. M., *Manners and Customs of the Bible* (Plainffeld, Logos International, 1972), 366.
18) H. J. Cadbury, "The Meaning of John 20:23; Matt. 16:19 and Matt. 18:18," *Journal of Biblical Literature* 58(1939), 231-234; Lachs, 257; Stern, xxiii; Keener, 94; Edersheim, 531.
19) Edersheim, 917.
20) Edersheim, 531.
21) Lachs, 265-266.
22) Lachs, 270.
23) Manson, *The Sayings of Jesus*, 215-216.
24) Lachs, 366.
25) Lachs, 367.
26) Montefiore, C. S., *The Synoptic Gospels*, vol. 2, 312.

제5장

1) 참조, A.M. Hunter, *Interpreting the Parable.*
2) Joesphus, *War*, 7:112-114.
3) Boyd, 418.
4) Keener, 232.
5) C. G. Montefiore, *Rabbinic Literature and Gospel Teachings* (New York: KTAV, 1970), 285-299.
6) R. H. Stein, *An Introduction to the Parables of Jesus* (Philadelphia: Westminster, 1981), 127.
7) Manson, *The Sayings of Jesus*, 218.
8) Hunter, A. M., *Interpreting the Parables* (Philadelphia: westminster, 1960), 87.
9) Young, *Jesus and His Jewish Parables*, 285-286.
10) Edersheim, 789.
11) Freeman, 379.
12) P.F. Ellis, *Matthew: His Mind and His Message* (Collegeville, 1974), 91-92.
13) G. Sellin, "Lukas als Gleichniserzahler: Die Erzalung vom barmherzigen Samariter (Luke 10:25-37)," *Zeitschrift fur neutestamentliche Wissenschaft* 65 (1974), 166-168.
14) Oral Roberts University의 신학부 강좌인 "유대적 배경에서 본 예수의 비유"에서 이러한 관점을 밝혔다(그의 최근 저술, *Jesus: The Jewish Theologian* 참조).
15) H. Thielicke, 『기다리는 아버지』, 이계준 역 (서울: 컨콜디아사, 1978), 133.
16) A. A. Trites, "The Prayer Motif in Luke-Acts," *Perspectives on Luke-Acts*, ed. C. H. Talbert (T. & T. Clark, 1978), 172.
17) Jeremias, *The Parables of Jesus*, 157.
18) 주 18)을 참조할 것.
19) Jeremias, *The Parables of Jesus*, 158; N. Perrin, *Rediscovering the Teaching of Jesus* (New York: Harper and Row, 1967), 128; F. W. Danker, *Jesus and the New Age: According to St. Luke* (St. Louis: Clayton, 1972), 230.

제6장

1) H. van der Loos, *The Miracles of Jesus* (Supplements to Novum Testamentum, vol. 8. Leiden, Netherlands: E. J. Brill, 1965), 284-285.
2) Geza Vermes, *Jesus the Jew* (New York, 1974), 61.
3) Vermes, 62.
4) Josephus, *Antiguities* 8:46-47.
5) Vermes, 64.
6) Keener, 67.
7) Vermes, 67-68.

제7장

1) Wilson, 243
2) Sanders, *Jesus and Judaism*, 61-76을 참조할 것.
3) Freeman, 383.
4) Ibid.
5) Philo, *In Flaccum*, 2. 522.
6) Edersheim, 875.
7) Lachs, 430; Edersheim, 875.
8) Edersheim, 877.
9) Edersheim, 879.
10) Keener, 127에서 재인용.
11) Edersheim, 894.
12) Keener, 129.

부 록

복음서의 배경을 이루고 있는 유대 문헌

1. 외경(apocrypha)

외경은 신구약 중간기 시대에 이루어진 문헌으로서, 그 중 일부를 가톨릭에서는 경전으로 인정하고 있다. 이들은 칠십인역 성서에 포함되어 있다.

1) 제1 에스드라서(Esdras) - 역사서로서, 역대기하에 나오고 있는 요시야 왕에 의한 대대적인 유월절 행사로부터 시작하고 있다(B.C. 621). 이 문헌은 에스라서와 느헤미야서에 대한 보충이라고 할 수 있으며, 요시야, 스룹바벨, 그리고 에스라에 의한 종교 개혁을 강조하고 있다. 그러나 역사성에 있어서는 정확하지 않다. 주전 2세기 말경에 기록된 것으로 보이며, 역사가 요셉푸스는 이 책에 많이 의존하였다.

2) 제2 에스드라서 - 이 책은 외경 중에서 유일하게 묵시문학에 속하는 책이다. 천사 우리엘(Uriel)이 에스라에게 마지막 때, 즉 메시야 시대에 일어나게 될 일들을 보여준 비밀들이 기록되어 있다. A.D. 81-96년 사이에 기록된 것으로 보인다. 이 책은 성전 파괴의 비극과 로마에 대한 반란 사건으로 인해 황폐하게 된 이스라엘을 반영하고 있다. 이 책에 나타난 메시야 사상은 미쉬나의 것과 상당히 대조적이

다.

3) **토빗트**(Tobit)－짤막한 교훈적 이야기. 배경은 주전 722년 포로기 후기의 니느웨이다. 토빗트는 눈을 못 보게 된 의인으로서, 그는 그의 돈을 가져오도록 하기 위해 아들 토비야를 메내에 보낸다. 토비야는 라파엘 천사의 인도를 받아서 메대로 가게 되고 거기에서 천사의 도움으로, 일곱 번 결혼했으나 번번이 남편을 잃은 사라라는 여인과 결혼해서 아버지에게로 돌아오게 된다. 그리고 그는 천사의 도움으로 아버지의 눈을 뜨게 한다. 토비야라는 이름은 "토브"(좋다)에서 온 이름으로서, 그 이름이 뜻하듯이 도덕적으로 그리고 제의적으로 의롭게 살아가는 사람들에게는 보상이 주어진다는 이야기를 이 책에서 가르치고 있다. 특별히 이 책은 이방 지역에 살고 있는 디아스포라들도 경건하게 살아갈 수 있음을 강조하고 있다.

4) **유딧**(Judith)－이 책은 제1성전 기간의 마지막 부분을 배경으로 하고 있으나 실제로는 마카비 시대를 반영하고 있다. 이 책은 경건하며 율법에 따라 살아가는 유딧이라는 여인이 적장 홀로페르네스(Holophernes)를 그 미모로써 사로잡아 죽이고 백성을 구원해 낸 이야기를 진해주고 있다. 이 책은 유딧이 자기 민족을 구출할 수 있었던 것은 그녀의 경건 때문이었음을 강조하고 있다.

5) **바룩**(Baruch)－예레미야서의 부록과 같은 것으로서, 저자는 예레미야의 서기관이었던 바룩이라는 이름을 사용하고 있으나 이는 가명이다. 이 책에서 유대인들은 그들의 죄, 특별히 성전 파괴를 불러온, 바빌론에게 반란을 일으킨 죄에 대해 고백하고 있다. 이 책은, 모든 지혜는 하나님으로부터 오며 하나님께서는 그의 백성들을 고국으로 돌아오게 해 주실 것이라는 것을 강조하고 있다. 이 책은 여러 부분을 함께 엮은 것으로서, B.C. 1세기부터 늦게는 A.D. 70년까지의

자료들을 편집한 것이다.

6) **벤 시라**(Ben Sira)－지혜 문학으로서, 잠언서와 형식이 매우 비슷하다. 이 책은 인간관계(특별히 가족관계)와 사업에 대한 실제적인 충고를 주며, 여러 가지 다양한 윤리적 교훈들을 주고 있다.

이 책에서는 성서에 나오는 믿음의 위대한 인물들을 칭송하고 있다. 저자는 벤 시라(또는 시락)의 아들인 요슈아(또는 헬라어역에 따르면 시므온)로서, B.C. 180년경에 히브리어로 기록되었으며 그의 손자에 의하여 B.C. 130년 헬라어로 번역되었다. 부분적으로 이 책의 사본이 쿰란에서 발견되었다.

7) **솔로몬의 지혜서**(The Wisdom of Solomon)－여기에 나오는 지혜들은 성서의 지혜문학들과 고대 근동의 지혜들, 그리고 헬라 세계의 철학에서 영감 받은 것들로서, 불경건과 우상숭배가 얼마나 어리석은 것인가를 보여주고 있다. 솔로몬이라는 이름은 이 책에 나오지 않으나, 그가 한 말로 알려져 있다.

이 책의 메시지는 먼저 개인에게, 그리고 왕에게, 마지막으로는 이스라엘 온 백성에게 주는 것으로 되어 있다. 아마도 로마시대에 알렉산드리아에서 씌어진 것으로 보이나, 정확한 연대는 알 수 없다.

8) **마카비 상**－B.C. 175-134의 유대 역사를 기록한 것으로서, 마카비 혁명의 배경과 이 사건 자체에 대해 기록하고 있으며, 유다 마카비의 업적 및 유대 독립의 쟁취와 종교를 지키기 위한 그의 형제들의 노력을 기술하고 있다. 하스모니안(Hasmon-ians)을, 헬라 유대인들의 극단주의와 그들의 셀루시드 왕조에 대한 지지에 대항하여 싸우는 충성스러운 유대인들로 그리고 있다. 이 책은 B.C. 1세기 초반에 기록된 것으로 보인다. 유대 역사가 요셉푸스도 이 책에 의존하여 역사를

기술하였다.

9) 마카비 하-구레네의 야손(Jason)이 기록한 다섯 권에 이르는 저작물을 요약한 것으로서, 마카비 혁명이 일어나게 된 경위와 유다의 업적들을 상세히 기술하고 있으며, B.C. 160년 유다의 죽음과 더불어 끝나고 있다. 이 책은 하누카(Hanukha-성전을 수리하여 다시 봉헌한 날을 기념하는 절기)를 잘 지키도록 권고하기 위하여 기록되었다. 마카비 상과는 다른 관점에서 역사들을 기록하고 있으나(이 두 책은 연대기에 있어서 서로 일치하지 않고 있다), 마카비 상의 보충 역할을 하고 있다. B.C. 124년경에 기록된 것으로 추정된다.

2. 위경(Pseudepigrapha)

위경은 외경보다 역사성에 있어서 신뢰도가 떨어지나 많은 위경들이 에디오피아어, 시리아어, 아르메니아어 등으로 번역되었으며, 동방 교회의 경전 속으로 들어갔다.

1) 제1 에녹서, 제2 에녹서-이 책들은 본래는 전혀 다른 별개의 책들이다. 그러나 이 두 권은 각각 에녹이 하나님에게 "취해져 갔다"는 성서의 기록으로부터 시작하고 있다. 이 책들은 수수께끼 인물인 에녹에 대하여 또는 그에게 주어진 계시에 대하여 기록하고 있으며, 제2 성전 기간 초기에도 이 책들이 있었다. 이 두 권은 후에 유대교의 일부 비밀스런 지식을 강조하는 종파들에게 큰 영향을 끼쳤다.

제1 에녹서는 에디오피아 에녹서라고도 불리는 묵시문헌으로서, 하나님께서 어떻게 사악한 자들을 징벌하시고 의로운 자들을 축복하실 것인가 하는 것에 대해 에녹에게 보여주신 환상을 기록하고 있다. 여기에는 천사들과 하늘의 영적인 존재들이 많이 등장하고 있다. 그는 "택함을 입으신 분"(the Elect)과 "인자"(the Son of Man)에 대한 환상을 보았으며, 악한 자들이 파멸하는 환상에 대해서도 기술하고 있다.

제2 에녹서는 슬라브 에녹서라고도 불리며, 어느 정도 제 1에녹서와 관련성이 있기도 하다. 그러나 이 책은 기본적으로 에녹과 홍수 이전의 그의 후손들의 생애에 대하여 기록하고 있다. 에녹은 칠층천(seven heavens)에 올라가서 에녹 시대까지의 역사와 홍수에 대한 계시를 받고는 땅으로 되돌아와 그의 자녀들에게 믿음과 행실에 대하여 가르쳤다. 그리고 마지막으로 에녹이 하늘로 취해져 간 것으로 끝나고 있다. 2세기 말에 기록된 것으로 보인다.

2) 희년서(The Book of Jubiless)－창세기로부터 시작해서 출애굽기 12장의 유월절 준수에 대한 계명까지를 제2 성전 기간의 상황에 맞추어 다시 각색한 책이다. 이 책은 시내 산에서 천사가 모세에게 준 계시를 중심으로 하고 있으며, 연대는 안식년(7년주기)과 희년(49년주기)으로 나누었다. 저자는 유대 절기들의 때를 정해주며, 그러한 절기들을 조상들이 이미 그 당시에 준수했음을 강조하며 가르치고 있다. 이 책에서는 성서의 인물들이 율법을 철저히 준수한 사람들로 제시되고 있다.

3) 열두 족장의 유언서－야곱이 그의 아들들에게 마지막으로 유언을 남긴 것처럼(창 49장), 이 책은 야곱의 아들들(열두 족장)이 죽으면서 자식들에게 남긴 유언의 형태들로 되어 있다. 각 유언서는 주인공들이 인생을 어떻게 살았는가에 대한 고백과 자신들이 범한 것과 같은 죄를 범하지 않도록 하는 권면과 각 족속들의 운명을 예고하고 있다.

3. 사해사본(Dead Sea Scrolls)

20세기 최대의 발굴물 가운데 하나인 사해사본은 지금까지 발굴된 성서 사본들 가운데서 가장 오래된 것으로서, 예수님 당시의 상황을 이해하는 데 큰 도움을 주는 문서들도 많이 포함하고 있다. 이 사본들은 여리고에서 15㎞ 정도 남쪽에 위치한 쿰란 동굴에서 발견되었으며, 따라서 쿰란 사본이라고도 불린다. 여기에 감추어졌던 두루마리들은 1947년에 우연히 젊은 베두인 목동에 의해 처음 발견되었으며, 그 이후 1951년부터 본격적으로 발굴과 연구가 진행되었다. 연대에 대해서는 여러 가지 학설들이 있으나, 이 사본들이 발굴된 동굴들의 건물의 증거로 보아 주전 185년에서 주후 68년까지로 추정된다. 여기에서 발굴된 두루마리들은 크게 세 가지로 구분된다. 성서의 사본(구약성서), 외경 문서, 그리고 쿰란 종파의 문헌. 여기에서 특별히 관심하는 것은 마지막 세 번째의 두루마리들로서, 예수님 당시의 상황을 이해하는 데 큰 도움을 주는 문서들이다.

1) **페샤림**(Pesharim)－쿰란 종파의 성서 주석으로서, 하박국과 나훔, 시편 일부에 대한 주석들이 발굴되었다. 이 주석들은 그들의 자기 이해를 잘 반영해주고 있다.

2) **다마스커스 문서**(Damascus Document)－쿰란 종파의 생활과 교훈을 잘 보여주고 있는 문서로서, 10-12세기경에 씌어진 이 문서의 사본들이 이집트의 카이로에 있던 회당에서 발굴되어 영국 캠브리지 대학에 보관되어 있다. 이것은 쿰란 종파에 의해 씌어진 사해사본들이 중세기에도 널리 퍼져있었음을 보여준다.

3) **훈련 규범**(Manual of Discipline)－쿰란 종파에 들어오기 위해서 해야 할 일들과 매일의 생활, 그리고 그들의 법을 어겼을 때 받게 되는 징벌 등을 규정하고 있다.

4) **빛의 자녀들과 어둠의 자녀들의 전쟁에 대한 두루마리**－쿰란 종파의 신념을 잘 보여주는 문서로서, 마지막 종말의 때에 일어나게 될 대 전쟁에 대하여 묘사하고 있다. 이 전쟁에서 빛의 자녀들인 쿰란 종파 사람들이 승리를 거두게 되고 다른 사람들은 심판을 받게 될 것이라고 되어 있다.

5) **성전 두루마리**－이상적인 예루살렘 성전과 의식을 묘사하고 있으며, 여러 가지 유대 율법들에 대해서도 다루고 있다.

위의 문서들은 초대교회와 랍비 유대교의 이해에 대한 새로운 빛을 던져주고 있다. 이 문서들은 당시의 유대인들이 율법을 어떻게 해석하였는지, 그리고 정결법과 메시야에 대한 기대 등을 잘 보여주고 있다. 당시의 한 종파였던 쿰란 종파의 법과 신학, 종말론 등도 잘 나타나 있다. 이 문서들은 기독교의 메시야관과 세계관과도 밀접한 관계를 갖고 있다.

4. 미쉬나(Mishnah)

예수님 당시에는 유대교의 여러 종파들 가운데서도 바리새파가 가장 영향력이 있었다. 이들은 "조상들이 전해준 전통"을 지키는 자들이었다. 이 전통을 "구전법"(Oral Law)이라고도 부르는데, 이 구전법은 랍비들에 의해 보존되고 전해 내려왔다. 사두개인들은 이것을 하나님의 말씀으로 인정하지 않았다. 그러나 바리새인들은 토라에 맞먹는 것으로 여겼으며, 이것도 역시 시내산에서 토라(모세 오경)와 함께 주어진 율법이라고 믿었다. 이것이 바리새주의(후에 랍비 유대교)의 가장 큰 특징이었다. 이처럼 구전으로만 전해 내려오던 율법을 체계적으로 기록한 것이 미쉬나이다.

미쉬나는 "반복"이라는 의미를 갖고 있으며, 200년경에 랍비 유다 하나시(Judah Hanasi)에 의해 편찬되었다. 여기에 편집된 전승들은 B.C. 150년부터 전해내려 온 것들이었다. 랍비 유대교가 시작된 것은 10년 경부터이며, 예수님 당시에는 랍비들의 아버지라 불리는 힐렐과 샴마이가 활동했다. 바울의 스승으로 잘 알려진 가말리엘도 초기 랍비 유대교의 대표적인 랍비 가운데 한 사람이었다. 미쉬나는 오랫동안 전승으로 내려오던 구전법을 마치 랍비들이 가르친 것으로 기록하고 있다. 이는 랍비들 자신의 가르침이 아니라 전승으로 내려오던 것들에 랍비들의 권위를 부여하였다는 것을 뜻한다. 힐렐이나 샴마이 학파의 가르침으로 되어 있는 것들도 사실은 제2 성전 기간 동안(대략 주전 1세기부터 주후 1세기)의 전승에 그들의 이름을 붙인 것뿐이다.

한편 1세기에 활동한 랍비들 가운데 Hillel, Shammai, Gamaliel I, Simeon ben Gamaliel I, Yohanan ben Zakai, Hanina b. Dosa, Eliezer b. Jacob I이 있다. 이들의 가르침과 사상은 1세기 유대교를 이해하는 데 큰 빛을 던져주고 있다. 90-130년에 활동한 다음 랍비들도 1세기의 유대교를 이해하는 데 도움을 주고 있다. Gamaliel II, Eliezer b. Hyrcanus, Joshua b. Hanina, Eleazar b. Zadok I, Akiba b. Joseph, Eleazar b. Azariah, Tarfon, Yose the Galilean, Judah b. Batyra, Ben Azzai.

미쉬나는 63권으로 이루어져 있으나, 본서에서 많이 인용한 미쉬나의 중요한 책을 보면 다음과 같다. Berakhot(축원문); Shabbat(안식일); Peashim(유월절); Yoma(대속죄일); Sukkah(장막절); Rosh Ha-Shanah(신년); Hagigah(축제 희생 제물); Nedarim(맹세); Gittin(이혼); Qiddushin(결혼); Bava Barta(재산법); Sanhedrin(산헤드린); Avot(조상들이 전해 준 윤리); Tamid(매일 드리는 희생 제물).

5. 토셉타(Tosefta)

"부록"이라는 뜻으로, 오랫동안 내려온 전승들 대부분이 미쉬나에 포함되었으나 이 미쉬나에 기록되지 않는 것들을 후에 따로 모아 편집한 것이 토셉타이다. 즉 미쉬나의 부록이라 할 수 있을 것이다. 여기에 모아놓은 전승들의 연대는 미쉬나의 것과 동시대에 속하는 것들이다.

6. 미드라쉬(Midrash)

미드라쉬는 구약성서에 대한 랍비들의 주석으로서, 주로 오경에 대하여 주석하였다. 랍비들은 미드라쉬를 통해서 어떤 규정이 어떤 구절로부터 나오게 되었는지, 그리고 어떻게 그러한 법규들을 적용할 것인지 하는 것에 대하여 관심을 기울였다. 이런 주석들은 대부분이 탄나임(Tannaim, 200년, 즉 미쉬나의 편집이 완성될 때까지 활동한 랍비들)에 의한 것이다. 중요한 주석들을 보면 아래와 같다.

Mechilta(출애굽기 주석)

Sifra(레위기 주석)

Sifre Numbers(민수기 주석)

Sifre Deuteronomy(신명기 주석)

Genesis Rabbah(창세기 주석)

Exdos Rabbah(출애굽기 주석)

Leviticus Rabbah(레위기 주석)

Numbers Rabbah(민수기 주석)

Deuteronomy Rabbah(신명기 주석)

Ecclesiastes Rabbah(전도서 주석)

Midrash Psalms(시편 주석)

Midrash Tannaim(신명기 주석)

7. 탈무드(Talmud)

탈무드는 "공부", "연구"를 의미하는 단어로서, 위에서 언급한 미쉬나와 이에 대한 주석인 게마라(Gemara)로 이루어져 있다. 게마라는 아모라임(Amoraim, A.D. 200-500년에 활동한 랍비들)에 의해 이루어졌으며 A.D. 500년경에 랍비 아쉬(Ashi)에 의해 편집이 완성되었다. 탈무드는 유대 문헌의 집대성이라 할 수 있으며, 두 가지 종류가 있다. 하나는 예루살렘 탈무드 또는 팔레스타인 탈무드라 불리는 것으로서 200년부터 425년 사이에 이루어졌다. 또 다른 탈무드는 바빌론 탈무드로서 흔히 우리가 탈무드라고 부르는 책이 바로 이 책이다. 이 책은 바빌론에 포로로 잡혀간 사람들 가운데 돌아오지 않고 남아 있던 사람들에 의해 만들어졌다. 예루살렘 탈무드는 역사적으로 바빌론 탈무드보다 더 가치가 있으나 바빌론 탈무드보다 상세하지 못하다. 이 두 개를 비교할 때 종교적으로는 바빌론 탈무드가 더 가치가 있다. 이 두 탈무드가 서로 다를 때는 유대인들은 바빌론 탈무드를 따랐다.

이상의 유대 문헌들을 정리하면 이렇다.

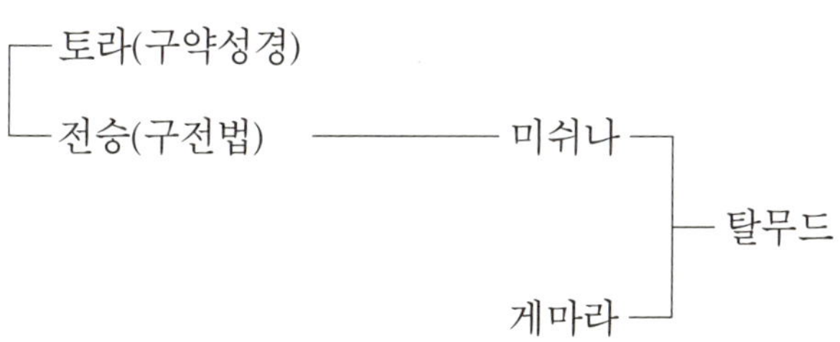

〈예수님의 활동과 유대 문헌의 연대 비교〉

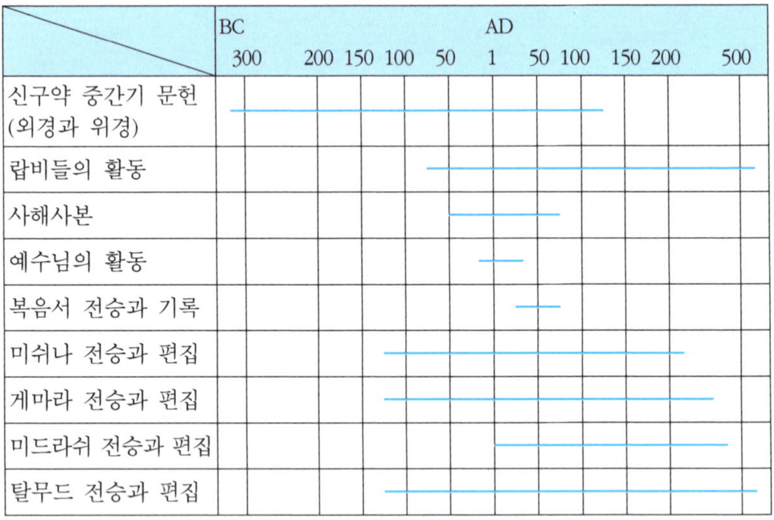

약자표

유대 문헌

B.	(바빌론)탈무드
T.	토셉타(Tosefta)
TJ.	예루살렘 탈무드

미쉬나, 탈무드, 토셉타에 속한 책들

Ar.	Arakhin(개인의 속량 또는 성전에 바칠 제물에 대하여)
AZ	Avodah Zarah(우상숭배에 대하여)
BB	Baba Batra(일반 율법에 대한 세 번째 해설집)
Bekh.	Bekhorot(첫 것을 바치는 것에 대한 규정)
Ber.	Berakhot(기도문)
Bez.	Beza(안식일과 축제 시의 달걀에 관한 규정)
BM	Baba Mezia(일반 율법에 대한 두 번째 해설집)
BQ	Baba Qamma(일반 율법에 대한 첫 번째 해설집)
Er.	Eruvin(안식일 규정)
Git.	Gittin(이혼에 대한 규정)
Hag.	Hagigah(축제시에 바치는 제물들에 대한 규정)
Hul.	Hullin(짐승을 잡는 법에 대한 규정)
Kel.	Kelim(가구와 용기의 정결에 대한 규정)
Ker.	Keritot(축출에 대한 징벌 규정)
Ket.	Ketubot(결혼계약에 대한 규정)
Maas.	Maaseroth(레위 족속의 십일조에 대한 규정)
Mak.	Makkot(채찍으로 때리는 징벌에 관한 규정)
Meg.	Megillah(부림절에 대한 규정)

Men.	Menahot(고기 제물에 대한 규정)
Mid.	Middot(성전에 대한 서술)
Miq.	Miqvatot(씻음과 물에 잠기는 것에 대한 규정)
MQ	Mo'ed Qatan(반공휴일에 관한 규정)
Ned.	Nedarim(맹세에 관한 규정)
Neg.	Nega'im(나병환자에 대한 규정)
Pes.	Pesahim(유월절에 대한 규정)
Qid.	Qiddushin(약혼에 대한 규정)
RH	Rosh Hashanah(신년축제에 대한 규정)
Sanh.	Sanhedrin(산헤드린과 재판에 대한 규정)
Shab.	Shabbat(안식일 규정)
Sheq.	Sheqalim(성전세 등에 대한 규정)
Sot.	Sota(간음죄로 고소된 여인에 대한 규정)
Suk.	Sukkah(장막절에 대한 규정)
Tam.	Tamid(성전에서 매일 드리는 희생 제사)
Ta'an.	Ta'anit(금식에 대한 규정)
Yev.	Yevamot(수혼제에 대한 규정)
Yom.	Yoma(속죄일에 관한 규정)

기타 유대 문헌

ARN	Avot de R. Nathan
Mek.	Mekilta de R. Ishmael(출애굽기 주석)
MRS	Mekilta de R. Shimeon b. Yohai(출애굽기 주석)
PR	Pesikta Rabbati(안식일과 축제시의 기도문에 대한 해설)
PRE	Pirqe de R. Eliezer(창조부터 모세까지의 이스라엘 역사에 대한 설명)
PRK	Pesikta de Rav Kahana(기도문 해설)
Tan.	Tanhuma
Yal.	Yalkut Shimoni(모음집)

사해 사본

1QM	전쟁에 관한 두루마리
1QS	훈육교범서

(이상의 문헌에 대해서는 부록 "복음서의 배경을 이루고 있는 유대 문헌"을 참고하라)

참고도서 목록

제1차 자료

Avot DeRabbi Natan, ed. S. Schecher, Wien, 1887.

Braude, W. G., *The Midrash on Psalms* (in two volumes), New Haven: Yale University, 1958.

________, *Pesikta Rabbati* (in two volumes), New Haven: Yale University, 1968.

________, *Pesikta-de-Rab-Kahana*, Philadelphia: The Jewish Publication Society, 1975.

Charles, R. H., ed. *The Apocrypha and Pseudepigrph of the Old Testament* (in two volumes), New York: Double-day, 1983-1985.

Cohen, A., and Israel Brodie, eds. *The Minor Tractates of the Talmud* (in two volumes), London: Soncino, 1971.

Danby, H., *The Mishna*, Oxford: Oxford University, 1977.

Epstein, I., ed. *The Babylonian Talmud* (in thirty-one volumes), London: Soncino, 1935-1978.

Freedman, H., ed. *Midrash Rabbah* (in nine volumes), London: Soncino, 1951.

Freidlander, G., *Pirke de Rabbi Eliezer*, New York: Hermon, 1981.

Gaster, T., *The Dead Sea Scriptures*, New York: Anchor Books, 1976.

Goldin, J., *The Fathers According to Rabbi Nathan*, New York: Schocken, 1974.

Guillamont, A., H. Peuch, G. Quispel, W. Till and Y. 'Abd al Masih, eds. *The Gospel According to Thomas*, Leiden: Brill, 1976.

Josephus (in nine volumes), ed. and trans. H. J. Thackeray, Oxford: Harvard University, 1978.

Knibb, M. A. and E. Ullendorff, *The Ethiopic Book of Enoch*, Oxford: Clarendon, 1978.

Mekilta DeRabbi Shimeon Bar Yochai, eds. T. N. Epstein and E. Z. Melamed, Jerusalem: Wahrmann, 1980.

Midrash Rabbah (in two volumes), Wilna, 1887.

Midrash Tannaim, ed. D. Hoffmann, Berlin, 1908.

Philo (in ten volumes and two supplementary volumes), eds. and trans. F. H. Colson and G. H. Whitaker, Cambridge: Harvard, 1091.

Pirke Derabbi Eliezer, ed. David Luria, Warsaw, 1852.

Sifra, ed. J. H. Weiss, Wien, 1862.

Talmud Yerushalmi, Jerusalem: Kedem, 1971.

Tosefta, ed. M. Zuckermandel, Jerusalem: Warmann, 1937.

Vermes, G., *The Dead Sea Scrolls in English*, Baltimore: Penguin Books, 1962.

기타 참고도서 목록

Abrahams, I., *Studies in Pharisaism and the Gospels*, First and Second Series, New York: KTAV, 1967.

Banks, R., *Jesus and the Law in the Synoptic Tradition*, Cambridge, 1975.

Barklay, W., *Educational Ideals in the Ancient World*, Grand Rapids: Baker, 1974.

________, *The Gospel of Matthew*, Philadelphia: Westminster, 1975.

Bornkamm, G., *Jesus of Nazareth*, London, 1960.

Brown, R. E., *The Birth of the Messiah*, Garden City: Doubleday, 1977.

Bultmann, R., *The History of the Synoptic Tradition*, New York: Harper and Row, 1968.

Burder S., *Oriental Customs*, London, 1822.

Danker, F. W., *Jesus and the New Age: According to St. Luke*, St. Louis: Clayton, 1972.

Daube, D., *The New Testament and Rabbinic Judaism*, London: Athlone, 1956.

Davis, W. D., *Paul and Rabbinic Judaism*, Philadelphia: Fortress, 1980.

Dibelius, M., *Jesus*, Philadelphia, 1949.

Dodd, C. H., *The Parables of the Kingdom*, Glasgow: William Collins Sons and Company, 1961.

Edersheim, A., *The Life and Times of Jesus the Messiah*, Peabody: Hendrickson, 1993.

Ellis, E. E., *The Gospel of Luke*, The New Century Bible Commentary: Eerdmans, 1981.

Ellis, P. F., *Matthew: His Mind and His Message*, Collegeville, 1974.

Fitzmyer, J., *The Gospel According to Luke*, Garden City: Doubleday, 1981.

Flusser, D., "Qumran and Jewish 'Apotropaic' Prayers," *Exploration Journal* (XXI), 1966.

Freeman, J. M., *Manners and Customs of the Bible*, Plainfield, Logos International, 1972.

Friedlander, G., *The Jewish Sources of the Sermon on the Mount*, New York: KTAV, 1969.

Guelich, R., *The Sermon on the Mount*, Dallas: Word, 1982.

Gundry, R. H., *Matthew*, Grand Rapids: Eerdmans, 1982.

Heschell, A. J., *The Sabbath: Its Meaning for Modern Man*, New York: Farrar, Strauss and Goiroux, 1951.

Hunter, A. M., *Interpreting the Parables*, Philadelphia: Westminster, 1960.

Jeremias, J., *Jesus'Promise to the Nation*, London, 1958.

________, *New Testament Theology 1: Proclamation of Jesus*, London, 1971.

________, *The Parables of Jesus*, London: SCM, 1972.

________, *The Lord's Prayer*, Philadelphia, 1980.

Julicher, A., *Die Gleichnisreden Jesus*, Darmstadt: Wissenschaftliche Buchgesellschaft, 1969.

Keener, C. S., *The IVP Bible Background Commentary*, Downers Grove: Inter-Varsity, 1993.

Kerzer, M. N., *What is a Jew?* New York: MacMillan, 1965.

Klausner, J., *Jesus of Nazareth*, tr. H. Danby, New York: MacMillan, 1943.

Lachs, Samuel T., *A Rabbinic Commentary on the New Testament*, Hoboken: KTAV, 1987.

Ladd, G. E, *Crucial Questions about the Kingdom of God*, Grand Rapids: Eerdmans, 1952.

________, *The Gospel of the Kingdom*, Grand Rapids: Eerdmans, 1959.

Lapide, P., *The Sermon on the Mount*, Maryknoll: Orbis, 1986.

van der Loose, H., *The Miracles of Jesus* (Supplements to *Novum Testamentum*, vol. 8. Leiden, Netherlands: E. J. Brill, 1965.

Mann, C. S., *Mark*, New York, Doubleday, 1986.

Manson, T. W., *The Teachings of Jesus*, Cambridge University, 1955.

________, *The Sayings of Jesus*, London: SCM, 1971.

Mayer, P., "Romans 10:4 and the End of the Law," *The Divine Helmsman: Studies on God's Control of Human Events*, New York: KTAV, 1980.

Metzger, B., *A Textual Commentary on the Greek New Testament*, New York, 1971.

Meyer, B. F., *The Aims of Jesus*, London, 1979.

Montefiore, C. G., *The Synoptic Gospels*, vol. 1. New York: KTAV, 1968.

________, *Rabbinic Literature and Gospel Teachings*, New York: KTAV, 1970.

Neusner, J., "Types and Forms in Ancient Jewish Literature: Some Comparisons," *History of Religions* XI, 1972.

Perrin, N., *The Kingdom of God in the Teaching of Jesus*, Philadelphia: Westminster, 1963.

________, *Rediscovering the Teaching of Jesus*, New York: Harper and Row, 1967.

________, *Jesus and the Language of the Kingdom Symbol and Metaphor in New Testament Interpretation*, Philadelphia: Fortress, 1980.

Safrai, S., "Education and the Study of the Torah," *The Jewish People in the First Century*, ed. S. Safrai and M. Stern, Philadelphia: Fortress, 1976.

Sanders, E. P., *Paul, the Law, and the Jewish People*, Minneapolis: Fortress, 1983.

________, *Jesus and Judaism*, Philadelphia: Fortress, 1985.

________, *Judaism: Practice and Belief, 63 BCE-66 CE*, London: SCM, 1992.

Smith, M., "Palestinian Judaism in the First Century," *Israel: Its Role on Civilization*, 1956.

Stein, R. H., *An Introduction to the Parables of Jesus*, Philadelphia: Westminster, 1981.

Stern, D. H., *Jewish New Testament*, Jerusalem, 1989.

Urbach, E. E., *The Sages*, Cambridge: Harvard University, 1975.

Vermes, G., *Jesus the Jew*, New York: 1974.

Wilson, M. R., *Our Father Abraham*, Grand Rapids, William Eerdmans, 1989.

________, 『기독교와 히브리 유산』, 이진희 역, 서울: 컨콜디아사, 1995.

Wimber, J., "*Healing Seminar*," Vineyard Ministries International, n. d.

Young, B., *The Jewish Background to the Lord's Prayer*, Austin: Center for Judaic-Christian Studies, 1984.

________, *Jesus and His Jewish Parales*, New York: Paulist, 1989.

________, *Jesus: The Jewish Theologian*, Peabody: Hendrickson, 1995.

Zeitlin, S., *Who Crucifies Jesus?* New York: Harper and Row, 1942

이진희, 유대문화를 통해 본 예수님의 비유, 쿰란출판사, 2001.

________, 성지에서 본 성서, 쿰란출판사, 2003.

________, 어, 그게 아니네? 쿰란출판사, 2004.

________, 율법? 그건 알아서 뭐해?, 쿰란출판사, 2005.

유대적 배경에서 본 복음서

초　판 1쇄 인쇄 / 1997년　6월　10일
개정판 1쇄 발행 / 2011년　4월　20일
개정판 2쇄 발행 / 2025년　4월　15일

지 은 이 / 이 진 희
발 행 인 / 김 은 섭
편 집 인 / 최 태 훈

발 행 소 / 도서출판 컨콜디아사
(기독교한국루터회 총회 출판국)
서울시 용산구 소월로2길 21-11 루터교센터
(전화) 3789-7452, 7453　(팩스) 3789-7457
등록 / 1959년 8월 11일(제3-45호)

책　　값 **18,000원**

ISBN 978-89-391-0129-6　03230